Tetens

Kants »Kritik der reinen Vernunft«

Holm Tetens

Kants »Kritik der reinen Vernunft«

Ein systematischer Kommentar

Reclam

Sophus Tetens
1922–2000

RECLAMS UNIVERSAL-BIBLIOTHEK Nr. 18434
2006 Philipp Reclam jun. GmbH & Co. KG,
Siemensstraße 32, 71254 Ditzingen
Druck und Bindung: Esser printSolutions GmbH,
Untere Sonnenstraße 5, 84030 Ergolding
Printed in Germany 2023
RECLAM, UNIVERSAL-BIBLIOTHEK und
RECLAMS UNIVERSAL-BIBLIOTHEK sind eingetragene Marken
der Philipp Reclam jun. GmbH & Co. KG, Stuttgart
ISBN 978-3-15-018434-9
www.reclam.de

Inhalt

Teil II
Kants Philosophie von Raum und Zeit

Teil III
Die Einheit der Erfahrung

Teil IV
Die Kritik der Metaphysik

1. Vorbemerkungen

Über den Sinn eines systematischen Kommentars zur *Kritik der reinen Vernunft*

Der Königsberger Philosophieprofessor Immanuel Kant hat seine Studenten immer wieder ermahnt, dass sie in der Philosophie schon selber denken müssen und nichts und niemand ihnen das abnehmen kann. Eine subtile Weise, dem Selberdenken in der Philosophie auszuweichen, ist unter professionellen Philosophen durchaus an der Tagesordnung: die Flucht in die bloße Philosophiegeschichte. Kant selber spottet über Philosophen, die sich hinter der Philosophiegeschichte verschanzen:

> Es gibt Gelehrte, denen die Geschichte der Philosophie (der alten sowohl, als neuen) selbst ihre Philosophie ist, vor diese sind gegenwärtige Prolegomena nicht geschrieben. Sie müssen warten, bis diejenigen, die aus den Quellen der Vernunft selbst zu schöpfen bemühet sind, ihre Sache werden ausgemacht haben, und alsdenn wird an ihnen die Reihe sein, von dem Geschehenen der Welt Nachricht zu geben.
>
> (*Prolegomena*, A 3)

Wie vermeidet es ein Kommentar, nur vom »Geschehenen« in der *Kritik der reinen Vernunft* »der Welt Nachricht zu geben«? Wie kann er selber der obersten Maxime der Philosophie genügen, stets selber zu denken?

Kants *Kritik der reinen Vernunft* ist ein Meisterwerk der Philosophie. Doch für den ungeübten Anfänger ist das Buch voller Klippen, an denen er leicht Schiffbruch erleidet. Jedenfalls nimmt die Erstlektüre allzu oft den folgenden unglücklichen Verlauf. Die Vorrede macht neugierig auf das Buch, die Einleitung und den Teil über Raum und Zeit bewältigt auch der mit Kant unvertraute Leser noch einigermaßen, obwohl sich bereits hier Unverstandenes immer schneller anzusammeln beginnt. Dann wird das Buch schwieriger und schwieriger. Irgendwo in der »transzendentalen Deduktion der Kategorien« stranden viele der Leser endgültig und legen das Buch erschöpft, genervt und ratlos aus der Hand. Von der Sache her viel zu früh.

Ein systematischer Kommentar zur *Kritik der reinen Vernunft* ist nichts anderes als der Versuch, den noch ungeübten Leser einmal durch den ganzen Inhalt und die wichtigsten Stationen der Argumentation so hindurchzulotsen, dass Kants Buch seinen abschreckenden Charakter einbüßt und danach mit intellektuellem Vergnügen gelesen werden kann, sodass der Leser, angeregt und herausgefordert durch die Lektüre der *Kritik der reinen Vernunft*, mit Kant, gegen Kant und über Kant hinaus über dessen philosophische Fragen nachdenkt. Wenn ein systematischer Kommentar hierfür den Weg ebnet, muss er sich nicht vorwerfen, Philosophie mit Philosophiegeschichte zu verwechseln.

Wie sollte ein systematischer Kommentar auf Kants *Kritik der reinen Vernunft* einstimmen? Er sollte dabei helfen, herauszufinden und sich zu vergewissern,

- welche philosophischen Fragen Kant in der *Kritik der reinen Vernunft* aufwirft,
- warum diese Fragen interessant und wichtig sind,
- mit welchen Thesen Kant in der *Kritik der reinen Vernunft* auf diese Fragen antwortet,
- ob diese Antworten mit Blick auf die Begründungen am Ende überzeugen können.

Ein besonderes Augenmerk versucht dieser Kommentar auf folgende Aspekte zu richten: Kants Begriffe und Thesen sollen in möglichst gut verständlicher und terminologisch unaufwändiger Sprache dargestellt werden. Kants Unterscheidungen und Terminologie werden natürlich aufgegriffen und erläutert, aber nur dort übernommen, wo sie inhaltlich verständlich und für die philosophische Sache tatsächlich unverzichtbar sind. Ganz besonderer Wert wird darauf gelegt, die Begründungen Kants für seine Thesen als Argumente durchsichtig werden zu lassen und sie entsprechend darzustellen.[1] Versucht wird, Begründungslücken in den Argumenten, zum Beispiel fehlende oder inhaltlich unhaltbare Prämissen, zu identifizieren und sie zu schließen, wo immer das geht, ohne den Boden der philosophischen Grundüberzeugungen Kants zu verlassen. Und immer wieder wird auch einmal versucht, Kants eigene Thesen besser zu begründen, wo seine Begründungen unter allzu deutlichen Schwächen leiden; produktives selbstständiges Philosophieren mit und anhand eines Klassikertextes muss immer versuchen, entdeckte Fehler des Autors selbst zu vermeiden und über ihn hinauszudenken.

Dabei soll Kant selber ausführlich genug zu Wort kommen, zum einen, um zu belegen, dass wirklich der kantische Text und nicht ein bloß erfundener Kant kommentiert wird, zum anderen, um denjenigen Lesern, die sich mit der *Kritik der reinen Vernunft* erstmals auseinanderzusetzen beginnen, einen möglichst guten Eindruck von der teilweise großartigen und von so viel innerer Leidenschaft getragenen Sprache Kants zu vermitteln. Deshalb habe ich versucht, möglichst treffende und prägnante Zitate aus der *Kritik der reinen Vernunft* auszuwählen.

Wer wissen möchte, welche Texte anderer Philosophen Kant in welchem Umfang und in welcher Übersetzung gelesen hat, inwiefern die philosophische Auseinandersetzung mit den gelesenen Autoren oder auch die Auseinandersetzungen über Briefwechsel und Gespräche mit Zeitgenossen Eingang in die *Kritik der reinen Vernunft* gefunden haben,

1 Die Art, wie in diesem Kommentar Argumente dargestellt werden, wird in Tetens (2004) ausführlich dargelegt und begründet.

welche Abschnitte der *Kritik der reinen Vernunft* zwar nicht sachlich haltbar, aber immerhin verständlich werden, wenn man die anderen Autoren und deren Texte kennt, auf die Kant sich dabei stützt oder vermutlich gestützt hat, liest diesen Kommentar vergebens. Die *Kritik der reinen Vernunft* wird vielmehr so behandelt, als bestünde sie aus den schriftlich fixierten Äußerungen eines unserer Zeitgenossen, mit dem wir in der Gegenwart über philosophische Fragen nachdenken und debattieren, die uns hier und jetzt gemeinsam interessieren.

Zum Text und zur Zitierweise

Nachdem Kant seit 1770 als Buchautor geschwiegen hatte, kam 1781 beim Verleger Johann Friedrich Hartknoch in Riga die *Kritik der reinen Vernunft* heraus.[2] Kant war enttäuscht über die Aufnahme seines Buches beim engeren Fach- und beim weiteren philosophisch interessierten Leserpublikum. Er war aber auch selber mit Teilen des Werkes unzufrieden. Deshalb arbeitete er die *Kritik der reinen Vernunft* um, in einigen zentralen Abschnitten sogar vollständig und einschneidend. Diese »zweyte hin und wieder verbesserte Auflage« erschien 1787, abermals bei Hartknoch in Riga.
Es wird seit langem ein gelehrter Streit darüber geführt, worin genau die sachlichen Unterschiede zwischen den beiden Fassungen bestehen und für welche philosophischen Probleme welche Version die jeweils bessere Lösung bietet. Keineswegs räumen alle Kantforscher durchgängig der zweiten, sogenannten B-Auflage den Vorzug ein. In einem Kommentar mit einführendem Charakter ist es nicht möglich und auch nicht hilfreich, sich in diesen

2 Zu den Lebensumständen und zur Stellung der *Kritik der reinen Vernunft* in der intellektuellen Biographie Kants vgl. vor allem Kühn (2003), aber auch Geier (2003) und Dietzsch (2003).

Streit einzumischen. Hier wird nur die zweite Auflage der *Kritik der reinen Vernunft* kommentiert.

Alle heute im Buchhandel erhältlichen Ausgaben der *Kritik der reinen Vernunft* haben in die Textgestalt der beiden Originalausgaben von 1781 und 1787 mehr oder weniger stark eingegriffen. Die verschiedenen Ausgaben haben jeweils ihre Vor- und ihre Nachteile. Ich selber habe den Text ursprünglich über die von Wilhelm Weischedel herausgegebene Ausgabe[3] kennen gelernt. In diesem Kommentar zitiere ich die im Reclam Verlag erschienene Studienausgabe[4] der *Kritik der reinen Vernunft*. Sie orientiert sich an den Originalausgaben und an der Akademieausgabe[5], hat aber die Schreibweise unserer heutigen Orthographie so weit angepasst, dass der mit Kant noch unvertraute Leser nicht schon über die Orthographie der Originalausgaben stolpert. Dass der sprachliche Abstand zu Kant merklich wächst, lässt sich im philosophischen Unterricht beobachten. Studierende tun sich inzwischen schon rein sprachlich, also von der Wortwahl und der Syntax der Sätze her gesehen, nicht ganz leicht, Kants Texte zu verstehen. Gerade deshalb sollten wenigstens überflüssige Hürden wie eine unvertraute Orthographie aus dem Weg geräumt sein.

Wenn nicht ausdrücklich anders vermerkt, stammen alle Zitate von Kant. Steht in der Klammer hinter einem Zitat nur der Buchstabe A oder B, gefolgt von einer Seitenangabe, so ist immer die originale Paginierung der A- bzw. B-Auflage der *Kritik der reinen Vernunft* bzw. auch der anderen Schriften Kants gemeint, wie sie in der Akademieausgabe, aber auch in den meisten anderen Ausgaben ausdrücklich mit aufgeführt ist (ein senkrechter Strich | markiert das jeweilige Seitenende). Das ermöglicht dem Leser, in seiner Ausgabe die zitierte Stelle rasch aufzufin-

3 Vgl. Kant (1968).
4 Vgl. Kant (1966).
5 Vgl. Kant (1902 ff.).

den. Es wird nie ausdrücklich erwähnt, dass die Hervorhebungen in den Zitaten aus dem Original übernommen sind. Wird aus anderen Werken Kants zitiert, steht auch der jeweilige Titel in der Klammer hinter dem Zitat. Verweise auf die B-Auflage der *Kritik der reinen Vernunft* stehen nicht in eigenen Fußnoten, sondern im fortlaufenden Text und haben die Form: (vgl. B Seitenzahlen).

Ich danke Claudia Franz und Anna Wehofsits für die gründliche Durchsicht und eine Reihe von Verbesserungsvorschlägen.

Teil I
Das Projekt der Transzendentalphilosophie

2. Die beiden Leitfragen der *Kritik der reinen Vernunft*

Das Ideal der Aufklärung

Es kommt [...] nicht auf das an, was die Natur aus dem Menschen, sondern was dieser aus sich selbst macht. (*Anthropologie in pragmatischer Hinsicht*, B 265)

Die Natur hat gewollt: daß der Mensch alles, was über die mechanische Anordnung seines tierischen Daseins geht, gänzlich aus sich selbst herausbringe, und keiner anderen Glückseligkeit, oder Vollkommenheit, teilhaftig werde, als die er sich selbst, frei von Instinkt durch eigene Vernunft, verschafft hat. (*Idee zu einer allgemeinen Geschichte in weltbürgerlicher Absicht*, A 390)

Aufklärung ist der Ausgang des Menschen aus seiner selbstverschuldeten Unmündigkeit. Unmündigkeit ist das Unvermögen, sich seines eigenen Verstandes ohne Leitung eines anderen zu bedienen. Selbstverschuldet ist diese Unmündigkeit, wenn die Ursache derselben nicht am Mangel des Verstandes, sondern der Entschließung und des Mutes liegt, sich seiner ohne Leitung eines anderen zu bedienen. Sapere aude! Habe Mut, dich deines eigenen Verstandes ohne Leitung eines anderen zu bedienen! ist also der Wahlspruch der Aufklärung. (*Beantwortung der Frage: Was ist Aufklärung*, A 481)

In diesen Sätzen spricht sich Kant für das Ideal der Aufklärung aus. Man kann es genauer als *Ideal der vernünftigen Autonomie* kennzeichnen. Eine Person ist nach Kant dann *autonom*, wenn sie nach selbst gewählten und selbst gesetzten Regeln und Gesetzen lebt und handelt, und sie ist dann *vernünftig*, wenn sie nach guten Gründen für ihre Überzeugungen und Wünsche sucht und sich nur die wirklich gut begründeten Überzeugungen und Wünsche zu eigen macht. Eine Person verwirklicht das Ideal vernünftiger Autonomie in dem Maße, wie sie nach solchen Überzeugungen und Wünschen lebt und handelt, von denen sie sich selber durch eigenes Nachdenken überzeugt hat, dass sie hinreichend gut begründet sind.

Das Ideal vernünftiger Autonomie steht spätestens seit Kants »kritischer Wende« im Mittelpunkt seines Philosophierens. Seitdem kreist seine Philosophie unablässig um die eine große Frage: *Wie müssen und können wir uns auf die Welt und uns selbst beziehen, um vernünftige Autonomie zu verwirklichen?* Die *Kritik der reinen Vernunft* ist der erste und entscheidende Meilenstein auf dem Wege, den Kant philosophierend zur Beantwortung dieser Frage zurücklegt.

Die zweifache Herausforderung der Metaphysik durch die Erfahrungswissenschaften

Es gibt nun ein Faktum, das wie kein zweites an vielen Stellen der *Kritik der reinen Vernunft* explizit thematisiert wird, ansonsten aber fast immer im Hintergrund von Kants Überlegungen steht, nämlich der Aufstieg der klassischen Newton'schen Mechanik. Dabei dürfen wir die Physik Isaac Newtons (1643–1727) paradigmatisch für das gesamte System der Erfahrungswissenschaften nehmen. Der damals noch in den Anfängen steckende Triumphzug

der mathematisierten Physik Newtons und damit der Aufstieg der modernen Erfahrungswissenschaften ist für Kant deshalb ein so eminent wichtiges, ja unerhörtes Ereignis, weil er durch sie das von ihm vehement verfochtene Aufklärungsideal vernünftiger Autonomie auf eine eigentümlich ambivalente Weise herausgefordert sieht. Einerseits sind die mathematisierte Physik Newtons und auch alle anderen Erfahrungswissenschaften ein legitimes Kind gelungener Aufklärung und stellen deren Fruchtbarkeit eindrucksvoll unter Beweis. In dieser Hinsicht feiert Kant die Newton'sche Physik geradezu. Andererseits aber beunruhigt Kant, und hierin ist er sensibel wie wenige andere, dass eben die Physik und die Erfahrungswissenschaften dem Ideal vernünftiger Autonomie zur Gefahr werden können. Warum?
Nach Kant können wir uns nur dann als autonome vernünftige Personen begreifen, wenn wir an vier grundlegenden metaphysischen Annahmen festhalten dürfen:

- an der Annahme, dass der Mensch einen freien Willen hat;
- an der Annahme, dass Gott die letzte Ursache des gesamten Universums ist;
- an der Annahme, dass der Mensch eine unsterbliche Seele hat;
- an der Annahme, dass die Welt letztlich sinnvoll eingerichtet und auf den Menschen zugeschnitten ist.

Gott, Freiheit, Unsterblichkeit und Zweckmäßigkeit der Welt sind die großen Themen der Metaphysik.

> Und gerade in [...] Erkenntnissen, welche über die Sinnenwelt hinausgehen, wo Erfahrung gar keinen Leitfaden, noch Berichtigung geben kann, liegen die Nachforschungen unserer Vernunft, die wir, der | Wichtigkeit nach, für weit vorzüglicher und ihre Endabsicht für viel erhabener halten, als alles, was der

> Verstand im Felde der Erscheinungen lernen kann, wobei wir, sogar auf die Gefahr hin zu irren, eher alles wagen, als daß wir so angelegene Untersuchungen aus irgend einem Grunde der Bedenklichkeit, oder aus Geringschätzung und Gleichgültigkeit aufgeben sollten. Diese unvermeidlichen Aufgaben der reinen Vernunft selbst, sind Gott, Freiheit und Unsterblichkeit.[6] Die Wissenschaft aber, deren Endabsicht mit allen ihren Zurüstungen eigentlich nur auf die Auflösung derselben gerichtet ist, heißt Metaphysik [...]. (B 6/7)

Für Kant sind die Themen »Gott«, »Unsterblichkeit«, »Freiheit« und »Zweckmäßigkeit der Welt« keine Überbleibsel der Vergangenheit. Er ist zutiefst davon überzeugt, dass sich Moralität und Glück des Menschen ohne die aufgeführten vier metaphysischen Annahmen nicht zureichend denken lassen. Wenn die Meinungsstatistiken nicht lügen, sehen das selbst heute noch sehr viele Zeitgenossen der wissenschaftlich-technischen Zivilisation so. Aber anders als Kant trauen sich die meisten Zeitgenossen nicht mehr, sich über diese Fragen klare Rechenschaft abzulegen. Sie sehen natürlich, dass Gott und Unsterblichkeit in jedem Falle, letztlich aber auch Zweckmäßigkeit und Willensfreiheit durch die Wissenschaften dementiert oder zumindest in Frage gestellt werden. Da man nicht allzu lautstark den Wissenschaften, den neuen Autoritäten der wissenschaftlich-technischen Zivilisation,

6 Kant erwähnt in dem Zitat die Annahme, die Welt sei zweckmäßig eingerichtet, nicht ausdrücklich, aber sie ist moralphilosophisch gleichwohl für ihn unersetzlich. Sie steht für ihn in engem Zusammenhang mit der Annahme Gottes als der letzten Ursache des Universums. Wenn Kant in der *Kritik der reinen Vernunft* den sogenannten physikotheologischen oder teleologischen Gottesbeweises erörtert oder wenn er in seiner dritten Kritik, der *Kritik der Urteilskraft*, teleologische Sachverhalte in der Natur analysiert, wird der zentrale Stellenwert der Annahme der Zweckmäßigkeit der Welt deutlich, ebenso, dass diese Annahme für Kant ein legitimes und unverzichtbares Thema jeder Metaphysik ist.

widersprechen will, Gott, Unsterblichkeit und Willensfreiheit aber doch als unverzichtbar für den Seelenfrieden empfindet, sind die großen Annahmen der Metaphysik inzwischen oftmals zu diffusen und obskuren Privatmeinungen herabgesunken, die das Licht öffentlicher Diskussion eher scheuen. Nichts hasste der Aufklärer Kant so sehr, wie intellektuell im Trüben zu fischen. Was heute nach außen hin kein Thema mehr zu sein scheint und es hinter vorgehaltener Hand und in den Hinterköpfen der meisten doch immer noch ist, Kant diskutiert es explizit. Er fragt: *Lässt sich an den besagten metaphysischen Grundannahmen mit guten Gründen festhalten, ohne sich hinterweltlerisch und wissenschaftsfeindlich in Gegensatz zu dem zu setzen, was die Wissenschaften, allen voran die Physik, über die Welt und den Menschen erkannt zu haben glauben?* Das ist die erste Herausforderung der Metaphysik durch die Physik und die übrigen Wissenschaften. Man kann sie eine moralische Herausforderung nennen.

Die metaphysischen Themen »Gott«, »Unsterblichkeit«, »Freiheit« sollten, für Kant eine Selbstverständlichkeit, wissenschaftlich erörtert werden. Die dafür einschlägige Wissenschaft ist die Metaphysik. Aber ist die Metaphysik überhaupt eine Wissenschaft? Im Vergleich mit der Physik Newtons (aber auch mit der reinen Mathematik und mit der Logik) schneidet die Metaphysik in Kants Augen sehr schlecht ab. In dem Maße, wie die Physik Maßstäbe für gute Wissenschaft setzt, droht sie zugleich die Metaphysik als Wissenschaft zu diskreditieren. Und so fragt Kant: *Kann die Metaphysik überhaupt eine Wissenschaft sein oder zumindest noch werden, die es in allen Aspekten vorbildlicher Wissenschaftlichkeit mit den unbestritten guten Wissenschaften Mathematik und Physik (und auch Logik) aufnehmen kann?* Das ist die zweite Herausforderung der Metaphysik durch die Wissenschaften. Es ist eine erkenntnis- und wissenschaftstheoretische Herausforderung.

In der *Kritik der reinen Vernunft* versucht Kant, auf die beiden eben skizzierten Herausforderungen zusammenhängend zu antworten.

3. Die Frage nach der Wissenschaftlichkeit der Metaphysik

»Bloßes Herumtappen« in der Metaphysik

Kant diagnostiziert, warum es mit der Wissenschaftlichkeit der Metaphysik nicht weit her ist: In der Metaphysik

> muß man unzählige mal den Weg zurück tun, weil man findet, daß er dahin nicht führt, wo man hin will, und was die Einhelligkeit ihrer Anhänger in Be|hauptungen betrifft, so ist sie noch so weit davon entfernt, daß sie vielmehr ein Kampfplatz ist, der ganz eigentlich dazu bestimmt zu sein scheint, seine Kräfte im Spielgefechte zu üben, auf dem noch niemals irgend ein Fechter sich auch den kleinsten Platz hat erkämpfen und auf seinen Sieg einen dauerhaften Besitz gründen können. Es ist also kein Zweifel, daß ihr Verfahren bisher ein bloßes Herumtappen [...] gewesen sei. (B XIV/XV)

> Der Kampfplatz dieser endlosen Streitigkeiten heißt nun Metaphysik. (A VIII)

Kant kontrastiert den permanenten Streit in der Metaphysik mit dem unaufhörlichen und stetigen Fortschritt in der Mathematik und der Physik. Bewundernd spricht er vom »sicheren Gang der Wissenschaft« (vgl. B XIX). In den Wissenschaften einigt man sich auf Fragen und erzielt schließlich mit allgemein anerkannten Methoden Antworten, die am Ende fast alle Experten überzeugen. Das Wissen in den Einzelwissenschaften wächst kontinuierlich an und schlägt sich in kanonischem Lehrbuchwissen nieder. Ganz anders in der Metaphysik. Weder sind sich die Metaphysiker über die richtigen Fragen noch über die Wege zu ihrer Beantwortung einig. Keine Antwort auf eine philosophische Frage ist unumstritten. Auf unbestrittenes kanonisches Lehrbuchwissen kann kein Philosoph zurückgreifen, noch nicht einmal in Gestalt philosophiehistorischer Auflistungen von Lehrmeinungen. Spricht der endlose Streit der Philosophen nicht massiv gegen die Wissenschaftlichkeit der Metaphysik?

Merkmale metaphysischer Aussagen

Wissenschaft artikuliert ihr Wissen in Aussagen. Kant benutzt eine etwas altertümliche Terminologie und spricht von »Urteilen«. Wodurch zeichnen sich Aussagen einer Wissenschaft wie der Physik aus, und wodurch müssten sich Aussagen der Metaphysik, wäre sie denn eine Wissenschaft, auszeichnen? Kant hebt auf zwei zentrale Merkmale ab.

Physiker stellen Theorien auf, die sie anhand von Beobachtungen, insbesondere Messungen, in Experimenten zu überprüfen versuchen. Deshalb ist die Physik eine empirische Wissenschaft. Kant sieht das, mit einer gewichtigen Einschränkung, die uns später beschäftigen wird, nicht anders. Die Metaphysik hat es hingegen mit Fragen zu tun, die sich niemals direkt durch Beobachtungen und Experimente beantworten lassen. Schließlich fragt die Metaphysik unter anderem nach der Unsterblichkeit der Seele oder der Existenz Gottes.

Empirische Aussagen der Einzelwissenschaften werden durch Wahrnehmungen bewahrheitet oder auch widerlegt. Erfahrungsaussagen heißen bei Kant »*aposteriorische*« Aussagen oder »Urteile a posteriori«. »*Apriorische*« Aussagen oder »Urteile a priori« nennt Kant solche sinnvollen Aussagen, die anhand von Wahrnehmungen weder als wahr noch als falsch erwiesen werden können. Kants Terminologie lässt sich leicht erklären: »A priori« kann man übersetzen mit »im Vorhinein«, »a posteriori« mit

»im Nachhinein«. Apriorische Aussagen lassen sich »im Vorhinein«, d. h. vor jeder Wahrnehmung, als wahr oder falsch einsehen, aposteriorische Aussagen dagegen erst »im Nachhinein«, nachdem man einschlägige Wahrnehmungen schon gemacht hat. Freilich ist das Verhältnis zwischen Wahrnehmungen und Aussagen nicht in einem zeitlichen Sinne misszuverstehen. Es geht vielmehr um die Rolle der Wahrnehmungen für die Begründung der Aussagen. Apriorische Aussagen lassen sich unabhängig von Wahrnehmungen begründen oder widerlegen, während aposteriorische Aussagen nur durch Wahrnehmungen bestätigt oder widerlegt werden können. Kant selber redet, nicht immer deutlich und gefeit vor Missverständnissen, vom »Beginn« unseres Wissens *mit* Wahrnehmungen und vom »Ursprung« unseres Wissens *aus* Wahrnehmungen, meint aber letztlich den Unterschied zwischen zeitlichem Anfang und Begründung.

> Daß alle unsere Erkenntnis mit der Erfahrung anfange, daran ist gar kein Zweifel; denn wodurch sollte das Erkenntnisvermögen sonst zur Ausübung erweckt werden, geschähe es nicht durch Gegenstände, die unsere Sinne rühren und teils von selbst Vorstellungen bewirken, teils unsere Verstandestätigkeit in Bewegung bringen, diese zu vergleichen, sie zu verknüpfen oder zu trennen, und so den rohen Stoff sinnlicher Eindrücke zu einer Erkenntnis der Gegenstände zu verarbeiten, die Erfahrung heißt? *Der Zeit nach* geht also keine Erkenntnis in uns vor der Erfahrung vorher, und mit dieser fängt alle an.
> Wenn aber gleich unsere Erkenntnis *mit* der Erfahrung anhebt, so entspringt sie darum doch nicht eben alle *aus* der Erfahrung. (B 1)

Mit dieser Terminologie formuliert Kant eine erste Bestimmung metaphysischer Aussagen: *Metaphysische Aussagen müssen wahre Urteile a priori sein.*

Zureichend sind metaphysische Aussagen damit nicht charakterisiert. Auch eine Aussage wie »Körper sind ausgedehnt« ist a priori wahr. Sie ist nämlich aus anderen als empirischen Gründen wahr. Wir reden nur dann von einem »Körper«, wenn er ausgedehnt ist. Der Satz »Körper sind ausgedehnt« ist eine definitorische oder begriffliche Bestimmung für den Ausdruck »Körper«. Aussagen, die wahr oder falsch sind allein aufgrund der Bedeutung in ihr vorkommender Ausdrücke, sind *analytische* Aussagen. Bei analytischen Aussagen reicht es, die in ihnen auftretenden Begriffe zu analysieren (in ihre definitorischen Bestandteile zu »zerlegen«), um zu erkennen, ob sie wahr sind.

Freilich erläutert Kant in der *Kritik der reinen Vernunft* analytische Aussagen anders, weil er eine bestimmte logische Form für wissenschaftliche Aussagen vor Augen hat. Orientiert an der aristotelischen Logik, denkt er nur an Aussagen der Form »S sind P« (z. B.: »Menschen sind sterblich«) und sagt deshalb, dass bei analytischen Aussagen der Prädikatbegriff *P* im Subjektbegriff *S* »enthalten« sei. Kants Vorstellung von der logischen Form wissenschaftlicher Aussagen ist allerdings problematisch und unzureichend. Man tut aber seinen Überlegungen in der *Kritik der reinen Vernunft* keine allzu große Gewalt an, wenn man seine Erläuterung zum Begriff der analytischen Aussage beiseite lässt und analytische Aussagen stattdessen so expliziert, wie wir es eben getan haben.

Substantielle erfahrungswissenschaftliche Aussagen sind nicht analytisch. Erfahrungswissenschaftliche Aussagen wie »Kupfer dehnt sich bei Erwärmung aus« ergeben sich nicht einfach aus Bedeutungsfestlegungen für die in ihnen vorkommenden Begriffe. Alle Aussagen, die nicht analytisch wahr oder falsch sind, heißen »*synthetisch*«. Auch typische Aussagen der Metaphysik wie »Gott ist die letzte Ursache des Universums«, »Die menschliche Seele ist unsterblich«, »Menschen verfügen über einen freien Willen«

folgen nicht aus Definitionen für die Ausdrücke »Gott«, »Seele«, »Wille«. Und deshalb ergänzt Kant die erste Bestimmung metaphysischer Aussagen, wonach sie Urteile a priori sein müssen, durch eine zweite: *Metaphysische Aussagen müssen synthetische Aussagen sein.*
Wer wie Kant fragt, ob und wie Metaphysik als Wissenschaft möglich ist, kann daher seine Frage auch in folgender Weise reformulieren: »Wie sind synthetische Urteile a priori möglich?« (B 19)

Die Möglichkeit synthetischer Urteile a priori

Kant beantwortet diese Frage nicht direkt und ausschließlich nur für die Metaphysik. Denn er ist davon überzeugt, dass es bereits außerhalb der Metaphysik, gerade auch in der Mathematik und in der mathematisierten Physik Newtons, synthetische Urteile a priori gibt.

> Naturwissenschaft (Physica) enthält synthetische Urteile a priori als Prinzipien in sich. Ich will nur ein paar Sätze zum Beispiel anführen, als den Satz: daß in allen Veränderungen der körperlichen Welt die Quantität der Materie unverändert bleibe, oder daß, in aller Mitteilung der Bewegung, Wirkung und Gegenwirkung jederzeit einander gleich sein müssen. An beiden ist nicht allein die Notwendigkeit, mithin ihr Ursprung a priori, sondern auch, daß sie synthetische | Sätze sind, klar. Denn in dem Begriffe der Materie denke ich mir nicht die Beharrlichkeit, sondern bloß ihre Gegenwart im Raume durch die Erfüllung desselben. Also gehe ich wirklich über den Begriff von der Materie hinaus, um etwas a priori zu ihm hinzuzudenken, was ich in ihm nicht dachte. Der Satz ist also nicht analytisch, sondern synthetisch und dennoch a priori

> gedacht, und so in den übrigen Sätzen des reinen Teils der Naturwissenschaft. (B 17/18)

Dies ist eine der wichtigsten Thesen Kants. Sie ist ungewöhnlich, und sie wird bis zum heutigen Tag immer wieder heftig bestritten. Später wird sie uns ausführlich beschäftigen. Geben wir Kant diese These hier erst einmal zu und betrachten eine interessante Konsequenz, die sie für den Aufbau der *Kritik der reinen Vernunft* nach sich zieht.

Wer wie Kant von der Existenz synthetischer Urteile a priori in Mathematik und Physik überzeugt ist und wissen will, ob auch in der Metaphysik synthetische Urteile a priori möglich sind, kann daher diese Frage über die folgenden Teilfragen zu beantworten versuchen:

(a) *Wie sind in der Mathematik synthetische Urteile a priori möglich?* Diese Frage handelt Kant im Abschnitt über die »transzendentale Ästhetik« der *Kritik der reinen Vernunft* ab.

(b) *Wie sind in der Physik synthetische Urteile a priori möglich?* Diese Frage untersucht Kant im Abschnitt »Transzendentale Analytik«.

(c) *Sind verglichen mit der Möglichkeit synthetischer Urteile a priori in der Mathematik und der Physik auch in der Metaphysik solche Urteile möglich?* Dieser Frage geht Kant schon im Abschnitt über »Transzendentale Analytik« nach, allerdings schließt er ihre Beantwortung erst im Abschnitt über transzendentale Dialektik ab.

4. Die Idee der Transzendentalphilosophie

Die »kopernikanische Wende der Denkungsart«

Schon in der Vorrede zur zweiten Auflage der *Kritik der reinen Vernunft* skizziert Kant in einer berühmten Passage, wie er die Frage nach der Möglichkeit synthetischer Urteile a priori zu beantworten gedenkt:

> Als Galilei seine Kugeln die schiefe Fläche mit einer von ihm selbst gewählten Schwere herabrollen, oder Torricelli die Luft ein Gewicht, das er sich zum voraus dem einer ihm bekannten Wassersäule gleich gedacht hatte, tragen ließ [...]; so ging allen Naturforschern ein Licht auf. Sie begriffen, daß die Vernunft nur das einsieht, was sie selbst nach ihrem Entwurfe hervorbringt, daß sie mit Prinzipien ihrer Urteile nach beständigen Gesetzen vorangehen und die Natur nötigen müsse auf ihre Fragen zu antworten, nicht aber sich von ihr gleichsam am Leitbande gängeln lassen müsse; denn sonst hängen zufällige, nach keinem vorher entworfenen Plane gemachte Beobachtungen gar nicht in einem notwendigen Gesetze zusammen, welches doch die Vernunft sucht und bedarf. Die Vernunft muß mit ihren Prinzipien, nach denen allein übereinkommende Erscheinungen für Gesetze gelten können, in einer Hand, und mit dem Experiment, das sie nach jenen ausdachte, in der anderen, an die Natur gehen, zwar um von ihr belehrt zu werden, aber nicht in der Qualität eines Schülers, der sich alles vorsagen läßt, was der Lehrer will, sondern eines bestallten Richters, der die Zeugen nötigt auf die Fragen zu antworten, die er ihnen vorlegt. Und so hat sogar Physik die so vorteilhafte Revolution ihrer Denkart lediglich dem Einfalle zu verdan-

ken, demje|nigen, was die Vernunft selbst in die Natur hineinlegt, gemäß, dasjenige in ihr zu suchen, (nicht ihr anzudichten,) was sie von dieser lernen muß, und wovon sie für sich selbst nichts wissen würde. (B XII–XIV)

Bisher nahm man an, alle unsere Erkenntnis müsse sich nach den Gegenständen richten; aber alle Versuche über sie a priori etwas durch Begriffe auszumachen, wodurch unsere Erkenntnis erweitert würde, gingen unter dieser Voraussetzung zu nichte. Man versuche es daher einmal, ob wir nicht in den Aufgaben der Metaphysik damit besser fortkommen, daß wir annehmen, die Gegenstände müssen sich nach unserem Erkenntnis richten, welches so schon besser mit der verlangten Möglichkeit einer Erkenntnis derselben a priori zusammenstimmt, die über Gegenstände, ehe sie uns gegeben werden, etwas festsetzen soll. Es ist hiermit eben so, als mit den ersten Gedanken des Kopernikus bewandt, der, nachdem es mit der Erklärung der Himmelsbewegungen nicht gut fort wollte, wenn er annahm, das ganze Sternheer drehe sich um den Zuschauer, versuchte, ob es nicht besser gelingen möchte, wenn er den Zuschauer sich drehen und dagegen die Sterne in Ruhe ließ. In der Metaphysik kann man | nun, was die Anschauung der Gegenstände betrifft, es auf ähnliche Weise versuchen. Wenn die Anschauung sich nach der Beschaffenheit der Gegenstände richten müßte, so sehe ich nicht ein, wie man a priori von ihr etwas wissen könne; richtet sich aber der Gegenstand (als Objekt der Sinne) nach der Beschaffenheit unseres Anschauungsvermögens, so kann ich mir diese Möglichkeit ganz wohl vorstellen. Weil ich aber bei diesen Anschauungen, wenn sie Erkenntnisse werden sollen, nicht stehen bleiben kann, sondern sie als Vorstellungen auf irgend etwas als Gegenstand beziehen und diesen durch jene bestimmen muß, so kann ich entweder annehmen, die Begriffe, wodurch ich diese Bestimmung zu Stande bringe, richten sich auch nach dem Gegenstande, und denn bin ich wiederum in derselben Verlegenheit, wegen der Art, wie ich a priori hiervon etwas wissen könne; oder ich nehme an, die Gegenstände, oder, welches einerlei ist, die Erfahrung, in welcher sie allein (als gegebene Gegenstände) erkannt werden, richte sich nach diesen Begriffen, so sehe ich sofort eine leichtere Auskunft, weil Erfahrung selbst eine Erkenntnisart ist, die Verstand erfordert, dessen Regel ich in mir, noch ehe mir Gegenstände gegeben werden, mithin a priori voraussetzen muß, welche in Begriffen a priori ausgedrückt wird, nach denen sich also alle Gegenstände der Erfahrung | notwendig richten und mit ihnen notwendig übereinstimmen müssen. Was Gegenstände betrifft, so fern sie bloß durch Vernunft und zwar notwendig gedacht, die aber (so wenigstens, wie die Vernunft sie denkt) gar nicht in der Erfahrung gegeben werden können, so werden die Versuche sie zu denken (denn denken müssen sie sich doch lassen) hernach einen herrlichen Probierstein desjenigen abgeben, was wir als die veränderte Methode der Denkungsart annehmen, daß wir nämlich von den Dingen nur das a priori erkennen, was wir selbst in sie legen. (B XVI–XVIII)

Es ist erstaunlich, wie Kant in diesen vergleichsweise wenigen Sätzen die Quintessenz der *Kritik der reinen Vernunft* mustergültig auf den Begriff bringt. Kants Grundgedanke ist einfach. Er verabschiedet ein wirkungsmächtiges Bild in der Erkenntnistheorie. Wir haben uns Erfahrungen nicht so vorzustellen, dass Gegenstände draußen in der Welt auf unsere Sinne einwirken, diese Einwirkungen in unser Bewusstsein eindringen und dort Eindrücke hinterlassen. Das ist das Wachstafelmodell der

Erfahrung, wie es der Empirismus bevorzugt. Im Wachstafelmodell sind wir zur Passivität verurteilt, nur die Welt draußen wirkt auf uns ein, und wir haben uns im Erkennen der Welt nach der Letzteren zu richten. Doch das Wachstafelmodell unterschlägt vollkommen unsere eigenen Aktivitäten, ohne die Erfahrungen von der Welt nie und nimmer zustande kämen. Dabei beruht der Triumph der Wissenschaft Physik, wie Kant betont, gerade darauf, dass wir uns nicht passiv von der Welt gängeln lassen, sondern ihr im Experiment höchst aktiv und selbstbewusst gegenübertreten. Die Naturforscher führen im Experiment Bedingungen herbei, die die Natur zwingen, sich so zu verhalten, dass über eine vorab aufgestellte Gesetzeshypothese entschieden werden kann.

Die tragende Rolle des Experiments ist uns natürlich nach mehr als dreihundert Jahren experimenteller Naturwissenschaft selbstverständlich. Doch wie Kant zu Recht schreibt, musste den Naturforschern »ein Licht aufgehen«, sie mussten erst einmal begreifen, dass die Natur ihre Geheimnisse nur preisgibt, wenn wir selber als Experimentatoren aktiv werden. Am Anfang der Erfolgsgeschichte der Physik steht somit eine methodologische Einsicht und Revolution, nämlich die Erfindung des Experiments.

Nachdem er auf diese methodologische Revolution erfolgreicher Naturwissenschaft aufmerksam geworden ist, fragt Kant: Wenn diese methodologische Revolution aus der Physik eine respektable Wissenschaft hat werden lassen, warum sollte dann nicht in einer sinngemäßen Übertragung dieser Revolution auf die Metaphysik auch das Erfolgsrezept für »jede künftige Metaphysik, die als Wissenschaft wird auftreten können«[7], verborgen liegen? Doch inwiefern lässt sich die methodologische Revolution des

7 Wie es im Titel von Kants Schrift *Prolegomena zu einer jeden künftigen Metaphysik die als Wissenschaft wird auftreten können* heißt.

Experiments von der Physik auf die Metaphysik übertragen?

Kant erkennt am Beispiel der experimentellen Physik, dass wir Erfahrungen machen, indem wir Bedingungen herbeiführen, denen wir die Objekte unseres Erkennens unterwerfen. Mit der Metapher von der »kopernikanischen Wende der Denkungsart« sagt sich die *Kritik der reinen Vernunft* von dem Wachstafelbild los und ersetzt es durch ein ganz anderes Bild: *Wir sollten uns das Erfahrungmachen vorstellen nach dem Modell des Herstellens von Artefakten aus vorgegebenem Material.*

Warum lässt uns das Herstellungsmodell die Möglichkeit synthetischer Urteile a priori verstehen? Wieder ist Kants Grundüberlegung einfach. Wir auferlegen den Gegenständen Eigenschaften, die sie nur besitzen, weil und insofern wir sie zu Gegenständen unserer alltäglichen und wissenschaftlichen Erfahrung *machen.* Insofern müssen wir uns nicht nach den Gegenständen richten, sondern die Gegenstände müssen sich nach der Beschaffenheit unseres Erkenntnisvermögens richten, wenn sie Gegenstände menschlicher Erfahrung sein sollen. Das folgende Analogieargument erklärt den Zusammenhang zwischen der Herstellungsanalogie und der Möglichkeit synthetischer Urteile a priori.

1. Das Machen von Erfahrungen verhält sich zu den Gegenständen der Erfahrung wie das Planen und Herstellen zu den schließlich hergestellten Artefakten.
2. Diejenigen Eigenschaften der Artefakte, die sie schon besitzen müssen, damit wir sie handhaben können, bzw. die wir im Entwurf vorab festgelegt und dann nach Plan hergestellt haben, können wir im Vorhinein aufgrund unserer Handfertigkeiten und der Entwürfe[8]

8 Vgl. noch einmal den Satz aus dem obigen Zitat: »... daß die Vernunft nur das einsieht, was sie selbst nach ihrem Entwurfe hervorbringt« (Hervorh: H.T.).

kennen, ohne die Artefakte erst empirisch untersuchen zu müssen.

---

3. Also können wir das von Gegenständen der Erfahrung a priori wissen, was wir diesen Gegenständen von uns aus an Bedingungen und Eigenschaften auferlegen, um sie dadurch allererst zu Gegenständen unserer Erfahrung zu machen (»daß wir nämlich von den Dingen nur das a priori erkennen, was wir selbst in sie legen«).

Dass wir den Gegenständen der Erfahrung gewisse Eigenschaften selber »vorschreiben«, ist eine der wichtigsten Einsichten Kants. Hier ist diese Einsicht noch metaphorisch formuliert. Erst im Verlaufe der weiteren Rekonstruktion werden wir sie ihrer Metaphorik entkleiden.

Der Grundsatz der Transzendentalphilosophie

Kant untersucht die Möglichkeit synthetischer Urteile a priori. Solche Untersuchungen nennt er »transzendental«.

> Ich nenne alle Erkenntnis transzendental, die sich nicht so wohl mit Gegenständen, sondern mit unserer Erkenntnisart von Gegenständen, so fern diese a priori möglich sein soll, überhaupt beschäftigt. (B 25)

Nun gibt es eine unerschöpfliche Vielzahl von notwendigen Bedingungen für Erfahrungen. Manche Menschen müssen eine Brille aufsetzen, um etwas sehen zu können. Niemand kann ohne funktionierendes Gehirn irgendetwas von der Welt erfahren. Die Rolle von empirischen Bedingungen wie Brillen und Gehirnen thematisiert Kant jedoch nicht. Nach der Idee der »kopernikanischen Wende der Denkungsart« gibt es hingegen notwendige Bedingungen, oder wie Kants berühmte, aber letztlich unterbestimmte Formel lautet, »*Bedingungen der Möglichkeit von Erfahrung*«, die darauf zurückgehen, *daß wir unsere Erkenntnisfähigkeiten ausüben.*[9] Auf solche Bedingungen zielt Kants Analyse, denn sie sind es zugleich, die synthetische Urteile a priori ermöglichen, wie das obige Analogieargument demonstriert. Im Einklang mit Kants Verwendung des Ausdrucks »transzendental« kann man die aus der Ausübung unseres Erkenntnisvermögens hervorgehenden Bedingungen »transzendentale« Bedingungen der Möglichkeit von Erfahrung nennen.

Nur das kann von Menschen erfahren werden, was den Bedingungen genügt, unter denen allein Menschen es erfahren können. Diese zunächst einmal sehr harmlose, fast triviale Feststellung lässt sich auf die transzendentalen Bedingungen im eben erläuterten Sinne einschränken: *Alle Gegenstände menschlicher Erfahrung müssen den transzendentalen Bedingungen menschlicher Erfahrung genügen.* Das ist der Grundsatz einer transzendentalen Analyse menschlicher Erfahrung. Kant formuliert ihn selber so:

> [...] die Bedingungen der Möglichkeit der Erfahrung überhaupt sind zugleich Bedingungen der Möglichkeit der Gegenstände der Erfahrung, und haben darum objektive Gültigkeit in einem synthetischen Urteile a priori. (B 197)

Der letzte Teil des Zitats lässt sich auch so wiedergeben: Es gibt notwendige Bedingungen der Erfahrung, die dadurch

9 Unterbestimmt ist die Formel »Bedingungen der Möglichkeit von Erfahrung« deshalb, weil sie dem Wortlaute nach notwendige Bedingungen meint. Es gibt aber alle möglichen Bedingungen, eben auch empirische, die Kant gar nicht im Sinn hat. Eine erste Präzisierung besteht in dem wichtigen Zusatz, dass es sich um Bedingungen handeln muss, die auf die Ausübung unserer Erkenntnisfähigkeiten zurückgehen.

zustande kommen, dass wir unser Erkenntnisvermögen ausüben. Alle Gegenstände der Erfahrung müssen diesen Bedingungen genügen. Daher sind die Aussagen, die behaupten, dass die Erfahrungsgegenstände diesen Bedingungen unterworfen sind, synthetische Aussagen a priori.

Notwendigkeit und Urteile a priori

Wir sind jetzt so weit, auf einen für Kant sehr wichtigen Begriff zu sprechen zu kommen, der uns schon im Zusammenhang mit dem Begriff der apriorischen Aussage begegnet ist, nämlich auf den Begriff der Notwendigkeit. Apriorische Aussagen sind nicht-empirische Aussagen, die nach Kant zwei Merkmale besitzen: Sie sind notwendigerweise wahr, und sie gelten mit strenger Allgemeinheit, die keine Ausnahme zulässt. Er sagt:

> Es kommt hier auf ein Merkmal an, woran wir sicher ein reines Erkenntnis [gemeint ist: eine nicht-empirische Erkenntnis, H. T.] von empirischen unterscheiden können. Erfahrung lehrt uns zwar, daß etwas so oder so beschaffen sei, aber nicht, daß es nicht anders sein könne. Findet sich also erstlich ein Satz, der zugleich mit seiner Notwendigkeit gedacht wird, so ist er ein Urteil a priori [...]. Zweitens: Erfahrung gibt niemals ihren Urteilen wahre oder strenge, sondern nur angenommene und komparative Allgemeinheit (durch Induktion), so daß es eigentlich heißen muß: so viel wir bisher wahrge|nommen haben, findet sich von dieser oder jener Regel keine Ausnahme. Wird also ein Urteil in strenger Allgemeinheit gedacht, d.i. so, daß gar keine Ausnahme als möglich verstattet wird, so ist es nicht von der Erfahrung abgeleitet, sondern schlechterdings a priori gültig. (B 3/4)

Bei allen durch Wahrnehmung zu verifizierenden Aussagen ist nie ausgeschlossen, dass sie sich eines Tages doch als falsch herausstellen. Insofern sind alle durch Wahrnehmung zu verifizierenden Aussagen *nicht notwendigerweise wahr*; sie beschreiben Sachverhalte, die anders sein könnten, als sie tatsächlich sind. Wenn *p* ein solcher Sachverhalt ist, dann gilt: »Es ist möglich, dass nicht *p* der Fall ist«, oder mit anderen Worten: »es ist nicht notwendig, dass *p* der Fall ist«. Daraus ergibt sich insgesamt: Wenn ein Sachverhalt empirisch ist, dann ist es nicht notwendig, dass *p* der Fall ist. Ist es aber notwendig, dass *p* der Fall ist, dann ist der Sachverhalt *p* kein empirischer Sachverhalt, das heißt: er ist ein Sachverhalt, der nicht durch eine empirische, sondern durch eine apriorische Aussage dargestellt wird. Beide Überlegungen laufen zusammen auf die Äquivalenz hinaus, dass eine Aussage genau dann notwendigerweise wahr ist, wenn sie a priori wahr ist, oder, mit anderen Worten, auf die Äquivalenz, dass wahre Aussagen dann und nur dann notwendigerweise wahr sind, wenn sie durch Wahrnehmungen nicht verifiziert oder falsifiziert werden können.

Nicht empirisch sind nach Kant insbesondere Aussagen über transzendentale Bedingungen der Möglichkeit von Erfahrung. Wenn *B* eine solche transzendentale Bedingung ist, dann ist nach dem Grundsatz der Transzendentalphilosophie die Aussage »Auf alle Gegenstände objektiver Erfahrung trifft die Bedingung *B* zu« synthetisch apriorisch. »Bedingung der Möglichkeit von Erfahrung« bedeutet: notwendige Bedingung für Erfahrung. Und notwendig ist eine Bedingung *B* für die Erfahrung, weil man gar keine Erfahrung machen kann, falls die Bedingung *B* nicht erfüllt ist. Deshalb sagt Kant in der *Kritik der reinen Vernunft*:

1. Was mit den formalen Bedingungen der Erfahrung (der Anschauung und den Begriffen nach) übereinkommt, ist möglich.

2. Was mit den materialen Bedingungen der Erfahrung (der Empfindung) zusammenhängt, ist wirklich.
3. Dessen Zusammenhang mit dem Wirklichen nach allgemeinen Bedingungen der Erfahrung bestimmt ist, ist (existiert) notwendig. (B 265/266)

Das Zitat werden wir erst später vollständig kommentieren. Wir entnehmen ihm hier nur so viel: Gegenstände, die transzendentale Bedingungen der Möglichkeit von Erfahrungen erfüllen (ihnen nicht widersprechen), sind möglich; dasjenige an tatsächlich sinnlich wahrgenommenen Gegenständen (in diesem Sinne »wirklichen Gegenständen«), was zu den Bedingungen der Möglichkeit von Erfahrung zählt, ist notwendig. Oder anders ausgedrückt: Wenn *X* tatsächlich sinnlich erfahren wird und *B* eine transzendentale Bedingung der Möglichkeit von Erfahrung ist, so ist es notwendig, dass *B* auf *X* zutrifft. Mehr erfahren wir von Kant über den Begriff der Notwendigkeit nicht, und was wir erfahren, lässt sich so zusammenfassen:

Es ist notwendig, dass *B* auf *X* zutrifft.
≡ Die Aussage »Auf *X* trifft *B* zu« ist a priori wahr.
≡ Die Aussage »Auf *X* trifft *B* zu« ist nicht empirisch.
≡ Die Aussage »Auf *X* trifft *B* zu« kann und muss durch Wahrnehmungen weder verifiziert noch falsifiziert werden.
≡ Dass *B* auf *X* zutrifft, folgt entweder aus der Bedeutung der Ausdrücke »X« und »B« (die Aussage »Auf *X* trifft *B* zu« ist analytisch), oder *B* stellt eine transzendentale Bedingung der Möglichkeit von Erfahrung dar (die Aussage »Auf *X* trifft *B* zu« ist synthetisch apriorisch).

Gegen diese Begriffsäquivalenzen ist an sich nichts einzuwenden. Doch solange die Ausdrücke »notwendig« und

»apriorisch« (Kant sagt dafür auch immer wieder »rein«; vgl. S. 81) nicht unabhängig von diesen Äquivalenzen bestimmt (»definiert«) sind, stellt die Notwendigkeit einer Aussage kein unabhängiges Kriterium dafür dar, dass sie apriorisch ist. Leider unterlässt es Kant, die Begriffe »notwendig« und »apriorisch« unabhängig voneinander zu explizieren, und trotzdem tut er so, als sei Notwendigkeit ein unabhängig expliziertes und daher auch unabhängig testbares Kriterium für die Apriorizität von Aussagen.

Noch ein Wort zum zweiten Merkmal apriorischer Aussagen, ihrer strengen Allgemeinheit: Man darf das nicht missverstehen, als seien alle apriorische Aussagen sogenannte Allaussagen wie »Alle Dreiecke haben eine Winkelsumme von 180 Grad«. Schon der Satz »Wenn Gerhard Schröder Junggeselle ist, dann ist er unverheiratet« ist apriorisch, weil er analytisch ist, und trotzdem vom Standpunkt der Logik keine Allaussage. Aber auch viele Sätze, die Kant zu den synthetischen Urteilen a priori rechnet, wie »7 + 5 = 12«, sind ebenfalls keine Allaussagen. »Strenge Allgemeinheit« kann daher nur heißen: Gelten die Aussagen von einem Gegenstand *X*, so gelten sie von *X* immer und ausnahmslos (zu allen Zeiten). Sie sind zu keinem Zeitpunkt falsch, sie können für keinen Zeitpunkt falsifiziert werden. Mit anderen Worten: »Strenge Allgemeinheit« entpuppt sich als eine andere Bezeichnung dafür, dass die Aussagen nicht empirisch, sondern apriorisch sind. Strenge Allgemeinheit ist daher ebenso wenig wie Notwendigkeit ein von Kant unabhängig expliziertes Kriterium dafür, dass eine Aussage a priori wahr ist.

5. Die Einheit der Erfahrung

Erfahrungen machen

Unser Ausgangspunkt ist erneut Kants grundlegende Vorstellung, dass wir Erfahrungen nur dann machen, wenn wir selber tätig werden. Was können und müssen wir selber tun, um etwas von der Welt zu erfahren? Schauen wir für einen Augenblick nicht auf Kant. Versuchen wir, unsere Frage ganz systematisch zu beantworten.

- Wir müssen natürlich hinsehen, hinhören, tasten und so weiter, um etwas von der Welt zu erfahren, wir müssen *unsere Sinne für die Welt öffnen.*
- Wir müssen (oftmals) *bestimmte Orte* zu ganz *bestimmten Zeiten aufsuchen*, um bestimmte Sachverhalte wahrnehmen zu können.
- Wir müssen unter Umständen in das von Natur aus Gegebene eingreifen, also ein *künstliches experimentelles Design* aufbauen, um bestimmte Sachverhalte wahrnehmen zu können.
- Wir müssen auf das Wahrgenommene und Erfahrene *Begriffe anwenden*, um zu *beschreiben*, was wir wahrnehmen und erfahren.
- Wir müssen aus schon gemachten Erfahrungen weitere Sachverhalte *deduktiv* oder *induktiv erschließen*, die dann ebenfalls Teil unserer Erfahrung sind.

Diesen Aktivitäten begegnen wir bei zwei Aspekten menschlicher Erfahrung, nämlich bei der Einheit der Erfahrungswelt und bei der Objektivierung zunächst bloß subjektiver Erfahrungen. Beide Aspekte hängen miteinander zusammen.

Die Einheit der Erfahrungswelt

Es fällt uns vielleicht gar nicht immer auf, aber Erfahrungsgegenstände bilden eine *einzige zusammenhängende Erfahrungswelt*, die wir mit anderen Personen teilen. Schauen wir uns die Einheit unserer Erfahrungswelt genauer an.

Wenn wir ganz generell beschreiben sollen, welche fundamentalen Merkmale die Erfahrungswelt besitzt, werden wir wohl Folgendes sagen (in Klammer stehen Begriffe aus der *Kritik der reinen Vernunft*, die uns später beschäftigen werden):

1. Die Welt, die wir wahrnehmen, besteht aus *Einzeldingen* (*Substanzen*). Diese Einzeldinge haben *Eigenschaften* (*Akzidentien*) und stehen in *Beziehungen* zu anderen Einzeldingen. Fast alle Eigenschaften oder Beziehungen kommen wiederholt an oder zwischen verschiedenen Einzeldingen vor.
2. Immer wieder *ändern* sich Eigenschaften der Einzeldinge oder die Beziehungen zwischen ihnen. Solche Änderungen sind *Ereignisse* und *Prozesse.*
3. Jedes Einzelding oder Ereignis steht zu jedem anderen Einzelding oder Ereignis in *räumlichen* (*Raum*) und *zeitlichen* (*Zeit*) Beziehungen.
4. Die Eigenschaften eines Einzeldings oder seine Beziehungen zu anderen Einzeldingen ändern sich in *gesetzmäßiger Abhängigkeit* (*Ursache/Wirkung, Wechselwirkung*) von Änderungen der Eigenschaften und Beziehungen anderer Einzeldinge.

Wodurch bilden diese fundamentalen Erfahrungssachverhalte eine zusammenhängende Welt? Das tun sie dadurch, dass sie auf vierfache Weise miteinander verknüpft sind oder verknüpft sein können:

(a) *Die raum-zeitliche Verknüpfung*: Diese Verknüpfung ist universell, jeder wahrgenommene Sachverhalt steht stets in räumlichen und zeitlichen Beziehungen zu jedem anderen wahrgenommenen Sachverhalt.

(b) *Die auf dasselbe Einzelding bezogene Verknüpfung*: Ein wahrgenommener Sachverhalt W wird beschrieben durch Aussagen der Form: »Das raum-zeitliche Einzelding D hat die Eigenschaft E«; bzw.: »Die raum-zeitlichen Einzeldinge D_1 bis D_n stehen in der Beziehung R zueinander«. Zwei wahrgenommene Sachverhalte können dadurch miteinander verknüpft sein, dass mindestens eines der beteiligten Einzeldinge in beiden Sachverhalten vorkommt. Einheit der Welt kommt unter anderem dadurch zustande, dass wir es immer wieder auch mit denselben Objekten zu tun haben.

(c) *Die auf denselben Sachverhaltstyp bezogene Verknüpfung*: Zwei wahrgenommene Sachverhalte können dadurch miteinander verknüpft sein, dass in beiden Sachverhalten Einzeldinge in derselben Beziehung zueinander stehen, die Sachverhalte stellen Sachverhalte desselben Typs dar und sind in diesem Sinne Wiederholungen voneinander. Die Einheit der Welt besteht unter anderem auch darin, dass sich bestimmte Arten von Sachverhalten in ihr wiederholen oder sich im Experiment wiederholen lassen.

(d) *Die nomologisch-strukturelle Verknüpfung*: Zwei wahrgenommene Sachverhalte W und W^* sind dadurch miteinander verknüpft, dass es Gesetze $G_1,\ldots,G_m$ und gegebenenfalls weitere wahrgenommene Sachverhalte $W_1,\ldots,W_n$ gibt, sodass eine Beschreibung von W^* aus Beschreibungen von W und $W_1,\ldots,W_n$ mit Hilfe der Gesetze $G_1,\ldots,G_m$ logisch erschlossen werden kann. Alle Sachverhalte bilden nicht zuletzt dadurch eine Welt, dass sie über Naturgesetze miteinander vernetzt sind.

Kant hat nun eine bahnbrechende Idee: Wir sind es selber, die die einzelnen Wahrnehmungsinhalte – Kant nennt sie »Mannigfaltigkeit der Anschauung« – zu Teilmomenten einer einzigen zusammenhängenden Erfahrungswelt verbinden müssen. Statt »Verbindung« benutzt Kant mit Vorliebe das ursprünglich griechische Wort »Synthesis«. Er spricht deshalb auch von der »synthetischen Einheit der Erfahrung«. Er führt aus, die Verbindung des Mannigfaltigen der Anschauung sei

> eine Verstandeshandlung, die wir mit der allgemeinen Benennung Synthesis belegen würden, um dadurch zugleich bemerklich zu machen, daß wir uns nichts, als im Objekt verbunden, vorstellen können, ohne es vorher selbst verbunden zu haben, und unter allen Vorstellungen die Verbindung die einzige ist, die nicht durch Objekte gegeben, sondern nur vom Subjekte selbst verrichtet werden kann, weil sie ein Actus seiner Selbsttätigkeit ist. (B 130)

Und in der Tat, zumindest die Verknüpfungen (b) bis (d) sind offenkundig unsere eigenen kognitiven Leistungen. Wir sind es ja selber, die Begriffe bilden, sie auf Wahrgenommenes anwenden, das Wahrgenommene mit ihrer Hilfe beschreiben und mit Hilfe der beschreibenden Aussagen von bestimmten Wahrnehmungsinhalten auf andere Wahrnehmungsinhalte schließen. Noch unklar ist allerdings, inwiefern sich die raum-zeitliche Verknüpfung der Wahrnehmungsinhalte ebenso unserer Tätigkeit verdankt. Wir stellen diese Frage bis zum Teil II zurück.

Objektivierung der Erfahrung und »synthetische Einheit der Erfahrung«

Wahrnehmungen sind zunächst immer nur subjektive Erlebnisse eines einzelnen Menschen. Subjektive Wahrnehmungserlebnisse sind noch keine objektive Erfahrung. Was macht aus subjektiven sensorischen Empfindungen objektive Erfahrungserkenntnis? Aus zunächst bloß subjektiven sensorischen Empfindungen objektive Erfahrungserkenntnis werden zu lassen hat zwei Seiten:

(1) Wahrnehmungsinhalte sind auf Objekte zu beziehen,
(2) Wahrnehmungsinhalte sind auch intersubjektiv anderen Personen zugänglich zu machen.

Zu Punkt 1: Zunächst einmal muss der Wahrnehmende selber begreifen, was er wahrnimmt. Er muss das Wahrgenommene unter Begriffe subsumieren, denn, wie Kant sagt: »Anschauungen ohne Begriffe sind blind« (B 75).
Anders ausgedrückt: Der Wahrnehmende begreift erst dann, was er wahrnimmt, wenn er das Wahrgenommene in Aussagen mit Hilfe von Begriffen beschreiben kann. Wie wir schon gesehen haben, beschreiben wir einzelne Wahrnehmungen durch Sätze der Form: »Das Einzelding *D* hat die Eigenschaft *E*«, bzw.: »Zwischen den Einzeldingen $D_1,\ldots,D_n$ besteht die Relation *R*«. Daher kann man auch sagen: Der Wahrnehmende bezieht seine subjektiven sensorischen Empfindungen auf Dinge, auf Objekte, wenn er sie unter Begriffe subsumiert.
Zu Punkt 2: Das, was ein Einzelner erfährt, müssen andere, falls bestimmte Bedingungen erfüllt sind, genauso erfahren. Das setzt in jedem Falle voraus, dass die Wahrnehmenden sich darüber verständigen, was sie wahrnehmen oder wahrzunehmen glauben. Was ein Einzelner wahrnimmt, muss er anderen Personen so beschreiben, dass diese entweder dasselbe oder zumindest kausale Spuren des ursprünglich Wahrgenommenen selber wahrnehmen können. Denn nicht

immer lässt sich das, was ein Einzelner beobachtet, auch noch durch andere Personen beobachten. Unmittelbar nach einer Explosion ist es schon zu spät, um diese selbst noch wahrnehmen zu können. Aber kurz nach der Explosion erwarten die zu spät Gekommenen zumindest noch Spuren zu sehen, etwa Rauchschwaden, Zerstörungen, geschockte Augenzeugen und vieles andere mehr, denn sonst keimt bei ihnen sofort der Verdacht auf, es sei gar nichts explodiert. Eine Explosion ist nur dann ein objektives Ereignis in der uns gemeinsamen Welt, wenn sie verknüpft ist mit hinreichend vielen anderen Ereignissen in der Welt. Eine Explosion ohne jede Spuren ist keine Explosion im Sinne eines erkennbaren objektiven Ereignisses. Deshalb ist für Kant das Erkennen »objektiver Tatsachen« vor allem ein Verknüpfen oder eben eine »Synthesis«. Kant drückt das so aus: »Erfahrung ist nur durch die Vorstellung einer notwendigen Verknüpfung der Wahrnehmungen möglich« (B 218).

Objektiviert wird eine Wahrnehmung, indem der Wahrnehmende auf folgende Fragen anderer Beobachter überzeugend antworten kann:

- Was hast du wahrgenommen?
- Wo und wann hast du es wahrgenommen?
- Lässt sich das von dir Wahrgenommene jetzt noch wahrnehmen, oder gibt es für uns zumindest noch wahrnehmbare kausale Spuren dessen, was du wahrgenommen hast?
- Wenn sich das Wahrgenommene und seine unmittelbaren Spuren zu sehr verflüchtigt haben, um noch direkt etwas davon wahrzunehmen, ist es wenigstens naturgesetzlich möglich und damit glaubhaft, was du wahrgenommen zu haben behauptest?

Zunächst bloß subjektive sensorische Erlebnisse werden mithin über folgende Schritte zu Erfahrungserkenntnis objektiviert:

(a) Die Wahrnehmungserlebnisse werden *beschrieben*, und zwar in der Form: »Ich nehme am Ort O zum Zeitpunkt *t* wahr, dass die Dinge $D_1,\ldots,D_n$ in der Relation *R* zueinander stehen«.
(b) Die Wahrnehmungserlebnisse werden damit insbesondere durch Einordnung in ein öffentliches Raum-Zeit-Koordinatensystem *räumlich lokalisiert* und *zeitlich datiert.*
(c) Die Wahrnehmungsinhalte werden über allgemeine Naturgesetze zu anderen Wahrnehmungsinhalten *inferentiell in Beziehung gesetzt.*

Wieder haben wir es mit denselben Verknüpfungen von Wahrnehmungsinhalten zu tun, durch die das Wahrgenommene auch Bestandteil ein und derselben Erfahrungswelt wird, und wieder sind es wir selber, die die Verknüpfungsleistungen (a) bis (c) zu erbringen haben. Die zunächst bloß subjektiven sensorischen Erlebnisse werden zu Erfahrungserkenntnissen objektiviert, indem die Wahrnehmungserlebnisse kohärent in die eine zusammenhängende, allen Beobachtern zugängliche Erfahrungswelt eingefügt werden. Insofern sind objektivierte Erfahrungserkenntnis und »synthetische Einheit der Erfahrung« nur zwei Seiten ein und derselben Medaille.

Damit sind wir bei den zentralen Gedanken in Kants *Kritik der reinen Vernunft* angekommen: Wir selber müssen Wahrnehmungen objektivieren und sie zu einer Erfahrungswelt miteinander verbinden. Die Prinzipien, die uns dabei leiten, beinhalten die von Kant gesuchten synthetischen Urteile a priori. Die entscheidende These der *Kritik der reinen Vernunft* lautet: *Die Regeln, nach denen wir die subjektiven Wahrnehmungsinhalte zu Bestandteilen der einen Erfahrungswelt verknüpfen und sie damit zugleich objektivieren, stellen transzendentale Bedingungen der Möglichkeit objektivierbarer Erfahrungserkenntnis dar und gelten da-*

her nach dem Grundsatz der Transzendentalphilosophie notwendigerweise von allen Gegenständen objektivierter Erfahrung.

Schauen wir uns nun in Teil II und III an, wie Kant diese These schrittweise entfaltet.

Teil II
Kants Philosophie von Raum und Zeit

6. Kants Grundthese zu Raum und Zeit

Kant handelt seine Theorie von Raum und Zeit unter dem Titel »Transzendentale Ästhetik« ab. Den Ausdruck »Ästhetik« verwendet Kant in seiner ursprünglichen Wortbedeutung, wie sie sich aus dem Griechischen herleitet: »aisthesis« meint die sinnliche Wahrnehmung. Eine »transzendentale Ästhetik« analysiert also die sinnliche Wahrnehmung oder, wie Kant es lieber ausdrückt, die »Anschauung« unter der Leitfrage, inwiefern auf Anschauungen synthetische Urteile a priori gründen. Die Theorie von Raum und Zeit verhandelt Kant deshalb in der »transzendentalen Ästhetik«, weil Raum und Zeit für ihn »apriorische Anschauungsformen« sind.

Zwei Auffassungen von Raum und Zeit

Wir nehmen Einzeldinge und Ereignisse »in Raum und Zeit« wahr. Einzeldinge existieren eine gewisse Zeitdauer und befinden sich während dieser Zeit zu jedem einzelnen Zeitpunkt an einem bestimmten Ort. Jedes Ereignis findet zu einem bestimmten Zeitpunkt an einem bestimmten Ort statt. Insofern unterliegen wahrnehmbare Einzeldinge und Einzelereignisse räumlichen und zeitlichen Bestimmungen. *Räumliche Bestimmungen* sind zum Beispiel: *X* befindet sich am Ort *Y*; *X* liegt zwischen *Y* und *Z*; *X* ist länger als *Y*; *X* ist kongruent zu *Y*; *X* berührt *Y*; *X* ist von der Fläche (vom Volumen) her gesehen genauso groß wie

Y; *X* liegt im rechten Winkel zu *Y*; *X* befindet sich oberhalb von *Y*; *X* ist rechteckig. *Zeitliche Bestimmungen* sind zum Beispiel: *X* findet gleichzeitig mit *Y* statt; *X* findet früher als *Y* statt; *X* dauert genauso lange wie *Y*; *X* dauert länger als *Y*; *X* ist in der Vergangenheit passiert; *X* ist ein zukünftiges Geschehen. Kant unterstellt uns Lesern, dass wir mit räumlichen und zeitlichen Bestimmungen vertraut sind.

Es lassen sich zwei Auffassungen von Raum und Zeit unterscheiden.

- *Substanz- oder Behälterauffassung*: Raum und Zeit sind gewissermaßen Einzeldinge, ähnlich wie Behälter, in denen alle Dinge und Ereignisse untergebracht sind und die auch dann vorhanden wären, wenn alle materiellen Dinge es nicht wären.
- *Relationale Auffassung*: Raum und Zeit sind keine substantiellen Einzeldinge, sondern es gibt nur räumliche und zeitliche Eigenschaften und Beziehungen der materiellen Einzeldinge und Ereignisse. Mit den Substantiven »der Raum« und »die Zeit« bezeichnet man dann die Gesamtheit aller räumlichen und zeitlichen Sachverhalte.

Der Anhänger der Substanzauffassung behauptet, dass auch ohne materielle Einzeldinge und Ereignisse immer noch der »leere« Raum und die »leere« Zeit vorhanden wären. Vertreter der relationalen Auffassung negieren genau diese Behauptung: Ohne materielle Einzeldinge und Ereignisse gibt es für die Relationisten keinen Raum und keine Zeit.

Raum und Zeit als »apriorische Anschauungsformen«

Kant verteidigt in der *Kritik der reinen Vernunft* eine zunächst eigentümlich wirkende These über Raum und Zeit. Über den Raum sagt er:

> Der Raum stellet gar keine Eigenschaft irgend einiger Dinge an sich, oder sie in ihrem Verhältnis auf einander vor, d. i. keine Bestimmung derselben, die an Gegenständen selbst haftete, und welche bliebe, wenn man auch von allen subjektiven Bedingungen der Anschauung abstrahierte. [...] Der Raum ist nichts anders, als nur die Form aller Erscheinungen äußerer Sinne, d. i. die subjektive Bedingung der Sinnlichkeit, unter der allein uns äußere Anschauung möglich ist. Weil nun die Rezeptivität des Subjekts, von Gegenständen affiziert zu werden, notwendiger Weise vor allen Anschauungen dieser Objekte vorhergeht, so läßt sich verstehen, wie die Form aller Erscheinungen vor allen wirklichen Wahrnehmungen, mithin a priori im Gemüte gegeben sein könne, und wie sie als reine Anschauung, in der alle Gegenstände bestimmt werden müssen, Prinzipien derselben vor aller Erfahrung enthalten könne.
>
> Wir können demnach nur aus dem Standpunkte eines Menschen, vom Raum, von ausgedehnten Wesen etc. reden. Gehen wir von der subjektiven Bedingung ab, unter welcher wir allein äußere Anschauung bekommen können, so wie wir nämlich von den Gegenständen affiziert werden mögen, so bedeutet diese Vorstellung vom Rau|me gar nichts. Dieses Prädikat wird den Dingen nur in so fern beigelegt, als sie uns erscheinen, d. i. Gegenstände der Sinnlichkeit sind. (B 42/43)

Über die Zeit sagt er später Entsprechendes.

> Die Zeit ist nichts anders, als die Form des innern Sinnes, d.i. des Anschauens unserer selbst und unsers innern Zustandes. [...] Die Zeit ist die formale Bedingung a priori aller Erscheinungen überhaupt. Der Raum, als die reine Form aller äußern Anschauung ist als Bedingung a priori bloß auf äußere Erscheinungen eingeschränkt. Dagegen weil alle Vorstellungen, sie mögen nun äußere Dinge zum Gegenstande haben, oder nicht, doch an sich selbst, als Bestimmungen des Gemüts, zum innern Zustande gehören: dieser innere Zustand aber, unter der formalen Bedingung der innern Anschauung, mithin der Zeit gehöret, so ist die Zeit eine Bedingung a priori von aller Erscheinung überhaupt [...].
> Wenn wir von unsrer Art, uns innerlich anzuschauen; und vermittels dieser Anschauung auch alle äußere Anschauungen in der Vorstellungs-Kraft zu befassen, abstrahieren, und mithin die Gegenstände nehmen, so wie sie an sich selbst sein mögen, so ist die Zeit nichts. (B 49–51)

Nach Kant sind also nicht die Dinge und Ereignisse an sich, so wie sie sind, wenn wir sie nicht anschauen, »in Raum und Zeit« und unterliegen räumlichen und zeitlichen Bestimmungen. Wir nehmen die Dinge bloß stets in Raum und Zeit wahr und können gar nicht anders, als sie in Raum und Zeit wahrzunehmen. Raum und Zeit sind nicht Bestimmungen der »Dinge an sich«, sondern nur Bedingungen der Wahrnehmung oder, wie Kant auch sagt, »Formen unserer Anschauung«, und zwar »reine« Anschauungsformen oder »Anschauungsformen a priori«. Was meint Kant damit?

Die Argumente aus der »metaphysischen Erörterung« des Raumbegriffs

Kant präsentiert im Abschnitt mit dem Titel »Metaphysische Erörterung« vier Argumente für seine These, Raum sei eine reine Anschauungsform. Das erste lautet:

> Der Raum ist kein empirischer Begriff, der von äußeren Erfahrungen abgezogen worden. Denn damit gewisse Empfindungen auf etwas außer mich bezogen werden, (d. i. auf etwas in einem andern Orte des Raumes, als darin ich mich befinde,) imgleichen damit ich sie außer und neben einander, mithin nicht bloß verschieden, sondern als in verschiedenen Orten vorstellen könne, dazu muß die Vorstellung des Raumes schon zum Grunde liegen. Demnach kann die Vorstellung des Raumes nicht aus den Verhältnissen der äußern Erscheinung durch Erfahrung erborgt sein, sondern diese äußere Erfahrung ist selbst nur durch gedachte Vorstellung allererst möglich. (B 38)

Das Argument muss wohl in folgender Weise verstanden werden:

1. Empirische Begriffe oder Vorstellungen von Dingen und Ereignissen in der Außenwelt werden durch Abstraktion aus äußerer Wahrnehmung gewonnen.
2. Dazu muss man aber schon über die Vorstellung eines »Äußeren«, genauer: über die Vorstellung eines Ortes außerhalb von mir und meines Standortes und damit überhaupt über die Vorstellung des Raumes als Gesamtheit aller verschiedenen Orte (einschließlich des jeweils eigenen Standortes) verfügen.
3. Vorstellungen (Begriffe usw.) *A*, über die man schon verfügen und die man voraussetzen muss, um andere Vorstellungen (Begriffe usw.) *B* zu gewinnen, können

nicht ihrerseits aus den Vorstellungen (Begriffe usw.) *B* gewonnen werden.

---

4. Also kann die Vorstellung vom Raum nicht aus äußerer Wahrnehmung gewonnen werden, kann also kein empirischer Begriff oder keine empirische Vorstellung sein.

Das Argument ist leicht zu kritisieren. Die zweite Prämisse ist nicht zu halten. Selbstverständlich kann man in der Außenwelt etwas wahrnehmen, seine Wahrnehmungen begrifflich verallgemeinern und sie mit Hilfe allgemeiner Begriffe beschreiben, ohne schon die Vorstellungen oder Begriffe des Raumes, des Ortes, eines vom eigenen Standort verschiedenen Ortes und so weiter gebildet zu haben oder explizit etwas darüber zu wissen.
Kommen wir zu Kants zweitem Argument:

> Der Raum ist eine notwendige Vorstellung, a priori, die allen äußeren Anschauungen zum Grunde liegt. Man kann sich niemals eine Vorstellung davon machen, daß kein Raum sei, ob man sich gleich ganz wohl denken kann, daß keine Gegenstände darin ange|troffen werden. Er wird also als die Bedingung der Möglichkeit der Erscheinungen, und nicht als eine von ihnen abhängende Bestimmung angesehen, und ist eine Vorstellung a priori, die notwendiger Weise äußeren Erscheinungen zum Grunde liegt. (B 38/39)

Das Argument lässt sich in folgender Weise verstehen:

1. Es ist möglich, sich alle materiellen Gegenstände in der anschaulichen Vorstellung wegzudenken, während man sich den Raum als Gesamtheit der Orte, an denen sich die materiellen Gegenstände befinden, weiterhin anschaulich vorstellen oder denken kann.
2. Es ist aber nicht möglich, sich auch noch den leeren Raum in der anschaulichen Vorstellung wegzudenken,

ohne jede Anschauung oder anschauliche Vorstellung überhaupt aufzulösen.

3. Was sich nicht wegdenken lässt, ohne jede Anschauung überhaupt zu zerstören, ist etwas, das jeder Anschauung notwendigerweise oder a priori zugrunde liegt.

---

4. Also liegt die Anschauung oder anschauliche Vorstellung des leeren Raumes jeder Anschauung oder anschaulichen Vorstellung irgendeines materiellen Gegenstandes a priori zugrunde.

Mit der ersten Prämisse gibt sich Kant eindeutig als Anhänger der Substanzauffassung des Raumes zu erkennen. Aufrechterhalten lässt sich die erste Prämisse aber nicht, wie eine einfache Überlegung zeigt: Materielle Körper bewegen sich oder verschwinden auch völlig. Selbst wenn ein Körper völlig aus unserem Blickfeld entschwunden ist, können wir immer noch seinen ursprünglichen Ort identifizieren, indem wir uns auf andere materielle Körper beziehen. Es ist also wahr: Für jedes einzelne materielle Objekt lässt sich weiterhin sein Ort identifizieren, selbst wenn dieser Ort längst verwaist ist. Doch daraus folgt nicht die Möglichkeit, sich den Raum ohne jedes materielle Objekt zu denken. Gäbe es auf einmal gar keine Körper mehr, so wäre es unmöglich, den Ort irgendeines Körpers noch wahrnehmend zu identifizieren. Vielleicht können wir uns anschaulich vorstellen, dass ein bestimmter materieller Körper nicht den Ort einnimmt, den er gerade einnimmt. Aber sicher können wir uns keinen leeren Raum, also einen Raum ohne irgendeinen materiellen Körper anschaulich vorstellen. Den leeren Raum können wir uns bestenfalls denken. Insofern ist die erste Prämisse des Arguments falsch.

Neben dieser ersten Prämisse ist aber auch die Konklusion des Arguments falsch. Wenn wir einen materiellen Körper wahrnehmen oder ihn uns bildlich vorstellen, nehmen wir ihn als einen ausgedehnten Körper wahr (oder stellen ihn

uns als einen solchen vor), der ein Raumgebiet ausfüllt und eine räumliche Umgebung hat, die nicht zu ihm gehört und in der sich andere Körper befinden oder befinden können. Insofern folgt nicht, wie die Konklusion irrtümlicherweise behauptet, dass die Anschauung oder anschauliche Vorstellung des leeren Raumes jeder Anschauung oder anschaulichen Vorstellung eines materiellen Gegenstandes zugrunde liegt. Es verhält sich vielmehr umgekehrt: Jede Anschauung oder anschauliche Vorstellung des Raumes oder räumlicher Verhältnisse setzt notwendigerweise die Materie oder die Vorstellung von Materie voraus.
Kants drittes Argument in der »metaphysischen Erörterung« des Raumbegriffs lautet:

> Der Raum ist kein diskursiver, oder, wie man sagt, allgemeiner Begriff von Verhältnissen der Dinge überhaupt, sondern eine reine Anschauung. Denn erstlich kann man sich nur einen einigen Raum vorstellen, und wenn man von vielen Räumen redet, so verstehet man darunter nur Teile eines und desselben alleinigen Raumes. Diese Teile können auch nicht vor dem einigen allbefassenden Raume gleichsam als dessen Bestandteile (daraus seine Zusammensetzung möglich sei) vorhergehen, sondern nur in ihm gedacht werden. Er ist wesentlich einig, das Mannigfaltige in ihm, mithin auch der allgemeine Begriff von Räumen überhaupt, beruht lediglich auf Einschränkungen. Hieraus folgt, daß in Ansehung seiner eine Anschauung a priori (die nicht empirisch ist) allen Begriffen von demselben zum Grunde liegt. So werden auch alle geometrische Grundsätze, z. E. daß in einem Triangel zwei Seiten zusammen größer seien, als die dritte, niemals aus allgemeinen Begriffen von Linie und Triangel, sondern aus der Anschauung und zwar a priori mit apodiktischer Gewißheit abgeleitet. (B 39)

Das Argument ist einigermaßen undurchsichtig. Die beste Lesart scheint noch folgende zu sein:

1. Es gibt nur einen einzigen Raum, er ist ein individueller Einzelgegenstand.
2. Individuelle Gegenstände lassen sich nicht rein begrifflich oder durch bloße Schlüsse aus Begriffen erkennen, sondern verlangen Anschauung, um sie zu erkennen.

---

3. Also lässt sich der Raum nur durch Anschauung erkennen.
4. Durch Anschauung des Raumes werden wahre synthetische Aussagen a priori verifiziert, wie etwa die Aussagen der Geometrie.
5. Werden Aussagen durch Anschauungen eines Gegenstandes verifiziert und sind sie a priori wahr, so ist die Anschauung des Gegenstandes eine apriorische Anschauung.

---

6. Also ist die Anschauung des Raumes eine apriorische Anschauung.

Die Frage, ob die vierte Prämisse wahr ist, lassen wir vorläufig auf sich beruhen, denn wir kommen noch darauf zurück. Die Prämisse 2, die Kant gar nicht ausdrücklich nennt, die man seinem Argument aber hinzufügen muss, damit es wenigstens schlüssig ist, scheint fragwürdig. Natürlich lassen sich Individuen auch durch Kennzeichnungen definieren und identifizieren (in dem Satz »Paris ist die Hauptstadt von Frankreich« ist »die Hauptstadt von Frankreich« eine Kennzeichnung, die Paris identifiziert). Noch fragwürdiger ist aber, dass es angeblich möglich sein soll, den ganzen Raum anzuschauen. Anschauen lassen sich nur Teilräume, und Teilräume sind durch Umgebungen begrenzt, wie vage diese auch bestimmt sein mögen. Nochmals: Der Raum überhaupt lässt sich denken, aber nicht anschaulich vorstellen.

Gehen wir gleich zum letzten Argument aus Kants »metaphysischer Erörterung« über:

> Der Raum wird als eine unendliche gegebene Größe vorgestellt. Nun muß man zwar einen jeden Be|griff als eine Vorstellung denken, die in einer unendlichen Menge von verschiedenen möglichen Vorstellungen (als ihr gemeinschaftliches Merkmal) enthalten ist, mithin diese unter sich enthält; aber kein Begriff, als ein solcher, kann so gedacht werden, als ob er eine unendliche Menge von Vorstellungen in sich enthielte. Gleichwohl wird der Raum so gedacht (denn alle Teile des Raumes ins Unendliche sind zugleich). Also ist die ursprüngliche Vorstellung vom Raume Anschauung a priori und nicht Begriff. (B 39/40)

Dieses Argument ist besonders schwer zu durchschauen. Unklar ist, wie es sich überhaupt rekonstruieren lassen soll. Bleibt man dicht am Wortlaut des Textes, ergibt sich:

1. Unter jeden generellen Begriff können unendliche viele Gegenstände (vorgestellte Gegenstände) subsumiert werden. Der Begriff beschreibt dann ein Merkmal, das diesen unendlich vielen Gegenständen gemeinsam ist.
2. Aber diese Gegenstände oder vorgestellten Gegenstände (Vorstellungen) sind nicht Teile des generellen Begriffs selber.
3. Der Raum wird aber so vorgestellt, dass er unendlich viele Teile, nämlich die Teilräume enthält.

---

4. Also ist die Vorstellung des Raumes kein Begriff.
5. Jede Vorstellung ist aber Begriff oder Anschauung.

---

6. Also ist die Vorstellung des Raumes eine Anschauung.

Die Prämissen 2 und 3 sind und bleiben rätselhaft. Was will Kant mit ihnen eigentlich behaupten?

Analoge Argumente für die Zeit trägt Kant in der »metaphysischen Erörterung« des Zeitbegriffs vor. Sie sind nicht minder fragwürdig als die Argumente zum Raum.

Kants Begriff einer reinen Anschauung

Vollständig verstanden haben wir Kants These, Raum und Zeit seien Formen reiner Anschauung, noch nicht. Von Anfang an drückt Kant seine These nicht besonders glücklich aus. Raum und Zeit, so formuliert er immer wieder, seien keine Begriffe, sondern Anschauungen. Nun lässt sich eines sicherlich nicht in Abrede stellen: Wir verfügen über die Begriffe »Raum« und »Zeit« und auch über Begriffe für räumliche und zeitliche Beziehungen. Kant redet in der »metaphysischen Erörterung« ja auch selber ständig von den Begriffen »Raum« und »Zeit«, nicht zuletzt im vollständigen Titel der »metaphysischen Erörterungen«. Wir tun also gut daran, sorgfältiger als Kant zu unterscheiden zwischen den Wörtern bzw. Begriffen und dem, worauf sie sich beziehen. Raum und Zeit als das durch die Wörter »Raum« und »Zeit« Bezeichnete sind selbstredend keine Wörter oder Begriffe. Ebenso wenig allerdings sind sie Anschauungen. Sich so auszudrücken ist ähnlich unsinnig, als würde man sagen, Tische seien Anschauungen. Nein, Tische sind keine Anschauungen, sondern Tische lassen sich anschauen, und unser Wissen über Tische stammt wesentlich aus Anschauungen. Man muss sich nur noch einmal Kants vier Argumente aus der »metaphysischen Erörterung« des Raumes vergegenwärtigen, um zu erkennen, dass er Vergleichbares über Raum und Zeit und räumliche und zeitliche Beziehungen sagen will: Die Wörter bzw. die Begriffe »Raum« und »Zeit« und die Wörter bzw. Begriffe für räumliche und zeitliche Eigenschaften und Beziehungen bezeichnen nicht etwas, was nur gedacht oder indirekt erschlossen werden kann, sondern sie bezeichnen etwas, was in erster Linie angeschaut werden muss und von dem wir in erster Linie auch nur aus der Anschauung etwas wissen können.

Nun behauptet Kant außerdem, dass Raum und Zeit keine empirischen, sondern reine oder apriorische Anschauungen seien. Was aber meint Kant mit »reiner« oder »apriorischer« Anschauung? Folgen wir Kants Text, gibt es darauf nur eine Antwort: Eine Anschauung ist rein oder apriorisch genau dann, wenn sie dazu dient, synthetische Urteile a priori zu verifizieren. So ist für Kant räumliche Anschauung rein oder apriorisch, mit der wir Sätze der Geometrie beweisen, die für Kant synthetische Urteile a priori sind. Als Beispiel führt er das geometrische Theorem an, dass die Winkelsumme in einem euklidischen Dreieck 180 Grad beträgt.

Um sich von diesem Theorem zu überzeugen, müssen wir nach Kant an einem gezeichneten Dreieck durch einen Punkt des Dreiecks die Parallele zur gegenüberliegenden Seite ziehen und die beiden anderen Seiten über diesen Punkt hinaus verlängern. Dabei entstehen drei Winkel, die nach einem bekannten Satz der Geometrie über die Gleichheit von Stufenwinkeln an geschnittenen Parallelen und über die Gleichheit von Scheitelwinkeln mit den drei Winkeln des Dreiecks übereinstimmen und, wie man direkt an der Figur »sehen« kann, zusammen einen Winkel von 180 Grad ergeben.

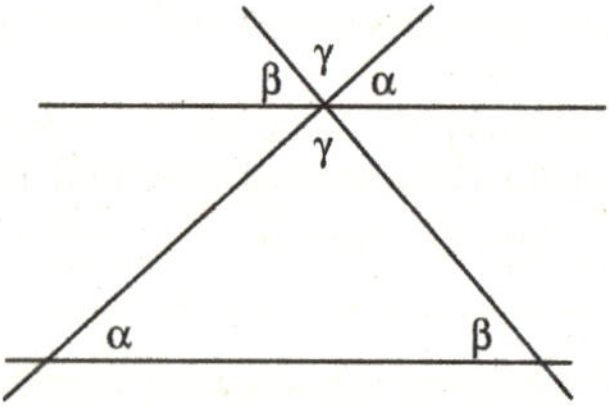

Hier ist tatsächlich Anschauung im Spiel. Es lässt sich aber nicht bestreiten, dass eine solche Figur zu betrachten nichts anderes als eine gewöhnliche empirische Anschauung ist. Und diese gewöhnliche empirische Anschauung liefert natürlich keinen Beweis des Theorems über die Winkelsumme in einem Dreieck. Tatsächlich beweist man das Theorem, indem man es aus den Axiomen der euklidischen Geometrie logisch deduziert, und dazu werden geometrische Figuren auf dem Papier, die das Theorem lediglich veranschaulichen, nicht benötigt.

Es gibt neben der gewöhnlichen empirischen Anschauung nicht zusätzlich eine sogenannte »reine Anschauung«. Wenn Kant von »reiner Anschauung« spricht, meint er tatsächlich nichts anderes als Anschauungen, insofern mit ihrer Hilfe synthetische Urteile a priori verifiziert werden. Allerdings steht ein überzeugendes Beispiel aus. Entgegen Kants Behauptung sind die Theoreme der euklidischen Geometrie kein Beispiel für apriorische Aussagen, die auf Anschauungen gründen. Wir kommen darauf in den nächsten Abschnitten zurück.

Halten wir zunächst das Ergebnis unserer Analyse fest. Sie hat ergeben, dass die These von Raum und Zeit als apriorischen Anschauungsformen nichts anderes besagen kann als die Behauptung: *Bestimmte synthetische Sätze a priori werden durch Anschauungen räumlicher oder zeitlicher Eigenschaften und Beziehungen verifiziert.*

Von der Systematik seiner Argumente her müsste Kant jetzt im nächsten Schritt eigentlich beweisen, dass es synthetische Urteile a priori für räumliche und zeitliche Sachverhalte gibt und dass insbesondere die Sätze der euklidischen Geometrie zu diesen gehören. Im nächsten Abschnitt der transzendentalen Ästhetik wartet Kant unter dem Titel »Transzendentale Erörterung der Begriffe von Raum und Zeit« scheinbar mit einem solchen Beweis auf.

Die »transzendentale Erörterung« der Begriffe Raum und Zeit

Eine transzendentale Erörterung zielt stets auf die Möglichkeit synthetischer Urteile a priori. Werden die Begriffe Raum und Zeit transzendental erörtert, geht es also um die Möglichkeit synthetischer Urteile a priori im Zusammenhang mit unserer Anschauung von Raum und Zeit. Über den Raum schreibt Kant:

> Geometrie ist eine Wissenschaft, welche die Eigenschaften des Raums synthetisch und doch a priori bestimmt. Was muß die Vorstellung des Raumes denn sein, damit eine solche Erkenntnis von ihm möglich sei? Er muß ursprünglich Anschauung sein; denn aus einem | bloßen Begriff lassen sich keine Sätze, die über den Begriff hinausgehen, ziehen, welches doch in der Geometrie geschieht [...]. Aber diese Anschauung muß a priori, d. i. vor aller Wahrnehmung eines Gegenstandes, in uns angetroffen werden, mithin reine, nicht empirische Anschauung sein. Denn die geometrischen Sätze sind insgesamt apodiktisch, d. i. mit dem Bewußtsein ihrer Notwendigkeit verbunden [...].
>
> Wie kann nun eine äußere Anschauung dem Gemüte beiwohnen, die vor den Objekten selbst vorhergeht, und in welcher der Begriff der letzteren a priori bestimmt werden kann? Offenbar nicht anders, als so fern sie bloß im Subjekte, als die formale Beschaffenheit desselben von Objekten affiziert zu werden, und dadurch *unmittelbare Vorstellung* derselben, d. i. *Anschauung* zu bekommen, ihren Sitz hat, also nur als Form des äußeren *Sinnes* überhaupt.
>
> Also macht allein unsere Erklärung die *Möglichkeit der Geometrie* als einer synthetischen Erkenntnis a priori begreiflich. (B 40/41)

Eine analoge Überlegung stellt Kant über die Zeit an. In der transzendentalen Erörterung des Begriffs der Zeit treten an die Stelle der geometrischen Aussagen die arithmetischen Aussagen. Kant ist nämlich der Auffassung, dass Aussagen wie »7 + 5 = 12« letztlich durch Zählen bzw. Abzählen zu verifizieren sind. Wer zählt, fügt, so Kant, zeitlich nacheinander immer wieder die gleiche Einheit zum bereits erzielten Ergebnis hinzu. Damit ist angedeutet, wie in der »transzendentalen Erörterung« des Zeitbegriffs die arithmetischen Sätze eine analoge Rolle zu jener der geometrischen Sätze in der »transzendentalen Erörterung« des Raumbegriffs übernehmen. Ansonsten können wir hier auf Kants Philosophie der Arithmetik nicht weiter eingehen.

Damit zurück zu unserem Zitat. Der letzte Satz des Zitats (»Also macht allein unsere Erklärung die Möglichkeit der Geometrie als einer synthetischen Erkenntnis a priori begreiflich«) bringt klar das Beweisziel der »transzendentalen Erörterung« zum Ausdruck: Es soll gezeigt werden, dass nur mit der Annahme, dass Raum und Zeit apriorische Anschauungsformen sind, erklärt werden kann, warum die Sätze der euklidischen Geometrie wahre synthetische Aussagen a priori sind. Dabei unterstellt Kant zweierlei:

(1) Er glaubt, dass es eine offenkundige Tatsache sei, dass die euklidische Geometrie synthetische Urteile a priori umfasst.
(2) Er glaubt, dass er in der »metaphysischen Erörterung« bereits Raum und Zeit als apriorische Anschauungsformen ausgewiesen habe.

Kants Argumente aus der »transzendentalen Erörterung« des Raumbegriffs und aus der analogen Erörterung des Zeitbegriffs lassen sich mit diesen beiden Unterstellungen in folgender Weise rekonstruieren:

1. Eine Aussage ist genau dann synthetisch, wenn man schließlich auf Anschauungen zurückgreifen muss, um sie zu verifizieren.
2. Bei den Aussagen der Arithmetik und der Geometrie muss man auf Anschauungen von Raum und Zeit zurückgreifen.

---

3. Also ist damit erklärt, warum die Sätze der Arithmetik und der Geometrie synthetische Sätze sind.
4. Nach der metaphysischen Erklärung handelt es sich bei der Anschauung von Raum und Zeit um apriorische oder reine Anschauung.
5. Wenn Sätze durch reine Anschauung verifiziert werden, handelt es sich um apriorische Sätze.

---

6. Also ist damit erklärt, warum die arithmetischen und die geometrischen Sätze apriorische Sätze sind.

---

7. Also ist damit insgesamt erklärt, warum die arithmetischen und die geometrischen Sätze synthetische Urteile a priori sind.

Doch das Argument hat einen Defekt. Wir haben schon gesehen, dass Kant reine oder apriorische Anschauung als eine Anschauung bestimmt, mit der sich synthetische Sätze a priori begründen lassen. Raum und Zeit kann man daher nur dadurch als »reine Anschauungen« erweisen, dass man Sätze anführt, die a priori wahr sind und die nur durch die Anschauung räumlicher und zeitlicher Verhältnisse verifiziert werden können. Kant beruft sich, wie besonders das dritte Argument in der »metaphysischen Erörterung« des Raumbegriffs erkennen lässt, bereits dort auf das angeblich evidente Faktum, dass die Aussagen der Arithmetik und Geometrie synthetische Sätze a priori sind. Damit aber entsteht zwischen der »metaphysischen« und der »transzendentalen Erörte-

rung« ein *prekärer Begründungszirkel*: Die »metaphysische Erörterung« erklärt Raum und Zeit unter anderem mit dem Verweis auf synthetische Urteile a priori über Raum und Zeit zu apriorischen Anschauungsformen, die »transzendentale Erörterung« erklärt die Existenz synthetischer Urteile a priori über Raum und Zeit umgekehrt damit, dass Raum und Zeit apriorische Anschauungsformen seien.
Diese kleine argumentationstheoretische Betrachtung enthüllt Kants Begründung für seine These, Raum und Zeit seien apriorische Anschauungsformen, in Wahrheit als einen Schluss auf die beste Erklärung aus:

1. Die arithmetischen und die geometrischen Sätze sind synthetische Urteile a priori.
2. Die Annahme, dass Raum und Zeit nur a priori angeschaut werden können, erklärt am besten, warum die Sätze der Arithmetik und Geometrie synthetische Urteile a priori sind.
3. Wenn *p* der Fall ist und *q* am besten erklärt, warum *p* der Fall ist, so ist *q* der Fall.

---

4. Also können Raum und Zeit nur angeschaut werden, und zwar in Gestalt reiner apriorischer Anschauung.

Argumente dieser Art sind prinzipiell problematisch, was wir hier allerdings nicht weiter erörtern können.[10] Wichtig ist nur eines: Die Argumentation Kants bricht zusammen, sollte sich herausstellen, dass arithmetische und geometrische Sätze gar keine Urteile a priori sind. Die Mehrheit der heutigen Mathematiker und auch der Philosophen der Mathematik lehnen diese These Kants strikt ab.[11] Nur eine Minderheit verteidigt seine These, allerdings tut sie dies

10 Vgl. zur Problematik von Schlüssen auf die beste Erklärung Tetens (2004), Abschnitte 6.4 und 15.5.

11 Die meines Erachtens beste Rekonstruktion der vorherrschenden Sicht mathematischer und geometrischer Sätze findet sich in Kambartel (1976).

mit einer anderen Begründung als Kant.[12] Es würde an dieser Stelle zu weit führen, die heute vorherrschenden wie die abweichenden Auffassungen der Mathematik im Einzelnen darzulegen. Halten wir nur fest, dass Kants These über den Status mathematischer Aussagen alles andere als selbstverständlich ist.
Bisher, das wird immer deutlicher, konnten Kants Überlegungen zu Raum und Zeit nicht überzeugen. Seine Argumente enthalten falsche oder fragwürdige Prämissen oder lassen sich nur schwer nachvollziehen. Vor allem aber ist ein grundlegender Zirkel in den Begründungen sichtbar geworden.

»Empirische Realität« und »transzendentale Idealität« von Raum und Zeit

Kant behauptet über den Raum:

> Der Satz: Alle Dinge sind neben einander im Raum, gilt unter der Einschränkung, wenn diese Dinge als Gegenstände unserer sinnlichen Anschauung genommen werden. Füge ich hier die Bedingung zum Begriffe, und sage: Alle Dinge, als äußere Erscheinungen sind neben einander im Raum, so gilt diese Regel allgemein und ohne Einschränkung. Un|sere Erörterungen lehren demnach die Realität (d.i. die objektive Gültigkeit) des Raumes in Ansehung alles dessen, was äußerlich als Gegenstand uns vorkommen kann, aber zugleich die Idealität des Raums in Ansehung der Dinge, wenn sie durch die Vernunft an sich selbst erwogen werden, d.i. ohne Rücksicht auf die Beschaffenheit unserer Sinnlichkeit zu nehmen. Wir behaupten also die empirische Realität des Raumes (in Ansehung aller möglichen äußeren Erfahrung), ob

12 Vgl. z.B. Thiel (1995) und Lorenzen (1987).

> zwar die transzendentale Idealität desselben, d.i. daß er Nichts sei, so bald wir die Bedingung der Möglichkeit aller Erfahrung weglassen, und ihn als etwas, was den Dingen an sich selbst zum Grunde liegt, annehmen. (B 43/44)

Analoges sagt Kant über die Zeit und die »innere« Erfahrung. In den »allgemeinen Anmerkungen zur transzendentalen Ästhetik« führt er schließlich aus:

> Wir haben also sagen wollen: daß alle unsre Anschauung nichts als die Vorstellung von Erscheinung sei: daß die Dinge, die wir anschauen, nicht das an sich selbst sind, wofür wir sie anschauen, noch ihre Verhältnisse so an sich selbst beschaffen sind, als sie uns erscheinen, und daß, wenn wir unser Subjekt oder auch nur die subjektive Beschaffenheit der Sinne überhaupt aufheben, alle die Beschaffenheit, alle Verhältnisse der Objekte im Raum und Zeit, ja selbst Raum und Zeit verschwinden würden, und als Erscheinungen nicht an sich selbst, sondern nur in uns existieren können. Was es für eine Bewandtnis mit den Gegenständen an sich und abgesondert von aller dieser Rezeptivität unserer Sinnlichkeit haben möge, bleibt uns gänzlich unbekannt. Wir kennen nichts, als unsere Art, sie wahrzunehmen, die uns eigentümlich ist, die auch nicht notwendig jedem Wesen, ob zwar jedem Menschen, zukommen muß. (B 59)

Kant unterscheidet, wie die Dinge uns *erscheinen*, wenn wir sie sinnlich wahrnehmen, von dem, wie sie *an sich* sind, also wie sie sind, ohne dass sie wahrgenommen werden. Insofern wir Dinge und Ereignisse sinnlich wahrnehmen, nehmen wir sie als durchgängig raum-zeitlich miteinander verknüpft wahr. Das nennt Kant die »objektive Gültigkeit« oder die »*empirische Realität*« von Raum und Zeit. Aber, so Kant weiter, räumliche und zeitliche

Bestimmungen kommen den Dingen und Ereignissen nicht an sich zu, sondern nur den Erscheinungen, also nur soweit wir sie wahrnehmen. Die räumlichen und zeitlichen Eigenschaften und Bestimmungen der Dinge sind unserem subjektiven Wahrnehmungsvermögen geschuldet und sind damit Bedingungen der Möglichkeit der Erfahrung von Dingen. Da nach Kant Raum und Zeit außerhalb unseres Wahrnehmens der Dinge gar nicht vorhanden sind, spricht Kant von der »*transzendentalen Idealität von Raum und Zeit*«. Für die Dinge als Erscheinungen sind Raum und Zeit empirisch real, für die Dinge an sich transzendental ideal.

Doch wie begründet Kant seine These von der transzendentalen Idealität von Raum und Zeit? Die Eigenschaften der Dinge an sich sind die Eigenschaften, die sie unabhängig von ihrem Wahrgenommenwerden durch uns besitzen. Kant wird in der *Kritik der reinen Vernunft* nicht müde, immer wieder aufs Neue zu betonen, dass wir von den Dingen an sich nichts wissen können. Aber dann können wir eigentlich auch nicht wissen, dass die Dinge an sich nicht in Raum und Zeit sind. Wäre Kant konsequent, müsste er sich jeder positiven oder negativen Aussage über die Dinge an sich enthalten. Das tut er jedoch nicht. Warum glaubt er sich aber berechtigt zu der These, dass die räumlichen und zeitlichen Bestimmungen nicht Eigenschaften der Dinge an sich sind? Er kann dafür, wie die beiden letzten Zitate zeigen, nur ein einziges Argument beibringen:

1. Kämen räumliche und zeitliche Bestimmungen den Dingen an sich zu, so wären alle Aussagen über räumliche und zeitliche Eigenschaften entweder analytische oder synthetisch-empirische Aussagen.
2. Es gibt aber synthetische Urteile a priori über räumliche und zeitliche Eigenschaften von Dingen und Ereignissen.

3. Also sind gewisse räumliche und zeitliche Bestimmungen nicht Eigenschaften der Dinge an sich, sondern Formen, in denen wir die Dinge anschauen.

Wieder sticht dieses Argument nur mit der Prämisse, dass es synthetische Urteile a priori über Raum und Zeit gibt, und für diese Prämisse fehlt bisher eine nicht-zirkuläre Begründung.

Ziehen wir eine kurze Bilanz der Lehre Kants von Raum und Zeit: Kant ist es in der »metaphysischen Erörterung« nicht gelungen, überzeugend und unabhängig von der »transzendentalen Erörterung« von Raum und Zeit die These zu beweisen, Raum und Zeit könnten a priori angeschaut werden. Die »transzendentale Erörterung« von Raum und Zeit wiederum erklärt nicht zirkelfrei, warum geometrische und arithmetische Aussagen synthetische Urteile a priori sind. Zusätzlich unterminieren gewichtige moderne Deutungen der arithmetischen und geometrischen Aussagen Kants Lehre von Raum und Zeit.

Die Bilanz ist sehr kritisch ausgefallen. Müssen wir Kants Lehre von Raum und Zeit ad acta legen? Betrachten wir zunächst noch einen weiteren Aspekt seiner Raum-Zeit-Lehre.

Die »Rezeptivität« der Sinnlichkeit

Für Kant ist »Sinnlichkeit« die Fähigkeit oder, wie er zu sagen pflegt, das »Vermögen« von Menschen, etwas sinnlich wahrzunehmen, also etwas zu sehen, zu hören, zu tasten, zu riechen und zu schmecken. Aber der »innere Sinn« zählt für Kant ebenso dazu, also unsere Körpergefühle wie Schmerz, Hunger, Durst, Lust und Unlust oder unsere seelischen Gefühle wie Freude oder Angst, aber auch unsere bildlichen Vorstellungen von Dingen oder unsere Träume. Der innere Sinn ist nach Kant das Vermögen, unsere eigenen Zustände wahrzunehmen. Die Sinnlichkeit ist nach Kant »rezeptiv«. Dinge und Ereignisse »affizieren« unsere Sinne, wodurch Sinnesempfindungen entstehen. Kant benutzt mit dieser Redeweise letztlich ein kausales Bild: Dinge wirken auf uns ein und erzeugen dadurch Sinnesempfindungen. Wir sind dabei passiv, wir empfangen Sinnesempfindungen. Kants Rede von der »Passivität« und »Rezeptivität« der Sinnesempfindungen ist unserem Erleben durchaus angemessen. Wenn wir etwas draußen in der Welt oder »in« uns wahrnehmen, erleben wir dies so, dass sich uns Empfindungen einfach aufdrängen, dass es nicht in unserer Macht steht, sie nicht zu empfinden, es sei denn, wir entziehen uns, indem wir die Augen schließen, uns die Ohren verstopfen oder uns aus der sinnlichen Reichweite der Dinge oder Ereignisse entfernen. Bei »inneren Empfindungen« ist ein solcher Rückzug grundsätzlich nicht möglich. Kurz: Wir erleben uns nicht als aktiv, wenn wir etwas sinnlich wahrnehmen.

Der rezeptive Charakter der Anschauung widerspricht nicht dem Herstellungsmodell von Erfahrung. Auch wenn wir nicht aktiv sind, sondern die Erkenntnisgegenstände auf unsere Sinne »einwirken«, können den sinnlich wahrgenommenen Gegenständen Eigenschaften aufgeprägt werden, die sie als Dinge an sich nicht besitzen. Diese Auffassung wird oftmals illustriert an dem Beispiel einer rot getönten Brille, die alle Dinge, die wir wahrnehmen, rot erscheinen lässt, obwohl sie »an sich« gar nicht rot sind. Bleibt man bei Kants Theorie von Raum und Zeit, so kann man behaupten: Wir sehen alle Dinge gewissermaßen durch eine Raum-Zeit-Brille, die wir nicht absetzen können. Dadurch erscheinen die Dinge, insofern wir sie sinnlich wahrnehmen, »in Raum und Zeit«, obwohl sie an sich nicht »in Raum und Zeit« sind. Wirklich hilfreich ist das Bild freilich nicht. Vor allem hebt es die Begründungsdefizite und Begründungszirkel in der kantischen Philosophie von Raum und Zeit nicht auf. Denn können wir die

Brille niemals abnehmen, können wir auch nicht wissen, ob die Dinge nur wegen der Brille, durch die wir sie betrachten, in Raum und Zeit oder ob sie an sich dort angesiedelt sind. Am Ende werden wir wieder darauf zurückverwiesen, dass Kant eben glaubt, nur mit der »transzendentalen Idealität« von Raum und Zeit erklären zu können, warum geometrische und arithmetische Aussagen synthetische Urteile a priori sind.

Kants Theorie von Raum und Zeit hat kaum überzeugen können. Wir wollen aber nun zeigen, dass sich Raum und Zeit durchaus einer transzendentalphilosophischen Analyse erschließen.

7. Raum und Zeit und die Einheit der Erfahrungswelt

Raum-Zeit-Bezugssysteme

Jemand kann nur dann den Anspruch erheben, eine »objektive Tatsache« entdeckt zu haben, wenn er für andere nachvollziehbar anzugeben vermag, wo und wann der als Tatsache behauptete Sachverhalt angetroffen werden kann. Jede objektive Erfahrungstatsache muss sich räumlich lokalisieren und zeitlich datieren lassen, und zwar so, dass jeder andere Beobachter seinen eigenen momentanen Standort räumlich und zeitlich zu Ort und Zeitpunkt des beobachteten Sachverhalts in Beziehung setzen kann. Dies läuft auf die Forderung hinaus: Jeder irgendwo und irgendwann beobachtete Sachverhalt muss auf jeden anderen irgendwo oder irgendwann beobachteten Sachverhalt räumlich und zeitlich beziehbar sein. Wir beziehen Sachverhalte räumlich und zeitlich aufeinander, indem wir die Sachverhalte und unsere eigenen Beobachterstandorte in ein gemeinsames Raum-Zeit-Bezugssystem einordnen. Auf der Erde bilden der geographische Längen- und Breitengrad und der Zeitpunkt der jeweiligen Zeitzone die Koordinaten für ein Ereignis. Aber die Physik arbeitet auch mit Raum-Zeit-Koordinatensystemen für unser Sonnensystem, ja sogar mit einem Bezugssystem für das Weltall. Diese verschiedenen Raum-Zeit-Koordinatensysteme müssen sich ihrerseits wieder räumlich und zeitlich vollständig zueinander in Beziehung setzen lassen. Die Raum-Zeit-Koordinaten eines Sachverhalts in einem Bezugssystem müssen sich in seine Raum-Zeit-Koordinaten in einem anderen Bezugssystem umrechnen lassen. Die Einzelheiten müssen uns hier nicht interessieren.

Beobachtete Sachverhalte in der Welt haben nicht von sich aus schon räumliche und zeitliche Koordinaten. Wir müssen Raum-Zeit-Bezugssysteme selber konstruieren und können das nur mit Hilfe der Arithmetik und einer Geometrie tun. Diese Feststellung lässt sich zu einem transzendentalphilosophischen Argument ausbauen, warum die Sätze der Arithmetik und einer Geometrie notwendigerweise von allen Gegenständen objektiver Erfahrung gelten (warum ich nicht behaupte, dies geschehe »mit Hilfe der euklidischen Geometrie«, werde ich später erläutern):

1. Ein Sachverhalt *S* ist nur dann eine objektive Tatsache der einen Erfahrungswelt, wenn er sich intersubjektiv räumlich lokalisieren und zeitlich datieren lässt.
2. Ein Sachverhalt lässt sich nur dann intersubjektiv räumlich und zeitlich datieren, wenn ihm Koordinaten in einem Raum-Zeit-Bezugssystem zugeordnet werden.
3. Ein solches Raum-Zeit-Koordinatensystem ist uns nicht in der Wahrnehmung schon gegeben, es muss von uns konstruiert werden durch Anwendung arithmetischer Sätze und Sätze einer Geometrie.

---

4. Also gibt es keine intersubjektiv räumlich lokalisierbaren oder zeitlich datierbaren Sachverhalte, ohne dass wir in Bezug auf ihre Raum-Zeit-Koordinaten die Sätze der Arithmetik und die Sätze einer bestimmten Geometrie anwenden.
5. Grundsatz der Transzendentalphilosophie: Die durch Ausübung unserer Erkenntnisfähigkeiten hergestellten Bedingungen, um objektive Erfahrungen zu machen, sind Bedingungen der Gegenstände objektiver Erfahrung.

---

6. Also erfüllen alle beobachtbaren Sachverhalte, insofern sie Gegenstände objektiver Erfahrung sind, die Sätze der Arithmetik und einer bestimmten Geometrie.

Dieses Argument stammt nicht von Kant selber, aber es ist seinem transzendentalphilosophischen Projekt verpflichtet und lässt sich ohne weiteres in dieses Projekt integrieren. Wir müssen nur noch kurz andeuten, inwiefern die Festsetzung eines Raum-Zeit-Bezugssystems zugleich über die Geometrie entscheidet.

Der Natur die geometrischen Gesetze vorschreiben

Um ein Raum-Zeit-Bezugssystem zu etablieren und Ereignisse mit Raum-Zeit-Koordinaten zu versehen, müssen Abstände gemessen werden. Liegen zwei Körper Kante an Kante, können wir direkt ablesen, ob sie gleich lang sind oder nicht. Berühren sich die Körper nicht, lässt sich ihre Länge nicht so ohne weiteres vergleichen. Natürlich kann man zuerst an die eine Strecke und anschließend an die andere einen Maßstab anlegen. Doch auch das ist nicht bei allen Strecken möglich, und vor allem darf der Maßstab sich während der Messungen und des Transportes von einer Strecke zur anderen nicht in seiner Länge verändern. Physiker reden von »starren« Körpern. Wenn man weiß, wann ein Körper starr ist, dann weiß man, wann voneinander entfernte Abstände gleich lang sind. Zwei Abstände in Distanz sind gleich lang, wenn sie gleich lang sind mit der Messkante desselben starren Körpers. Auch umgekehrt gilt: Sobald gleich lange Abstände in Distanz definiert sind, ist definiert, wann ein Körper starr ist. Ein Körper ist starr, wenn er an welchem Ort auch immer durch Anlegen stets gleich lang ist mit Strecken, die alle vorher als gleich lang in Distanz definiert worden sind. Um Längen zu messen und Raum-Zeit-Bezugssysteme zu konstruieren, ist der starre Körper bzw. die Gleichheit von Strecken in Distanz zu definieren.

Bei der Lösung dieser fundamentalen Definitionsaufgabe

hat die Geometrie und Physik, allerdings erst in der Zeit nach Kant, zweierlei entdeckt:

(1) Für die Zwecke der Physik lassen sich der starre Körper bzw. die Längengleichheit von Strecken in Distanz unterschiedlich definieren.
(2) Je nach Definition resultiert daraus die euklidische oder eine nicht-euklidische Geometrie.[13]

Kant hat nicht gewusst und zu seiner Zeit wohl auch nicht wissen können, dass die Gleichheit von Strecken in Distanz nicht schon durch das in der Anschauung Gegebene definiert ist. Vielmehr müssen wir die Gleichheit von Strecken in Distanz willkürlich festlegen. Ebenso wenig war ihm klar, dass über die Geometrie des Raumes erst entschieden ist, nachdem die Gleichheit von Abständen in Distanz definiert ist.
Beide Tatsachen haben durchaus Konsequenzen, die an seine transzendentale Analyse von Raum und Zeit erinnern:

- Nicht die Dinge, die uns in der Wahrnehmung gegeben sind, haben schon eine geometrische Struktur, *der Anschauungsraum an sich ist geometrisch amorph.*[14] Eine geometrische, allerdings nicht unbedingt euklidische Struktur wird dem Anschauungsraum erst durch Definition des starren Körpers bzw. der Längengleichheit von Strecken in Distanz von unserer Seite aufgeprägt.
- Da wir für objektive Erfahrungserkenntnis ein Raum-Zeit-Bezugssystem festsetzen müssen und dazu unter anderem die Längengleichheit von Strecken in Distanz oder den starren Körper definieren müssen, *»schrei-*

13 Zu diesem Problem vgl. die instruktive Darstellung in Trudeau (1987), die mathematisch etwas anspruchsvollere Darstellung in Filler (1993) und die philosophische Analyse von Salmon (1980).
14 So die Formulierung von Grünbaum; vgl. Grünbaum (1974).

> *ben« wir dem Anschauungsraum und damit den Dingen und Ereignissen objektiver Erfahrungserkenntnis die geometrischen Gesetze allererst »vor«.*

Diese transzendentale Analyse geometrischer Sätze im Geiste Kants rückt verblüffend stark an das heran, was Albert Einstein (1879–1955) über die Erkenntnistheorie der Geometrie zu sagen hat. Werfen wir darauf noch einen kurzen Blick.

Ein kleiner Exkurs über Kant und Einstein

Einsteins Relativitätstheorie hat Newtons lange Zeit vorherrschende und wirkungsmächtige Theorie von Raum und Zeit endgültig abgelöst. Kant hatte, als er seine Philosophie von Raum und Zeit entwickelte, Newtons Theorie vor Augen; ja mehr noch, Kants Raum-Zeit-Lehre scheint, wenn überhaupt, dann nur mit Newtons Physik von Raum und Zeit verträglich zu sein. Insbesondere hat der Raum nach Kant und Newton notwendigerweise eine euklidische Struktur. Nach der Relativitätstheorie hingegen realisieren Dinge und Ereignisse in Raum und Zeit eine nicht-euklidische Struktur. Mithin ist der Relativitätstheorie zufolge in der Natur der Fall, was Kants Theorie von Raum und Zeit gerade für unmöglich erklärt. Einsteins Theorie macht Kant sein wichtigstes Beispiel für angeblich a priori wahre Sätze streitig, nämlich die Sätze der euklidischen Geometrie. Deshalb werden Kant und Einstein meist als Antipoden gegeneinander ausgespielt. Und hat nicht Einstein gegen Kant Recht behalten?

Allein, man kann die Sachlage auch anders betrachten. Kants ebenso faszinierende wie verblüffende Idee, dass wir der Natur Gesetze über räumliche und zeitliche Bestimmungen als Bedingungen der Möglichkeit von physikalischer Erfahrung vorschreiben, ist mit der Einstein'schen Relativitätstheorie und der ihr zugrunde liegenden Erkenntnistheorie verträglich. Einstein war kein platter Empirist, für den alles Wissen über Raum und Zeit aus Beobachtungen induktiv abgeleitet ist. Vielmehr verteidigt Einstein eine interessante Erkenntnistheorie zur Geometrie:

> Die Geometrie (*G*) sagt nichts über das Verhalten der wirklichen Dinge aus, sondern nur die Geometrie zusammen mit dem Inbegriff (*P*) der physikalischen Gesetze. Symbolisch können wir sagen, dass nur die Summe (*G*) + (*P*) der Kontrolle der Erfahrung unterliegt. Es kann also (*G*) willkürlich gewählt werden, ebenso Teile von (*P*); all diese Gesetze sind Konventionen. Es ist zur Vermeidung von Widersprüchen nötig, den Rest von (*P*) so zu wählen, dass (*G*) und das totale (*P*) zusammen den Erfahrungen gerecht wird.[15]

Einstein spielt hier auf die Tatsache an, dass definiert werden muss, wann zwei Abstände in Distanz gleich lang sind oder wann ein Körper ein starrer Körper ist. Die Natur, das sieht Einstein deutlich, erzwingt nicht eine bestimmte Definition. Doch solange wir die Gleichheit von Abständen in Distanz bzw. den starren Körper nicht definiert haben, können wir nicht messen und die Messresultate interpretieren.

Ist Einstein mit seinen Überlegungen nicht auf dem besten Wege zurück zu Kants Behauptung, wir könnten und müssten der Natur die euklidische Geometrie »vorschreiben«? In einer Hinsicht trifft dies zu, aber in einer anderen bleibt eine Differenz. Einstein räumt zwar ein, dass wir die Geometrie und Teile der physikalischen Gesetze wählen können; dann aber haben wir für den Rest der physikalischen Theorie keine Wahlfreiheit mehr, wir müs-

15 Einstein (1984), S. 122f.

sen den festgesetzten Teil der Theorie so um einen empirischen Teil ergänzen, dass beide Teile zusammen mit den Beobachtungsdaten, also mit der Erfahrung übereinstimmen. Die gesamte Theorie, bestehend aus Festsetzungen und empirisch erzwungenen Ergänzungen, ist an der Erfahrung zu überprüfen. Es mag uns im Prinzip freistehen, welche Geometrie wir wählen. Trotzdem ist nicht jede Wahl gleich gut und geschickt. Welche Wahl ist die beste? Einstein antwortet darauf: Es ist die Geometrie zu wählen, die zusammen mit den empirischen Ergänzungen eine besonders einfache, mathematisch elegante und doch empirisch richtige Theorie ergibt. Die Erfahrung bei der Wahl der Geometrie ist also nicht völlig außer Kraft gesetzt.

Trotzdem ist die Übereinstimmung Einsteins mit Kant verblüffender als der Dissens in der Frage, ob die Physik um die euklidische Geometrie nicht herumkommt. Auch Einstein räumt ein: Unser Wissen von Raum und Zeit stammt nicht vollständig aus der Erfahrung. Einen Teil der Sätze über die metrische Struktur des physikalischen Raumes und der physikalischen Zeit legen wir fest. Darin gleichen sich Kants und Einsteins Auffassungen.

Eine Frage bleibt. Könnten nicht einige der Gesetze, die wir für die Natur festsetzen, deshalb alternativlos sein, weil ohne sie physikalische Erfahrung und eine darauf fußende physikalische Theorie überhaupt nicht möglich wären? Solche Gesetze wären synthetische Urteile a priori im Sinne Kants. Wenn es nicht die Sätze der euklidischen Geometrie sind, so sind es vielleicht andere Sätze über Raum und Zeit. Insofern sind transzendentalphilosophische Fragen zu Raum und Zeit auch durch die weitere Entwicklung der Physik nach Kant keineswegs überholt.

Teil III
Die Einheit der Erfahrung

8. Sinnlichkeit und Verstand

Kants Einteilung der menschlichen Erkenntnisvermögen

Kant ist in wissenschaftlichen Fragen Systematiker aus Leidenschaft. Als solcher liebt er Einteilungen über alles. Damit geht er seinen Lesern durchaus manchmal auf die Nerven. Denn keineswegs sind seine Einteilungen immer wichtig oder hilfreich. Für das Verständnis der *Kritik der reinen Vernunft* ist es jedoch unumgänglich, sich Kants Einteilung der Erkenntnisvermögen zu vergegenwärtigen. Vermögen sind Fähigkeiten, die wir Menschen besitzen und deren Besitz sich in der konkreten Ausübung dieser Fähigkeiten kundtut. Für das bewusste Seelen- und Geistesleben benutzt Kant in der *Kritik der reinen Vernunft* sehr häufig das inzwischen altertümliche Wort »Gemüt«, das in dieser Verwendung auch schon in einigen der oben angeführten Zitate aufgetaucht ist. Die Seele oder eben das Gemüt unterteilt Kant in

- das Erkenntnisvermögen,
- das Vermögen, Lust und Unlust zu empfinden,
- das Begehrungsvermögen oder den Willen.

Das Erkenntnisvermögen unterteilt Kant in folgende Vermögen:

- *Sinnlichkeit / Anschauung*: Das ist die Fähigkeit von

Menschen, sinnliche Wahrnehmungen (Empfindungen) von etwas zu haben.

- *Verstand*: Er ist die Fähigkeit zu denken. Zu denken heißt aber vor allem, Begriffe zu bilden, mit ihrer Hilfe Aussagen zu behaupten und von Aussagen auf andere Aussagen zu schließen. Deshalb lässt sich der Verstand auch charakterisieren als das Vermögen der Begriffe, Urteile und Schlüsse.
- *Urteilskraft*: Sie »ist das Vermögen, das Besondere als enthalten unter dem Allgemeinen zu denken« (vgl. *Kritik der Urteilskraft*, *B* XXV), also die Fähigkeit, allgemeine Begriffe, Regeln, Gesetze oder Normen auf einzelne Gegenstände und Fälle anzuwenden. Treffend charakterisiert Kant die Urteilskraft auch als »das Vermögen, seinen Verstand [der die Begriffe, Regeln, Normen bildet, H. T.] in concreto zu beweisen«.
- *Vernunft*: Sie ist bei Kant die Fähigkeit zu apriorischer Erkenntnis. Die Vernunft im weiteren Sinne teilt Kant ein in den reinen Verstand und die Vernunft im engeren Sinne. Die Frage, was Kant unter Vernunft im engeren Sinne versteht, beantworten wir erst in Teil IV.
- *Einbildungskraft*: Sie ist das Vermögen, anschauliche oder begriffliche Vorstellungen auch ohne Gegenwart des vorgestellten Objekts zu haben. Insbesondere ist Phantasie ein Teil der Einbildungskraft.

Vernunft ist bei Kant das Vermögen zu apriorischer Erkenntnis. Kritik ist Grenzziehung. In der *Kritik der reinen Vernunft* werden daher die Grenzen der »reinen Vernunft«, also der apriorischen Erkenntnis markiert. Für Kant liegt auf der Hand, dass die Grenzen apriorischer Erkenntnis nicht empirisch ermittelt werden können. Sie zu erkennen stellt selber apriorisches Wissen dar. Daher bedeutet der Titel »Kritik der reinen Vernunft« die Untersuchung der Möglichkeiten und Grenzen der reinen Vernunft mit den Mitteln der reinen Vernunft. Auf apriorische Weise werden die Grenzen apriorischer Erkenntnis identifiziert.[16]

Zwei weitere Bemerkungen zu Kants Terminologie sind notwendig. Die erste betrifft den Ausdruck »rein«. Kant redet vom »reinen Verstand«, genauso, wie er von »reiner Anschauung« oder »reiner Vernunft« redet. Als »rein« bezeichnet Kant in der *Kritik der reinen Vernunft* Begriffe, Aussagen, Erkenntnisse, Einsichten, Vorstellungen, die nicht auf sinnlicher Wahrnehmung beruhen und nicht durch sie begründet werden. So ist »rein« ein Gegenbegriff zu »empirisch« und »sinnlich« und ist von daher synonym mit »apriorisch«.

Auch der Ausdruck »Verstand« und seine Beziehung zum Ausdruck »Urteilskraft« müssen kurz erläutert werden. »Reinen Verstand« gibt es für Kant deshalb, weil wir über apriorische Begriffe und mit ihnen gebildete synthetische Aussagen a priori verfügen (dazu in Kürze mehr). Nun kennt auch Kant empirische Begriffe und empirische Aussagen. Insofern »Verstand« das Vermögen zu denken bezeichnet, sollte man eigentlich von dem »reinen« Verstand als dem Vermögen, etwas a priori zu denken, auch den »empirischen« Verstand als das Vermögen, etwas in empirischen Aussagen zu denken, unterscheiden. In dieser Hinsicht ist Kants Terminologie leider nicht klar und eindeutig. Sehr oft ist »Verstand« ein Synonym für »reiner Verstand«. Verwendet er den Ausdruck »Verstand« überhaupt in der Bedeutung von »empirischer Verstand«? In seiner späteren *Kritik der Urteilskraft* bezeichnet er das Vermögen, sinnlich Wahrgenommenes unter empirische Begriffe und empirische Gesetze zu subsumieren, als Aus-

16 Nach den Metaphern der »kopernikanischen Wende« stammt das gesamte apriorische Wissen »aus uns selbst«. Das Apriorische, also das durch Vernunft Erkannte, hat seine Quelle in uns selbst. Von daher bleibt man konsequent im Gebrauch kantischer Begriffsverwendungen und Metaphern, wenn man sein Ideal der Aufklärung als Selbstgesetzgebung aus selbst gewonnener Einsicht in gute Gründe das Ideal »vernünftiger« Autonomie nennt.

übung der Urteilskraft. Das würden wir gerade »Ausübung unseres empirischen Verstandes« nennen. Dass Kant in diesem Zusammenhang von »Urteilskraft« redet, stimmt allerdings mit seiner oben zitierten Feststellung überein, Urteilskraft sei das Vermögen, »seinen Verstand in concreto zu beweisen«. Glaubt Kant also, dass wir empirische Begriffe und empirische Aussagen dadurch bilden, dass wir apriorische Begriffe und synthetische Urteile a priori anwenden? Dann könnte er in der Tat »Verstand« gleichsetzen mit »reiner Verstand« und »empirischer Verstand« mit »Urteilskraft«. Wie auch immer, es zeichnet sich jedenfalls ab, dass Verstand und Urteilskraft nicht als zwei verschiedene Vermögen aufgefasst werden können.

Die beiden Quellen der Erfahrung

Nach diesen Erläuterungen zu Kants Terminologie sind die nachfolgenden berühmten Sätze Kants aus der *Kritik der reinen Vernunft* nicht mehr schwer zu verstehen.

> Unsre Erkenntnis entspringt aus zwei Grundquellen des Gemüts, deren die erste ist, Vorstellungen zu empfangen (die Rezeptivität der Eindrücke), die zweite das Vermögen, durch diese Vorstellungen einen Gegenstand zu erkennen (Spontaneität der Begriffe); durch die erstere wird uns ein Gegenstand gegeben, durch die zweite wird dieser im Verhältnis auf jene Vorstellung (als bloße Bestimmung des Gemüts) gedacht. Anschauung und Begriffe machen also die Elemente aller unsrer Erkenntnis aus, so daß weder Begriffe, ohne ihnen auf einige Art korrespondierende Anschauung, noch Anschauung ohne Begriffe, ein Erkenntnis abgeben können. Beide sind entweder rein, oder empirisch. Empirisch, wenn Empfindung (die die wirkliche Gegenwart des Ge-

> genstandes voraussetzt) darin enthalten ist: rein aber, wenn der Vorstellung keine Empfindung beigemischt ist. [...]
> Wollen wir die Rezeptivität unseres Gemüts, Vorstellungen zu empfangen, so fern es auf irgend eine Weise affiziert wird, Sinnlichkeit nennen; so ist dagegen das Vermögen, Vorstellungen selbst hervorzubringen, oder die Spontaneität des Erkenntnisses, der Verstand. [...] Ohne Sinnlichkeit würde uns kein Gegenstand gegeben, und ohne Verstand keiner gedacht werden. Gedanken ohne Inhalt sind leer, Anschauungen ohne Begriffe sind blind. Daher ist es eben so notwendig, seine Begriffe sinnlich zu machen, (d. i. ihnen den Gegenstand in der Anschauung beizufügen,) als seine Anschauungen sich verständlich zu machen (d. i. sie unter Begriffe zu bringen). Beide Vermögen, oder Fähigkeiten, können auch ihre Funktionen nicht vertauschen. Der Verstand vermag nichts anzuschauen, und die Sinne nichts zu denken. Nur daraus, daß sie sich vereinigen, kann Er|kenntnis entspringen. (B 74–76)

Diese Sätze müssen nicht ausführlich kommentiert werden. Nur durch sinnliche Wahrnehmung, die wir empfangen (Rezeptivität), sind uns reale Gegenstände bewusst gegeben. Aber durch sinnliche Empfindungen allein, die für uns die Gegenwart realer Gegenstände anzeigen, haben wir noch nicht erkannt, um was für Gegenstände es sich handelt. In diesem Sinne sind bloße sinnliche Empfindungen »blind«. Wir müssen mit Hilfe von Begriffen und Aussagen das beschreiben, was wir wahrnehmen, erst dann haben wir etwas sinnlich Gegebenes als etwas erkannt. Begriffe bildend, Aussagen behauptend und Schlussfolgerungen ziehend, sind wir selber geistig aktiv. Kant spricht von der »Spontaneität des Verstandes«, wobei dieses Wort griechischen Ursprungs so viel meint wie

»Selbsttätigkeit«, wie Aktivität, die »aus eigenem Antrieb kommt«. Doch können wir auch über Gegenstände nachdenken, die es gar nicht gibt. Ob wir über bloße »Gedankengebilde« oder über »reale« Gegenstände nachdenken, entscheidet sich daran, ob wir die Begriffe auf etwas in der Wahrnehmung Gegebenes beziehen und die Aussagen direkt oder indirekt durch Wahrnehmungen verifizieren können. Gedanken ohne korrespondierende Wahrnehmung sind »leer«. Wahrnehmungen und begrifflich-theoretische Deutung des Wahrgenommenen durch Begriffe und Aussagen müssen zusammenkommen, damit wir etwas erkennen und wissen.

9. Kategorien als Fundamentalbegriffe der Erfahrung

Kant untersucht den reinen Verstand als Quelle synthetischer Urteile a priori. Der Verstand ist das Vermögen zu denken. »Logik« wird oft definiert als die Lehre vom Denken. So gebraucht auch Kant diesen Ausdruck. Weil wiederum die Frage nach der Möglichkeit synthetischer Urteile a priori im Zentrum steht, nennt Kant seine Untersuchung des reinen Verstandes »transzendentale Logik«.

Aussageformen

Es war eine wichtige Entdeckung des Aristoteles, dass Argumente allein aufgrund ihrer Form schlüssig sind, sodass die Konklusion des Arguments wahr sein muss, falls seine Prämissen wahr sind. Das Argument

1. Alle Menschen sind sterblich.
2. Sokrates ist ein Mensch.

---

3. Also ist Sokrates sterblich.

ist schlüssig, aber nicht deshalb, weil es von Menschen, ihrer Sterblichkeit und von Sokrates handelt. Man kann in dem Argument die Ausdrücke »Mensch«, »sterblich« und »Sokrates« durch andere Ausdrücke ersetzen, und erneut entsteht ein schlüssiges Argument, z. B.

1. Städte sind laut.
2. Köln ist eine Stadt.

---

3. Also ist Köln laut.

Aristoteles schlug daher vor, die inhaltlichen Ausdrücke,

die für die Schlüssigkeit eines Arguments irrelevant sind, durch Buchstaben zu ersetzen und einen Hinweis hinzuzufügen, gegen welche Art von Ausdrücken man die Buchstaben austauschen darf, damit jedes Mal wieder ein schlüssiges Argument entsteht. In unserem Beispiel ergibt das:

1. Alle Gegenstände mit der Eigenschaft *F* sind Gegenstände mit der Eigenschaft *G*.
2. Der Einzelgegenstand *a* ist ein Gegenstand mit der Eigenschaft *F*.

---

3. Also ist der Gegenstand *a* ein Gegenstand mit der Eigenschaft *G*.

Was wir jetzt hingeschrieben haben, ist die *logische Form*, die den beiden schlüssigen Argumenten über Sokrates und über die Stadt Köln, aber auch unzähligen weiteren Argumenten gemeinsam ist.

»Alle Gegenstände mit der Eigenschaft *F* sind Gegenstände mit der Eigenschaft *G*« und »Der Einzelgegenstand *a* ist ein Gegenstand mit der Eigenschaft *F*« sind selber keine Aussagen mehr. Die Logiker nennen sie »*Aussageformen*«. Aussageformen selbst sind nicht wahr oder falsch. Aber es entstehen Aussagen aus ihnen, indem man für die Buchstaben *F* und *G* entsprechende Wörter (Begriffe) für Eigenschaften und für den Buchstaben *a* Namen für Einzelgegenstände einsetzt. In diesem Sinne haben die Aussagen »Alle Menschen sind sterblich«, »Städte sind laut«, »Beamte sind teuer«, »Metalle sind leitfähig«, »Vögel können fliegen« und unzählige andere *dieselbe Form*, nämlich die Form »Alle Gegenstände mit der Eigenschaft *F* sind Gegenstände mit der Eigenschaft *G*«. Ebenso haben die Sätze »Sokrates ist ein Mensch«, »Sokrates ist sterblich«, »Köln ist eine Stadt«, »Köln ist laut«, »Der Rhein ist ein Fluss«, »Dieses Stück Kupfer ist leitfähig«, »Mein Hund ist ein Schnauzer« und unzählige andere *dieselbe*

Form, eben die Form »Der Einzelgegenstand *a* ist ein Gegenstand mit der Eigenschaft *F*«.

Gegenstand der Logik sind Aussageformen und die mit Aussageformen gebildeten Formen von Argumenten. Aussageformen hat auch Kant als Gegenstand der Logik vor Augen, nur dass er den älteren Ausdruck »Urteilsformen« bevorzugt.

In Aussageformen wie »Alle Gegenstände mit der Eigenschaft *F* sind Gegenstände mit der Eigenschaft *G*« oder »Der Einzelgegenstand *a* besitzt die Eigenschaft *F*« kommen selber immer noch inhaltliche Ausdrücke vor, nämlich die Ausdrücke »alle«, »Gegenstand«, »Einzelgegenstand« und »Eigenschaft«. Da mit diesen inhaltlichen Ausdrücken (Begriffen) Aussageformen dargestellt werden, kann man auch davon sprechen, dass diese Ausdrücke (Begriffe) die Form unserer Aussagen und unserer Argumente und damit die Form unseres Denkens betreffen.

Von der Urteilstafel zur Tafel der Kategorien

Kant will die Existenz synthetischer Urteile a priori nachweisen. Nach der »kopernikanischen Wende der Denkart« müssen wir die Bedingungen aufsuchen, die darauf zurückgehen, dass wir unsere geistigen Fähigkeiten ausüben und so eine objektive Erfahrung machen. Ist *F* eine solche Bedingung, dann ist der Satz »Alle Gegenstände objektiver Erfahrung erfüllen die Bedingung *F*« ein synthetisches Urteil a priori. Nun ist etwas nur dann Gegenstand objektiver Erfahrung, wenn es von uns gedacht werden kann. Zu Recht behauptet Kant in der *Kritik der reinen Vernunft*:

> Wir können aber alle Handlungen des Verstandes auf Urteile zurückführen, so daß der *Verstand* überhaupt als ein *Vermögen zu urteilen* vorgestellt

> werden kann. Denn er ist nach dem obigen ein Vermögen zu denken. Denken ist das Erkenntnis durch Begriffe. Begriffe aber beziehen sich, als Prädikate möglicher Urteile, auf irgend eine Vorstellung von einem noch unbestimmten Gegenstande. So bedeutet der Begriff des Körpers etwas, z.B. Metall, was durch jenen Begriff erkannt werden kann. Er ist also nur dadurch Begriff, daß unter ihm andere Vorstellungen enthalten sind, vermittelst deren er sich auf Gegenstände beziehen kann. Er ist also das Prädikat zu einem möglichen Urteile, z.B. ein jedes Metall ist ein Körper. Die Funktionen des Verstandes können also insgesamt gefunden werden, wenn man die Funktionen der Einheit in den Urteilen vollständig darstellen kann. (B 94)

Aussagen, durch die wir objektive Erfahrungen beschreiben, z.B. »Metalle sind leitfähig«, sind sicher empirisch. Zwar müssen wir die Begriffe »Metall« und »leitfähig« ebenso selber bilden, wie wir dann auch die Allaussage »Alle Metalle sind leitfähig« selber formulieren müssen. Doch diese Begriffe können wir nur bilden, wenn uns schon etwas in der Wahrnehmung gegeben ist, und die Allaussage können wir nur durch Wahrnehmungen verifizieren oder falsifizieren. Insofern sind diese Begriffe und Aussagen nicht von uns allein abhängig. Aber nach Kant *hängt die logische Form der empirischen Aussagen allein von uns ab.* Ausgehend von dieser Einsicht schlägt er die folgenden Analyseschritte vor:

(1) Es sind alle Formen von Aussagen aufzusuchen, mit denen wir mögliche Erfahrungssachverhalte beschreiben. Das führt auf eine *Urteilstafel*, eine Liste aller Aussageformen, die wir benötigen, um jede Erfahrung auch angemessen sprachlich artikulieren zu können.

(2) Die inhaltlichen Ausdrücke in diesen Aussageformen bezeichnen Begriffe, die die Form menschlicher Er-

fahrung bestimmen. Insofern sind es Grundbegriffe menschlicher Erfahrung. Aus der vollständigen Liste der Aussageformen lässt sich eine vollständige Liste der Grundbegriffe menschlicher Erfahrung gewinnen. Kant nennt diese Grundbegriffe »*Kategorien*« und ihre vollständige Liste die »*Kategorientafel*«.

(3) Bei jeder menschlichen Erfahrung sind diese Kategorien im Spiel. Für die Kategorien gelten fundamentale Prinzipien. Kant nennt sie »*transzendentale Grundsätze*«. Diese Grundsätze sind synthetische Urteile a priori und beschreiben Bedingungen, die wir in Ausübung unserer Erkenntnisvermögen den Gegenständen möglicher Erfahrung diktieren.

Wie hat man sich die Herleitung der Kategorien aus den Aussageformen vorzustellen? Wir betrachten drei Beispiele.

Substanz und *Akzidenz*: Wir nehmen Einzelsachverhalte in der Welt wahr. Diese beschreiben wir durch Aussagen der Form: »Das Einzelding D hat die Eigenschaft F« bzw. »Die Einzeldinge $D_1,\ldots,D_n$ stehen in der Beziehung R zueinander«. In der Aussageform kommen die inhaltlichen Begriffe »Einzelding«, »Eigenschaft« und »Beziehung« vor. Jede Wahrnehmung wird über die Begriffe »Einzelding«, »Eigenschaft« bzw. »Beziehung« gedeutet. Sie sind demnach Grundbegriffe möglicher Erfahrung, ohne die wir Wahrnehmungen nicht beschreiben und also objektive Erfahrungen gar nicht machen könnten. Kant anerkennt diese Begriffe auch als Grundbegriffe menschlicher Erfahrung, allerdings unter den Bezeichnungen »Substanz« und »Akzidenz«.

Ursache/Wirkung: Um einzelne Wahrnehmungsinhalte zu objektivieren und sie so an andere Wahrnehmungsinhalte anzuschließen, dass sie Episoden ein und derselben Erfahrungswelt werden, müssen wir Aussagen der Form »Das Ereignis X verursacht das Ereignis Y« bilden können. Wir haben das schon im ersten Teil erörtert. Die Aussageform ent-

hält die inhaltlichen Begriffe »Ursache« und »Wirkung«, die somit Grundbegriffe möglicher Erfahrung sind.
Allheit: Um einzelne Wahrnehmungsinhalte zu objektivieren und sie so an andere Wahrnehmungsinhalte anzuschließen, dass sie zu Episoden ein und derselben Erfahrungswelt werden, müssen wir gesetzesartige Aussagen der Form »Für alle Gegenstände der Art *Y* gilt *F*« bilden können. In der Aussageform kommt der inhaltliche Begriff »alle Gegenstände der Art *Y*« vor. Der Ausdruck »alle Gegenstände der Art *Y*« ist demnach ein Grundbegriff möglicher Erfahrung, den Kant in seine Kategorientafel unter dem Namen »Allheit« aufnimmt.

Kants Urteils- und Kategorientafel und ihre Probleme

Kant legt folgende Urteilstafel vor:

I	II
Quantität der Urteile	Qualität der Urteile
Allgemeine (Alle *S* sind *P*)	Bejahende (*S* ist *P*)
Besondere (Einige *S* sind *P*)	Verneinende (*S* ist nicht *P*)
Einzelne (Dies *S* ist *P*)	Unendliche (*S* ist Nicht-*P*)

III	IV
Relation der Urteile	Modalität der Urteile
Kategorische (*S* ist *P*)	Problematische (Es ist möglich, dass *S P* ist)
Hypothetische (Wenn *S P* ist, dann ist *R Q*)	Assertorische (*S* ist tatsächlich *P*)
Disjunktive (*S* ist *P* oder *S* ist *Q*)	Apodiktische (Es ist nicht notwendig, dass *S P* ist)

Ihr entspricht die folgende Kategorientafel:

I Kategorien der Quantität	II Kategorien der Qualität
Einheit Vielheit Allheit	Realität Negation Limitation

III Kategorien der Relation	IV Kategorien der Modalität
Inhärenz und Subsistenz (substantia et accidens) Kausalität und Dependenz (Ursache / Wirkung) Gemeinschaft (Wechselwirkung zwischen dem Handelnden und Leidenden)	Möglichkeit / Unmöglichkeit Dasein / Nichtdasein Notwendigkeit / Zufälligkeit

Die Urteilstafel[17], aus der Kant die Kategorientafel ableitet, ist aus der Perspektive der heutigen Logik, Semantik und Linguistik merkwürdig. Die moderne Logik unterscheidet Aussageformen, die nur teilweise in Kants Urteilstafel vorkommen. Kants Urteilstafel wiederum listet Aussageformen auf, die heutige Logiker und Semantiker nicht als eigenständige Aussageformen akzeptieren. Außerdem ist sich die Kantforschung uneins, ob die kantische Urteilstafel und damit die Kategorientafel vollständig ist. Kant behauptet zwar kühn am Ende seiner Kategorientafel:

> Dieses ist nun die Verzeichnung aller ursprünglich reinen Begriffe der Synthesis, die der Verstand a priori in sich enthält, und um deren willen er auch nur ein reiner Verstand ist [...]. Diese Einteilung ist systematisch aus einem gemeinschaftlichen Prinzip, nämlich dem Vermögen zu urteilen, (welches eben so viel ist, als das

17 Die zusätzlich eingefügten Beispielsätze stammen mit einigen kleinen Modifikationen aus Baumgartner (1988), S. 73.

> Vermögen zu denken,) erzeugt, und nicht rhapsodistisch, aus einer auf gut Glück unternommenen Aufsuchung reiner Begriffe entstanden, von deren Vollzähligkeit | man niemals gewiß sein kann, da sie nur durch Induktion geschlossen wird, ohne zu gedenken, daß man noch auf die letztere Art niemals einsieht, warum denn gerade diese und nicht andere Begriffe dem reinen Verstande beiwohnen. (B 106/107)

Doch ist das »Prinzip« keineswegs ersichtlich, aus dem Kant seine Urteils- bzw. Kategorientafel »systematisch« abgeleitet haben will. Deshalb gibt es ein solches Rätselraten der Kantforschung über die Urteils- und die Kategorientafel. Nach so vielen, letztlich gescheiterten Versuchen, die kantischen Tafeln für die Urteilsformen und die Kategorien doch noch als einsichtig und vollständig auszuweisen, sollte man von solchen Vorhaben lieber ablassen. Vom Standpunkt der heutigen Logik und Semantik sind Kants Tafeln für die Urteilsformen und die Kategorien weder einsichtig noch vollständig. Seine Logikvorstellungen sollte man auf sich beruhen lassen und sich stattdessen nur an seine richtige systematische Frage halten.

Versuch einer verbesserten Urteils- und Kategorientafel

Kants Suche nach reinen Grundbegriffen des Verstandes wird nämlich durch die folgende Frage geleitet:

- Welche logischen und anderen Begriffe sind unverzichtbar, damit wir objektivierte Erfahrungen auf der Grundlage einer zu einer einheitlichen Erfahrungswelt verknüpften Vielfalt von Wahrnehmungsinhalten machen können?

Ebenfalls richtig ist an Kants Überlegungen, dass man diese Frage noch auf andere Weise stellen kann:

- Welche Aussageformen und welche Schlussformen sind unverzichtbar, damit wir objektivierte Erfahrungen auf der Grundlage einer zu einer einheitlichen Erfahrungswelt verknüpften Vielfalt von Wahrnehmungsinhalten machen können?

In diesem Sinne hat Kant Recht, dass die Urteilstafel, sprich: ein System von Aussageformen, und die Kategorientafel, sprich: ein System von Grundbegriffen der Erfahrung, systematisch miteinander zusammenhängen.
Welche Aussageformen benötigen wir für Erfahrungen, wie wir sie kennen? Die folgenden Aussageformen sind unabdingbar:

(a) »Einzelding *X* hat die Eigenschaft *F*« bzw. »Einzeldinge $X_1,\ldots,X_n$ stehen in der Relation *R* zueinander«, »Ereignis *E* hat die Eigenschaft *F*« bzw. »Ereignisse $E_1,\ldots,E_n$ stehen in der Relation *R* zueinander«: Es ist offensichtlich, dass wir ohne Aussagen dieser Form unsere Wahrnehmungen nicht beschreiben könnten.
(b) »*X* ist dasselbe Ding (Ereignis) wie *y*«: Unter wechselnden Umständen und Perspektiven demselben Einzelding oder demselben Ereignis zu begegnen ist ein grundlegender Zug unserer Erfahrung.
(c) »*X* findet zum Zeitpunkt *t* am Ort *O* statt«, »*X* befindet sich zum Zeitpunkt *t* am Ort *O*«: Dinge, Ereignisse einer objektiven Erfahrung müssen sich auf ein gemeinsames Raum-Zeit-Bezugssystem beziehen lassen.
(d) »*X* verändert sich zu *Y*«: Veränderungen sind ganz offensichtlich ein entscheidendes Charakteristikum der Welt, wie wir sie erfahren.
(e) »*X* verursacht *Y*«: Auf Sachverhalte anhand kausaler Spuren zu schließen ist ein unverzichtbares Mittel,

zunächst bloß subjektive Wahrnehmungen zu objektivieren.

(f) »Es ist möglich, dass *X*«, »Es ist unmöglich, dass *X*«: Es ist ebenfalls ein wichtiges Mittel, zunächst bloß subjektive Wahrnehmungen dadurch zu objektivieren, dass man sich vergewissert, ob der angebliche Wahrnehmungsinhalt logisch oder naturgesetzlich möglich ist.

(g) »Es ist nicht der Fall, dass *X*«, »Es ist *X* der Fall und es ist *Y* der Fall«, »Es ist *X* der Fall oder es ist *Y* der Fall«, »Wenn *X* der Fall ist, dann ist *Y* der Fall«, »*X* ist genau dann der Fall, wenn *Y* der Fall ist«: Um ausdrücken zu können, dass Bedingungen erst zusammen oder alternativ bestimmte Dinge verursachen, sind Und-Verknüpfungen und Oder-Verknüpfungen zwischen Aussagen unverzichtbar.

(h) »Für alle *X* gilt ...«, »Es gibt Dinge, für die gilt ...«: Ohne diese Aussageformen ließen sich gar keine Gesetze formulieren, und die sind unerlässlich, um Wahrnehmungsinhalte zu Episoden ein und derselben Erfahrungswelt verknüpfen zu können.

Es soll nicht bestritten werden, dass einige der Aussageformen auf andere Aussageformen reduziert werden können. Auch dürfte die Liste dieser Aussageformen heterogen wirken, jedoch nur auf den ersten Blick und nur vom Standpunkt der formalen Logik aus gesehen. Denn die Leitfrage für die Unterscheidung von Aussageformen, nämlich die, ob sie für die begriffliche Durchdringung von Erfahrung unverzichtbar sind, umfasst nun einmal logische, erkenntnistheoretische und materiale Aspekte. Es war vielleicht einer der Fehler Kants, die Urteilstafel aus rein logischen Gesichtspunkten herleiten zu wollen. Damit hat er seine Interpreten auf eine falsche Fährte gesetzt.

Liste unverzichtbarer logischer und anderer Begriffe für die theoretische Beschreibung und Analyse von Erfahrung

Logische Operatoren	Inhaltliche Begriffe
1. Negator (nicht)	9. Einzelding
2. Konjunktor (und)	10. Einzelereignis
3. Adjunktor (oder)	11. Eigenschaft
4. Subjunktor (wenn, dann)	12. Beziehung
5. Allquantor (alle)	13. Veränderung
6. Existenzquantor (es gibt)	14. Zeitpunkt
7. Modaloperator: »möglich«	15. Ort
8. Modaloperator: »notwendig«	16. Identität
	17. Ursache / Wirkung
	18. Wechselwirkung

Kategorien als Synthesis der Wahrnehmungsinhalte

Die Logiker unterscheiden generelle und singuläre Termini.[18] Generelle Termini bezeichnen Eigenschaften, Tätigkeiten und Beziehungen, die man von bestimmten Objekten aussagt. Daher sind »Tisch«, »spazieren gehen«, »miteinander kämpfen« generelle Termini. Singuläre Termini hingegen dienen dazu, einen einzelnen Gegenstand oder eine einzelne Person zu benennen. »Gerhard Schröder«, »Paris«, »der Verfasser von *Doktor Faustus*«, »dies da« und viele andere Ausdrücke sind singuläre Termini. Die Ausdrücke für die kantischen Kategorien gehören zu den generellen Termini. Wendet man einen singulären oder generellen Terminus auf einen Wahrnehmungsinhalt an, so verknüpft man diesen Wahrnehmungsinhalt mit anderen Wahrnehmungsinhalten. Betrachten wir ein Beispiel: Ich beobachtete gerade, dass der Theologe Eugen Drewermann die Libori-

18 Vgl. zu dieser Unterscheidung Tugendhat/Wolf (1986) und Kamlah/Lorenzen (1986).

straße in Paderborn entlangläuft. Wir beziehen uns mit dem Eigennamen »Eugen Drewermann« auf eine bestimmte Person. Doch der Eigenname »Eugen Drewermann« ist nicht nur für diese eine Gelegenheit geschaffen worden, bei der Eugen Drewermann die Liboristraße in Paderborn entlangläuft. Es gibt ungezählte andere tatsächlich von jemandem beobachtete oder auch nur mögliche beobachtbare Situationen, in denen Eugen Drewermann vorkommt und die deshalb so beschrieben werden, dass man sich mit dem Eigennamen »Eugen Drewermann« auf diese individuelle Person bezieht. *Ein singulärer Terminus* t *lässt sich als eine (implizite oder explizite) Regel (Vorschrift) auffassen, diejenigen Wahrnehmungen miteinander zu verknüpfen, in denen im wahrgenommenen Sachverhalt immer dasselbe durch* t *benannte oder gekennzeichnete Einzelding als Teil vorkommt.*

Genauso verhält es sich mit den generellen Termini. Wenn ich beobachte, dass auf meinem Schreibtisch ein Buch aufgeschlagen liegt, und ich diesen Beobachtungssachverhalt auch so beschreibe, so verfüge ich über den generellen Terminus »Buch« und wende ihn auf die gegenwärtig erlebte Situation an. Aber ich verwende den Terminus »Buch« in ganz unterschiedlichen Wahrnehmungssituationen, in denen ebenfalls Bücher vorkommen. Wieder lässt sich verallgemeinert sagen: *Ein genereller Terminus* T *ist eine (implizite oder explizite) Regel (Vorschrift), diejenigen Wahrnehmungen miteinander zu verknüpfen, in denen die wahrgenommenen Objekte jeweils unter denselben Terminus* T *fallen.*

Damit erweist sich erneut, dass die folgenden Tatbestände nur verschiedene Seiten ein und desselben erkenntnistheoretischen Sachverhalts sind, nämlich:

- aufgrund sinnlicher Wahrnehmungen etwas zu erkennen,

- die vielfältigen sinnlichen Wahrnehmungen miteinander zu verknüpfen,
- Wahrnehmungsinhalte durch Anwendung singulärer und genereller Termini und logischer Konstanten[19] in Aussagen zu beschreiben,
- Wahrnehmungsinhalte in die eine gemeinsame Erfahrungswelt einzuordnen,
- subjektive Wahrnehmungen zu Erfahrungserkenntnis zu objektivieren.

Statt von einer »Verknüpfung ungezählter Wahrnehmungsinhalte durch singuläre und generelle Termini« spricht Kant von der »Synthesis der Anschauungsmannigfaltigkeit durch Begriffe«. Abgesehen davon behauptet er dasselbe, was wir eben in modernerer Terminologie dargelegt haben: »[...] wir erkennen den Gegenstand, wenn wir in dem Mannigfaltigen der Anschauung synthetische Einheit bewirkt haben. Diese aber ist unmöglich, wenn die Anschauung nicht durch eine solche Funktion der Synthesis nach einer Regel hat hervorgebracht werden können« (A 105).
Generell behauptet er, dass »[...] der Begriff eine Regel der Synthesis der Wahrnehmungen ist« (Anmerkung zu B 750).
Die Funktion der Begriffe besteht für Kant in der »Synthesis des Mannigfaltigen der Anschauung nach einer Regel«. Und genau das trifft natürlich auch und gerade auf die Kategorien zu.

19 Unter logischen Konstanten verstehen die formalen Logiker die Ausdrücke »nicht«, »und«, »oder«, »wenn ..., dann ...«, »alles«, »manche«. Sie sind die einzigen inhaltlichen Ausdrücke, die in den Schlussregeln der formalen Logik vorkommen.

10. Einheit der Erfahrung und Einheit des Selbstbewusstseins

Das Programm einer »transzendentalen Deduktion« der Kategorien

Die Rechtslehrer, wenn sie von Befugnissen und Anmaßungen reden, unterscheiden in einem Rechtshandel die Frage über das, was Rechtens ist, (quid juris) von der, die die Tatsache angeht, (quid facti) und indem sie von beiden Beweis fordern, so nennen sie den erstern, der die Befugnis, oder auch den Rechtsanspruch dartun soll, die Deduktion. Wir bedienen uns einer Menge empirischer Begriffe ohne jemandes Widerrede, und halten uns auch ohne Deduktion berechtigt, ihnen einen Sinn und eingebildete Bedeutung zuzueignen, weil wir jederzeit die Erfahrung bei der Hand | haben, ihre objektive Realität zu beweisen. [...]
Unter den mancherlei Begriffen aber, die das sehr vermischte Gewebe der menschlichen Erkenntnis ausmachen, gibt es einige, die auch zum reinen Gebrauch a priori (völlig unabhängig von aller Erfahrung) bestimmt sind, und dieser ihre Befugnis bedarf jederzeit einer Deduktion; weil zu der Rechtmäßigkeit eines solchen Gebrauchs Beweise aus der Erfahrung nicht hinreichend sind, man aber doch wissen muß, wie diese Begriffe sich auf Objekte beziehen können, die sie doch aus keiner Erfahrung hernehmen. Ich nenne daher die Erklärung der Art, wie sich Begriffe a priori auf Gegenstände beziehen können, die transzendentale Deduktion derselben [...].

(B 116/117)

In einer »Deduktion von Begriffen« wird nachgewiesen, dass wir berechtigt sind, diese Begriffe anzuwenden. Bei einem Begriff ist seine Anwendbarkeit keineswegs garantiert, schließlich können wir Begriffe willkürlich definieren, ohne dass es Gegenstände gibt, die unter sie fallen. Begriffe können sich als »leer« herausstellen, wie zum Beispiel der Begriff »Perpetuum mobile«. Wer einen leeren Begriff trotzdem auf Gegenstände anwendet, tut etwas, wozu er eigentlich gar nicht »befugt« ist. Bei Begriffen wie »Mensch« oder »Currywurst« haben wir, wie Kant sagt, »jederzeit die Erfahrung bei der Hand«, um uns zu vergewissern, dass bestimmte Gegenstände unter sie fallen. Wir lernen diese Begriffe, indem uns hinreichend viele wahrnehmbare Gegenstände als Beispiele präsentiert werden. Doch im Falle der Kategorien erachtet Kant einen solchen Nachweis für besonders heikel:

> Ich nehme z. B. den Begriff der Ursache, welcher eine besondere Art der Synthesis bedeutet, da auf etwas *A* was ganz verschiedenes *B* nach einer Regel gesetzt wird. Es ist a priori nicht klar, warum Erscheinungen etwas dergleichen enthalten sollten, (denn Erfahrungen kann man nicht zum Beweise anführen, weil die objektive Gültigkeit dieses Begriffs a priori muß dargetan werden können,) und es ist daher a priori zweifelhaft, ob ein solcher Begriff nicht etwa gar leer sei und überall unter den Erscheinungen keinen Gegenstand antreffe. [...]
>
> Gedächte man sich von der Mühsamkeit dieser Untersuchung dadurch loszuwickeln, daß man sagte: Die Erfahrung böte unablässig Beispiele einer solchen Regelmäßigkeit der Erscheinungen dar, die genugsam Anlaß geben, den Begriff der Ursache davon abzusondern, und dadurch zugleich die objektive Gültigkeit eines solchen Begriffs zu bewähren, so bemerkt man nicht, daß auf diese Weise der Begriff der Ursa-

> che nicht entspringen kann, sondern daß er entweder völlig a priori im Verstande müsse gegründet sein, oder als ein bloßes Hirngespinst gänz|lich aufgegeben werden müsse. Denn dieser Begriff erfordert durchaus, daß etwas *A* von der Art sei, daß ein anderes *B* daraus notwendig und nach einer schlechthin allgemeinen Regel folge. Erscheinungen geben gar wohl Fälle an die Hand, aus denen eine Regel möglich ist, nach der etwas gewöhnlicher maßen geschieht, aber niemals, daß der Erfolg notwendig sei […]. (B 122–124)

Wenn man die Anwendbarkeit der Begriffe »Ursache« und »Wirkung« durch empirische Beispiele, etwa durch aneinanderstoßende Billardkugeln, nachweist, bildet man empirische Sätze wie »Die Bewegung der Billardkugel B_1 verursacht die Bewegung der Billardkugel B_2« oder »Stöße von Billardkugeln verursachen Bewegungsänderungen«. Mit den Begriffen »Ursache« und »Wirkung« lassen sich nach Kant jedoch auch synthetische Urteile a priori aufstellen, z. B. das Kausalprinzip. Diese besondere Verwendung der Begriffe »Ursache« und »Wirkung« lässt sich nicht durch empirisch wahre Sätze, also nicht durch eine sogenannte »empirische Deduktion« dieser Begriffe, rechtfertigen und beweisen. Nach Kant müssen wir sie durch den Nachweis rechtfertigen, *dass alle Erfahrungsgegenstände notwendigerweise unter diesen Begriff fallen.*

Was heißt es, dass Erfahrungsgegenstände notwendigerweise unter Kategorien fallen? Erinnern wir uns an unsere Betrachtung zum Begriff der Notwendigkeit S. 38 mit den folgenden Äquivalenzen: »Es ist notwendig, dass *B* auf *X* zutrifft« ≡ die Aussage »Auf *X* trifft *B* zu« ist apriorisch ≡ dass *B* auf *X* zutrifft, folgt entweder aus der Bedeutung der Ausdrücke »*X*« und »*B*«, oder *B* stellt eine transzendentale Bedingung der Möglichkeit von Erfahrung dar.

Aus diesen Äquivalenzen folgt, dass ein Erfahrungsgegenstand *X* notwendig unter die Kategorie *K* fällt, sofern die Aussage »Auf *X* trifft *K* zu« synthetisch und a priori wahr ist. Und daraus folgt für Kant wiederum, dass die Kategorie sich auf eine transzendentale Bedingung der Möglichkeit von Erfahrung beziehen muss.

Den Nachweis, dass Erfahrungsgegenstände notwendigerweise unter einen Begriff *B* fallen, nennt Kant im Gegensatz zu einer empirischen Deduktion eine »*transzendentale Deduktion*«. Das ist terminologisch konsequent, weil eine solche Deduktion die Möglichkeit synthetischer Urteile a priori rechtfertigt. Da Erfahrungsgegenstände notwendigerweise unter Kategorien fallen, wenn die Kategorien sich auf Bedingungen der Möglichkeit von Erfahrung beziehen, hat Kant auch Recht, wenn er schreibt:

> [...] folglich wird die objektive Gültigkeit der Kategorien, als Begriffe a priori, darauf beruhen, daß durch sie allein Erfahrung (der Form des Denkens nach) möglich sei. Denn alsdenn beziehen sie sich notwendiger Weise und a priori auf Gegenstände der Erfahrung, weil nur vermittelst ihrer überhaupt irgend ein Gegenstand der Erfahrung gedacht werden kann.
>
> Die transzendentale Deduktion aller Begriffe a priori hat also ein Principium, worauf die ganze Nachforschung gerichtet werden muß, nämlich dieses: daß sie als Bedingungen a priori der Möglichkeit der Erfahrung, erkannt werden müssen [...]. (B 126)

Eine solche transzendentale Deduktion der Kategorien lässt also ein Argument mit der Konklusion erwarten, dass Erfahrungsgegenstände notwendigerweise unter Kategorien fallen, weil die Kategorien transzendentale Bedingungen der Möglichkeit von Erfahrung beinhalten. Wie löst Kant dieses Programm ein?

Versuch einer Rekonstruktion der transzendentalen Deduktion

Im § 20 der transzendentalen Deduktion der Kategorien aus der B-Auflage der *Kritik der reinen Vernunft* fasst Kant das in den Paragraphen zuvor entwickelte Argument zusammen. Dieser Paragraph mit dem Titel »Alle sinnliche Anschauungen stehen unter den Kategorien als Bedingungen, unter denen allein das Mannigfaltige derselben in ein Bewußtsein zusammenkommen kann« lautet vollständig:

> Das mannigfaltige in einer sinnlichen Anschauung Gegebene gehört notwendig unter die ursprüngliche synthetische Einheit der Apperzeption, weil durch diese die Einheit der Anschauung allein möglich ist. (§ 17) Diejenige Handlung des Verstandes aber, durch die das Mannigfaltige gegebener Vorstellungen (sie mögen Anschauungen oder Begriffe sein) unter eine Apperzeption überhaupt gebracht wird, ist die logische Funktion der Urteile. (§ 19) Also ist alles Mannigfaltige, so fern es in Einer empirischen Anschauung gegeben ist, in Ansehung einer der logischen Funktionen zu urteilen bestimmt, durch die es nämlich zu einem Bewußtsein überhaupt gebracht wird. Nun sind aber die Kategorien nichts andres, als eben diese Funktionen zu urteilen, so fern das Mannigfaltige einer gegebenen Anschauung in Ansehung ihrer bestimmt ist. (§ 13) Also steht auch das Mannigfaltige in einer gegebenen Anschauung notwendig unter Kategorien. (B 143)

Das ist nicht auf Anhieb verständlich. Ich werde zunächst eine zusammenfassende Rekonstruktion des Arguments vorschlagen, um sie anschließend Schritt für Schritt zu erläutern.

1. Ein Wahrnehmungsinhalt stellt nur dann eine objektive

Erfahrung dar, wenn er, in kohärenter Weise mit anderen Wahrnehmungsinhalten verknüpft, Teil der Erfahrung ein und derselben Person geworden ist.

2. Eine Person wird sich ihrer selbst und zugleich der verschiedenen Wahrnehmungsinhalte als Teile ihrer Erfahrung über ein und dieselbe kognitive Aktivität bewusst, nämlich dadurch, dass sie sich die verschiedenen Wahrnehmungsinhalte ausdrücklich als Teil ihrer Erfahrung selber zuschreibt.
3. Eine Person schreibt sich verschiedene Wahrnehmungsinhalte als Teil ihrer Erfahrung zu in Sprechakten der Form »Ich, der ich denke, dass W_1 der Fall ist, bin derselbe, der denkt, dass W_2 der Fall ist und ... und dass W_n der Fall ist«.
4. Wenn sich eine Person verschiedene Wahrnehmungsinhalte als Teil ihrer Erfahrung in Sprechakten der besagten Form zuschreibt, wird jeder Wahrnehmungsinhalt W_i beschrieben durch ein Erfahrungsurteil »Es ist der Fall, dass W_i«.

---

5. Also können verschiedene Wahrnehmungsinhalte W_i nur dadurch zu Teilen der bewussten Erfahrung ein und derselben Person werden, dass sie in Erfahrungsurteilen der Form »Es ist der Fall, dass W_i« beschrieben werden können.
6. Die Form der Erfahrungsurteile ist bestimmt durch die Kategorien, sodass das durch Erfahrungsurteile Beschriebene unter Kategorien subsumiert ist.

---

7. Also werden verschiedene Wahrnehmungsinhalte nur dadurch zu Teilen der Erfahrung ein und derselben Person, dass sie unter Kategorien subsumiert werden.

---

8. Also fällt ein Wahrnehmungsinhalt als objektive Erfahrungstatsache, deren sich eine Person bewusst ist, notwendigerweise unter Kategorien.

Die Einheit des Selbstbewusstseins

Das obige Zitat beginnt mit dem Satz:

> Das mannigfaltige in einer sinnlichen Anschauung Gegebene gehört notwendig unter die ursprüngliche synthetische Einheit der Apperzeption, weil durch diese die Einheit der Anschauung allein möglich ist.

In unserer Rekonstruktion des Arguments haben wir diesen Satz als Prämisse 1 reformuliert: »Eine Wahrnehmung beinhaltet nur dann eine objektive Erfahrung, wenn sie, in kohärenter Weise mit anderen Wahrnehmungen verknüpft, Teil der Erfahrung ein und derselben Person geworden ist«. Der Grundgedanke ist einfach: Eine Erfahrung ist immer die Erfahrung einer bestimmten Person, und sie ist nur dann die Erfahrung dieser Person, wenn die Person sich ihrer Erfahrung bewusst ist. Kant drückt dies in einer berühmten Passage der *Kritik der reinen Vernunft* in folgenden Worten aus:

> Das: Ich denke, muß alle meine Vorstellungen begleiten können; denn sonst würde etwas in mir vorgestellt | werden, was gar nicht gedacht werden könnte, welches eben so viel heißt, als die Vorstellung würde entweder unmöglich, oder wenigstens für mich nichts sein. Diejenige Vorstellung, die vor allem Denken gegeben sein kann, heißt Anschauung. Also hat alles Mannigfaltige der Anschauung eine notwendige Beziehung auf das: Ich denke, in demselben Subjekt, darin dieses Mannigfaltige angetroffen wird. Diese Vorstellung aber ist ein Actus der Spontaneität, d. i. sie kann nicht als zur Sinnlichkeit gehörig angesehen werden. Ich nenne sie die reine Apperzeption, um sie von der empirischen zu unterscheiden, oder auch die ursprüngliche Apperzeption, weil sie dasjenige Selbstbewußtsein ist,

> was, indem es die Vorstellung Ich denke hervorbringt, die alle andere muß begleiten können, und in allem Bewußtsein ein und dasselbe ist, von keiner weiter begleitet werden kann. (B 131/132)

Kant spricht vom »Ich denke«, das alle meine Vorstellungen (Bewusstseinsinhalte) begleiten können muss, als von der »Einheit der Apperzeption«. »Apperzeption« bedeutet bei Kant zunächst »Bewusstsein seiner selbst« (vgl. B 68). Zu jedem Erfahrungsinhalt *W*, der mir bewusst wird, kann ich hinzufügen, dass ich denke, dass *W* der Fall ist, und dass ich es bin, der *W* wahrnimmt. Genau dadurch werde ich mir des Inhalts *W* gerade bewusst. Aber ich werde mir dabei zugleich meiner selbst bewusst. Ich werde mir meiner selbst vor allem dadurch bewusst, dass ich mir bewusst werde, derselbe zu sein, der zuerst W_1 erfährt, dann etwas anderes, nämlich W_2, und so weiter. Das meint »Einheit der Apperzeption«. Kant führt aus, dass

> die mannigfaltigen Vorstellungen, die in einer gewissen Anschauung gegeben werden, [...] nicht insgesamt meine Vorstellungen sein [würden], wenn sie nicht insgesamt zu einem Selbstbewußtsein gehöreten, d.i. als meine Vorstellungen [...] müssen sie doch der Bedingung notwendig gemäß sein, unter der sie allein in einem allgemeinen Selbstbewußtsein zusammenstehen können, weil sie sonst nicht durchgängig mir | angehören würden. (B 132/133)

Ein Wahrnehmungsinhalt kann nur Teil *meiner* Erfahrung sein, wenn er die Bedingung erfüllt, dass ich mir seiner bewusst sein kann, zusammen mit dem Bewusstsein, derselbe zu sein, der sich auch der anderen Inhalte bewusst ist, durch die sie gerade meine Erfahrungsinhalte werden. Diese Feststellung nennt Kant den »Grundsatz der synthetischen Einheit der Apperzeption«. An einer anderen Stelle formuliert er diesen Grundsatz so: »[...] daß alles Mannigfaltige der Anschauung unter Bedingungen der ursprünglichen Einheit der Apperzeption stehe« (B 136). Die mannigfaltigen Wahrnehmungsinhalte stehen unter diesem Grundsatz: »so fern sie in einem Bewußtsein müssen verbunden werden können« (B 136/137).

Kants Überlegungen gehen aber noch tiefer. Im ersten Teil haben wir schon darauf hingewiesen, dass die zunächst bloß subjektiven Empfindungen (Wahrnehmungsinhalte) erst dadurch zu Erfahrungserkenntnissen objektiviert werden, dass sie miteinander zu Teilen der einen, von uns gemeinsam geteilten Erfahrungswelt verkettet werden. Werden Wahrnehmungsinhalte miteinander verbunden, werden sie zu einem einheitlichen Ganzen, einer Einheit zusammengeschlossen.

> Aber der Begriff der Verbindung führt außer dem Begriffe des Mannigfaltigen, und der Synthesis derselben, noch den der Einheit desselben bei sich. Verbindung ist Vorstellung der synthetischen Einheit des Mannigfalti|gen. (B130/131)

Was ist nun diese Einheit, zu der die Wahrnehmungsinhalte synthetisiert werden? Vor kurzem haben wir diese Einheit noch einmal wie schon auf S. 41 als die *von allen Erkenntnissubjekten geteilte eine Erfahrungswelt* charakterisiert. Das ist von der Sache her auch richtig. Aber die Erfahrungswelt ist immer die Welt, die von einzelnen Personen erfahren wird. Daher besteht die eine von allen geteilte Erfahrungswelt aus denjenigen Wahrnehmungsinhalten, die zur bewussten Erfahrung ein und derselben, sich dabei ihrer selbst bewussten Person werden können. Zu Recht betont Kant, die oberste synthetische Einheit des Mannigfaltigen der Anschauung sei die »synthetische Einheit der Apperzeption«. Die zunächst bloß subjektiven Wahrnehmungsinhalte werden dadurch zu Erfahrungserkenntnis objektiviert, dass sie unter die synthetische Einheit der Apperzeption gebracht, also zu bewussten Erfahrungen ein und derselben sich ihrer selbst bewussten Person miteinander verbunden werden.

> Verstand ist, allgemein zu reden, das Vermögen der Erkenntnisse. Diese bestehen in der bestimmten Beziehung gegebener Vorstellungen auf ein Objekt. Objekt aber ist das, in dessen Begriff das Mannigfaltige einer gegebenen Anschauung vereinigt ist. Nun erfordert aber alle Vereinigung der Vorstellungen Einheit des Bewußtseins in der Synthesis derselben. Folglich ist die Einheit des Bewußtseins dasjenige, was allein die Beziehung der Vorstellungen auf einen Gegenstand, mithin ihre objektive Gültigkeit, folglich, daß sie Erkenntnisse werden, ausmacht, und worauf folglich selbst die Möglichkeit des Verstandes beruht. (B 137)

> Die transzendentale Einheit der Apperzeption ist diejenige, durch welche alles in einer Anschauung gegebene Mannigfaltige in einen Begriff vom Objekt vereinigt wird. (B 139)

> Ich habe mich niemals durch die Erklärung, welche die Logiker von einem Urteile überhaupt geben, befriedigen können: es ist, wie sie sagen, die Vorstellung eines Verhältnisses zwischen zwei Begriffen. [...] Wenn ich aber die Beziehung gegebener Erkenntnisse in jedem Urteile genauer untersuche, [...] so finde ich, daß ein Urteil nichts andres sei, als die Art, gegebene Erkenntnisse zur objektiven Einheit der Apperzeption zu bringen. Darauf zielt das Verhältniswörtchen **ist** in | denselben, um die objektive Einheit gegebener Vorstellungen von der subjektiven zu unterscheiden. Denn diese bezeichnet die Beziehung derselben auf die ursprüngliche Apperzeption und die notwendige Einheit derselben, wenn gleich das Urteil selbst

> empirisch, mithin zufällig ist, z. B. die Körper sind schwer. Damit ich zwar nicht sagen will, diese Vorstellungen gehören in der empirischen Anschauung notwendig zu einander, sondern sie gehören vermöge der notwendigen Einheit der Apperzeption in der Synthesis der Anschauungen zu einander, d.i. nach Prinzipien der objektiven Bestimmung aller Vorstellungen, so fern daraus Erkenntnis werden kann, welche Prinzipien alle aus dem Grundsatze der transzendentalen Einheit der Apperzeption abgeleitet sind. Dadurch allein wird aus diesem Verhältnisse ein Urteil, d. i. ein Verhältnis, das objektiv gültig ist [...]. (B 140/141/142)

Was Kant hier über die »Objektivität« einer Erfahrung ausführt, läuft immer wieder auf dieselbe Feststellung hinaus: Ein Wahrnehmungsinhalt stellt nur dann eine objektive Erfahrung dar, wenn er zusammen mit anderen Wahrnehmungsinhalten kohärenter Teil der Erfahrung ein und derselben sich ihrer Identität bewussten Person geworden ist.

Selbstbewusstsein als Synthesis durch Urteile

Kommen wir nun zu den beiden nächsten Sätzen von § 20:

> Diejenige Handlung des Verstandes aber, durch die das Mannigfaltige gegebener Vorstellungen (sie mögen Anschauungen oder Begriffe sein) unter eine Apperzeption überhaupt gebracht wird, ist die logische Funktion der Urteile. Also ist alles Mannigfaltige, so fern es in Einer empirischen Anschauung gegeben ist, in Ansehung einer der logischen Funktionen zu urteilen bestimmt, durch die es nämlich zu einem Bewußtsein überhaupt gebracht wird. (B 143)

Wir haben diese Aussagen so rekonstruiert: Eine Person wird sich ihrer selbst und zugleich der verschiedenen Wahrnehmungsinhalte als Teile ihrer Erfahrung über ein und dieselbe kognitive Aktivität bewusst, nämlich dadurch, dass sie sich die verschiedenen Wahrnehmungsinhalte ausdrücklich als Teil ihrer Erfahrung selber zuschreibt. Eine Person schreibt sich verschiedene Wahrnehmungsinhalte als Teil ihrer Erfahrung zu, und zwar in Sprechakten der Form »Ich, der ich denke, dass W_1 der Fall ist, bin derselbe, der denkt, dass W_2 der Fall ist und ... und dass W_n der Fall ist«. Das gilt es nun zu begründen und zu erklären.

Das in der Wahrnehmung Gegebene (der Empfindungen) ist nicht von sich aus schon miteinander vernetzt. Synthesis ist immer unsere kognitive Leistung, die wir durch die Anwendung von Begriffen und Aussagen auf das in der sinnlichen Wahrnehmung Gegebene vollziehen. Da die verschiedenen Wahrnehmungsinhalte als Teile der einen Erfahrung ein und derselben ihrer Identität bewussten Person aneinander angeschlossen werden müssen, hat die betreffende Person die »synthetische Einheit der Apperzeption« selber zu vollbringen. Kant spricht das deutlich aus:

> Nämlich diese durchgängige Identität der Apperzeption eines in der Anschauung gegebenen Mannigfaltigen, enthält eine Synthesis der Vorstellungen, und ist nur durch das Bewußtsein dieser Synthesis möglich. Denn das empirische Bewußtsein, welches verschiedene Vorstellungen begleitet, ist an sich zerstreut und ohne Beziehung auf die Identität des Subjekts. Diese Beziehung geschieht also dadurch noch nicht, daß ich jede Vorstellung mit Bewußtsein begleite, sondern daß ich eine zu der andern hinzusetze und mir der Synthesis derselben bewußt bin. Also nur dadurch, daß ich ein Mannigfaltiges gegebener

> Vorstellungen in einem Bewußtsein verbinden kann, ist es möglich, daß ich mir die Identität des Bewußtseins in diesen Vorstellungen selbst vorstelle [...]. (B 133)

Wie »setzt« aber eine Person einen Wahrnehmungsinhalt zum anderen »hinzu« und wird sich dieser »Synthesis bewusst«, wie es im Zitat heißt? Darauf ist nur eine Antwort möglich: Eine Person muss wissen, was sie alles wahrgenommen und erfahren hat. Sie muss auf die Frage, was sie wahrgenommen und erfahren hat, antworten können. Eine Person wird sich der verschiedenen Wahrnehmungsinhalte als Teil ihrer Erfahrung bewusst, indem sie sich diese Wahrnehmungen ausdrücklich *als Teil ihrer Erfahrung selber zuschreibt*, und zwar indem sie zu sich selber oder auch zu anderen Personen sagt: »Ich, der ich denke, dass W_1 der Fall ist, bin derselbe, der denkt, dass W_2 und ... und dass W_n der Fall ist«.

Wir sehen jetzt deutlicher: Das Wahrgenommene muss durch Aussagen beschrieben, es muss begrifflich »beurteilt« werden, erst dadurch »bringt« sich eine Person das Wahrgenommene zu »Bewusstsein«, wie Kant sagt. Beschreibt jemand eine Wahrnehmung etwa in dem Satz »Es war unser Hausnachbar Klaus, der die Zeitung vor unsere Tür gelegt hat«, so hat dieser Satz die Form »Die Einzelperson *X* hat durch die Handlung *H* den Zustand *Z* bewirkt«, und damit hat die Person das, was sie wahrgenommen hat, unter anderem unter die Kategorien »Einzelding« (»Substanz«) und »Ursache/Wirkung« subsumiert. Wird das Wahrgenommene durch Erfahrungsurteile beschrieben, wird es aufgrund der Form der Urteile unter die Kategorien subsumiert. Das meint Kant, wenn er, wie schon einmal zitiert, sagt: »Nun sind aber die Kategorien nichts andres, als eben diese Funktionen zu urteilen, so fern das Mannigfaltige einer gegebenen Anschauung in Ansehung ihrer bestimmt ist« (B 143).

Wir haben das in unserer Darstellung des Arguments von Kant durch die Prämisse 6 ausgedrückt: »Die Form der Erfahrungsurteile ist bestimmt durch die Kategorien, sodass das durch Erfahrungsurteile Beschriebene unter die Kategorien subsumiert ist« (vgl. S. 103). Logisch korrekt schließt Kant daraus und aus den schon zitierten vorangehenden Prämissen am Schluss von § 20: »Also steht auch das Mannigfaltige in einer gegebenen Anschauung notwendig unter Kategorien.«
So weit der Kommentar zu unserer Rekonstruktion von § 20.

Zur Kritik der transzendentalen Deduktion

Wir haben aus dem Abschnitt über die transzendentale Deduktion der Kategorien bisher die beiden folgenden Thesen herausgelesen:

(1) Es gilt folgende Gleichung: *x* erfahren = jemand ist sich bewusst, dass er *x* erfährt = sich als derjenige bewusst zu sein, der *x* erfährt = Sprechakte der Form »Ich, der ich denke, dass *x* der Fall ist, bin derselbe, der denkt, dass auch *y* und *z* und … der Fall sind« vollziehen.

(2) Es sind nur verschiedene Seiten ein und derselben kognitiven Handlung,
  (a) verschiedene Wahrnehmungsinhalte durch Anwendung der Kategorien miteinander zu verbinden,
  (b) sie dadurch als Sachverhalte einer zusammenhängenden Erfahrungswelt zu objektivieren,
  (c) das Bewusstsein zu erzeugen, dass sie verschiedene Inhalte der Erfahrung von mir als ein und derselben ihrer Identität bewussten Person sind.

Nun beabsichtigt Kant mit der transzendentalen Deduktion zu beweisen, dass die Wahrnehmungsinhalte notwendigerweise unter Kategorien fallen. Tatsächlich endet nach unserer Lesart das Argument mit dieser Konklusion. Man könnte Kant daher bescheinigen, sein Beweisziel erreicht zu haben. Doch leider haften Kants Argument zwei Mängel an:

(1) Merkwürdigerweise geht in das Argument nicht ein, welche Begriffe zu den Kategorien gehören; das Argument würde auch dann funktionieren, wenn die Kategorien ganz andere wären als die, die Kant in der Kategorientafel aufführt.
(2) Kant suggeriert, es sei das oberste Ziel aller kognitiven Aktivitäten, Selbstbewusstsein herzustellen, und die Kategorien dienten vor allem diesem Ziel. Aber Kategorien müssen nicht angewendet werden, um Selbstbewusstsein herzustellen, sie werden angewendet, um bloß subjektive Wahrnehmungen zu Erfahrungserkenntnis zu objektivieren. Dabei entsteht zugleich, gewissermaßen als Nebeneffekt, eine spezifische Form des Selbstbewusstseins (siehe dazu auch S. 118ff.). Insofern geht der im Argument genannte Grund, warum Wahrnehmungsinhalte notwendigerweise unter Kategorien fallen, eigentlich an der Sache vorbei.

Das oben rekonstruierte Argument nimmt, so könnte man die Kritik auch zusammenfassen, einen eigentümlichen Umweg. Könnte man nicht auf der Grundlage der »transzendentalen Wende« direkter argumentieren? Direkter wäre das folgende Argument, das trotzdem ganz dem Geist der kantischen Transzendentalphilosophie verpflichtet ist:

1. Eine zunächst bloß subjektive Wahrnehmung stellt nur dann eine objektive Erfahrungserkenntnis dar, wenn ihr Inhalt räumlich lokalisiert, zeitlich datiert, als einzelner Sachverhalt mit Hilfe singulärer und genereller Termini beschrieben, mit anderen Sachverhalten kau-

sal verknüpft und überhaupt zusammen mit anderen Wahrnehmungsinhalten in allgemeine gesetzesartige Strukturen eingebettet worden ist.

2. Alle unter 1 genannten Objektivierungsstrategien verlangen die Verknüpfung von Wahrnehmungsinhalten nach bestimmten Gesichtspunkten, die die Kategorien gerade beinhalten, sodass die Objektivierungsstrategien darauf hinauslaufen, das Wahrgenommene unter Kategorien zu subsumieren.

---

3. Also stellt die Anwendung der Kategorien auf das in bloß subjektiven Wahrnehmungen Gegebene eine notwendige Bedingung für die Objektivierung dieser Wahrnehmungsinhalte zu Erfahrungserkenntnis dar.
4. Grundsatz der Transzendentalphilosophie ist: Bedingungen der Möglichkeit von Erfahrung, die auf unser Erkenntnisvermögen und seine Ausübung zurückgehen, sind Bedingungen der erfahrenen Gegenstände selber und werden von diesen Gegenständen in synthetischen Urteilen a priori behauptet.
5. Anwendung von Kategorien ist Ausübung unseres Erkenntnisvermögens.

---

6. Also gilt das synthetische Urteil a priori: Alle Wahrnehmungsinhalte, insofern mit ihnen zu Recht objektive Erkenntnisansprüche erhoben werden, fallen notwendigerweise unter die Kategorien.

Die Grenzen der Anwendbarkeit der Kategorien

Kant verteidigt im Abschnitt über die transzendentale Deduktion der Kategorien zusätzlich die These: *Nur Erfahrung stellt Wissen dar, von nicht-sinnlichen Gegenständen können wir nichts wissen.* Die Kategorien, behauptet Kant,

> dienen nur zur Möglichkeit empirischer Erkenntnis. Diese aber heißt Erfahrung. Folglich haben die Kategorien keinen anderen Gebrauch zum Erkenntnisse der Dinge, als nur | so fern diese als Gegenstände möglicher Erfahrung angenommen werden. (B 147/148)

Er überlegt sich, welche nicht-sinnlichen Gegenstände überhaupt als Gegenstände möglichen Wissens in Frage kommen. Nach Kant sind lediglich drei Arten von Gegenständen in Betracht zu ziehen:

- mathematische Gegenstände,
- gedachte Gegenstände, die ausdrücklich als nicht-sinnliche Gegenstände definiert werden,
- das eigene Selbstbewusstsein.

Im Anschluss versucht Kant zu zeigen, dass wir durch die Anwendung der Kategorien auf die genannten Gegenstände nichts erkennen. Damit glaubt er insgesamt nachgewiesen zu haben, dass nur die Anwendung der Kategorien auf sinnlich gegebene Gegenstände Wissen darstellt. Diese Argumentationsstrategie Kants ergibt das folgende Argument:

1. Die These, dass die Anwendung der Kategorien nur im Fall sinnlicher Gegenstände zu Wissen führt, wäre nur dann falsch, falls
   (a) mathematische Sätze,
   (b) Sätze über gedachte Gegenstände, die als nicht-sinnlich definiert werden, und
   (c) Sätze über die eigene Person
   Erkenntnisse darstellen würden.
2. Mathematische Sätze, Sätze über als nicht-sinnlich definierte Gegenstände und Sätze über das eigene Selbstbewusstsein stellen aber keine Erkenntnisse dar.

---

3. Also ist die These wahr, dass die Anwendung der Kate-

gorien nur im Fall sinnlicher Gegenstände zu Wissen führt.

Die These, dass mathematische Gegenstände mit Hilfe der Kategorien theoretisch zu denken keine Erkenntnis darstellen soll, ist verblüffend. Hat nicht ein Satz wie »In euklidischen Dreiecken beträgt die Winkelsumme 180 Grad«, der ohne Zweifel mathematisches Wissen ausdrückt, die Form »Alle Einzelgegenstände der Art *X* haben die Eigenschaft *F*«, sodass die mathematischen Inhalte nach Kants Kategorientafel unter die Kategorien Allheit, Substanz und Akzidenz fallen? Kant argumentiert folgendermaßen:

> Sinnliche | Anschauung ist entweder reine Anschauung (Raum und Zeit) oder empirische Anschauung desjenigen, was im Raum und der Zeit unmittelbar wirklich als wirklich, durch Empfindung, vorgestellt wird. Durch Bestimmung der ersteren können wir Erkenntnisse a priori von Gegenständen (in der Mathematik) bekommen, aber nur ihrer Form nach, als Erscheinungen; ob es Dinge geben könne, die in dieser Form angeschaut werden müssen, bleibt doch dabei noch unausgemacht. Folglich sind alle mathematische Begriffe für sich nicht Erkenntnisse; außer, so fern man voraussetzt, daß es Dinge gibt, die sich nur in der Form jener reinen sinnlichen Anschauung gemäß uns darstellen lassen. Dinge im Raum und der Zeit werden aber nur gegeben, so fern sie Wahrnehmungen (mit Empfindungen begleitete Vorstellungen) sind, mithin durch empirische Vorstellung. Folglich verschaffen die reinen Verstandesbegriffe, selbst wenn sie auf Anschauungen a priori (wie in der Mathematik) angewendet werden, nur so fern Erkenntnis, als diese, mithin auch die Verstandesbegriffe vermittelst ihrer, auf empirische Anschauungen angewandt werden können. (B 146/147)

Nach Kant beziehen sich die geometrischen und arithmetischen Sätze und damit die geometrischen und arithmetischen Begriffe auf räumliche und zeitliche Formen von Gegenständen. Ob es jedoch überhaupt Gegenstände gibt, die uns in diesen Formen sinnlich »erscheinen«, ist damit noch nicht garantiert. Die geometrischen und arithmetischen Begriffe und Sätze handeln daher genau genommen von den Formen, denen Gegenstände möglicher Erfahrung genügen müssen. Modern könnte man das auch folgendermaßen ausdrücken: Gegenstand der Mathematik sind abstrakte Strukturen. Diese Strukturen sind nur dann keine »leeren Gedankengebilde«, wenn es Modelle für sie gibt, also Dinge, die diese Strukturen realisieren. Nach Kant können nur Dinge der Erfahrungswelt die mathematischen Strukturen erfüllen. Hinter Kants Überlegungen steht daher das folgende Argument:

1. Die Kategorien können nicht auf die mathematischen Strukturen, sondern nur auf die Gegenstände, insofern sie Modelle dieser mathematischen Strukturen sind, angewendet werden.
2. Nur sinnlich gegebene Gegenstände können die mathematischen Strukturen realisieren.
3. Sinnlich gegebene Gegenstände sind Gegenstände möglicher Erfahrung.

---

4. Also führt die Anwendung der Kategorien auch im Zusammenhang mit der Mathematik nur zu Wissen, insofern sie auf Gegenstände möglicher Erfahrung angewendet werden.

Die Prämisse 2 ist, vorsichtig ausgedrückt, diskussionsbedürftig. Wir können diese Diskussion, die uns tief in die Philosophie der Mathematik verstricken würde, hier aber nicht aufgreifen.
Dass wir mit Hilfe der Kategorien keine Gegenstände, die

als nicht-sinnliche definiert sind, erkennen können, begründet Kant folgendermaßen:

> Nimmt man also ein Objekt einer nicht-sinnlichen Anschauung als gegeben an, so kann man es freilich durch alle die Prädikate vorstellen, die schon in der Voraussetzung liegen, daß ihm nichts zur sinnlichen Anschauung Gehöriges zukomme: also, daß es nicht ausgedehnt, oder im Raum sei, daß die Dauer desselben keine Zeit sei, daß in ihm keine Veränderung (Folge der Bestimmungen in der Zeit) angetroffen werde, usw. Allein das ist doch kein eigentliches Erkenntnis, wenn ich bloß anzeige, wie die Anschauung des Objekts nicht sei, ohne sagen zu können, was in ihr denn enthalten sei; denn alsdann habe ich gar nicht die Möglichkeit eines Objekts zu meinem reinen Verstandesbegriff vorgestellt, weil ich keine Anschauung habe geben können, die ihm korrespondierte, sondern nur sagen konnte, daß die unsrige nicht für ihn gelte. Aber das Vornehmste ist hier, daß auf ein solches Etwas auch nicht einmal eine einzige Kategorie angewandt werden könnte [...]. (B 149)

Das Argument ist nicht schwer zu verstehen:

1. Die Kategorien kommen den Erfahrungsgegenständen wesentlich zu.
2. Was den Erfahrungsgegenständen wesentlich zukommt, kommt per definitionem den als nicht-sinnliche Objekte definierten Gegenständen nicht zu.
3. Feststellungen darüber, was Gegenständen per definitionem nicht zukommt, sind negative analytische Urteile.
4. Negative analytische Urteile stellen keine echte Erkenntnis der entsprechend definierten Gegenstände dar.

---

5. Also liefert die (negative) Anwendung der Kategorien

auf Gegenstände, die als nicht-sinnliche definiert sind, keine echten Erkenntnisse.

Es bleibt noch zu klären, warum uns die Kategorien nicht ermöglichen, etwas über unser bewusstes Selbst zu wissen. Dieser Frage müssen wir einen eigenen Abschnitt widmen.

Transzendentales und empirisches Ich

Im § 18 der »transzendentalen Deduktion« führt Kant aus:

> Die transzendentale Einheit der Apperzeption ist diejenige, durch welche alles in einer Anschauung gegebene Mannigfaltige in einem Begriff vom Objekt vereinigt wird. Sie heißt darum objektiv, und muß von der subjektiven Einheit des Bewußtseins unterschieden werden, die eine Bestimmung des inneren Sinnes ist, dadurch jenes Mannigfaltige der Anschauung zu einer solchen Verbindung empirisch gegeben wird. Ob ich mir des Mannigfaltigen als zugleich, oder nach einander, empirisch bewußt sein könne, kommt auf Umstände, oder empirische Bedingungen, an. Daher die empirische | Einheit des Bewußtseins, durch Assoziation der Vorstellungen, selbst eine Erscheinung betrifft, und ganz zufällig ist. Dagegen steht die reine Form der Anschauung in der Zeit, bloß als Anschauung überhaupt, die ein gegebenes Mannigfaltiges enthält, unter der ursprünglichen Einheit des Bewußtseins lediglich durch die notwendige Beziehung des Mannigfaltigen der Anschauung zum Einen: Ich denke; also durch die reine Synthesis des Verstandes, welche a priori der empirischen zum Grunde liegt. (B 139/140)

Kants Ausführungen sind dunkel. Ich verstehe sie folgendermaßen: Man kann den schillernden Ausdruck »Bewusstsein« mindestens auf zwei Weisen verstehen. Einmal bin ich mir in dem Sinne eines Objekts bewusst, dass ich es wahrnehme. Wahrnehmen kann ich sogenannte äußere Objekte oder Sachverhalte. Ich sehe, rieche, taste, schmecke oder höre sie. Außerdem habe ich besondere Wahrnehmungsfähigkeiten gegenüber meinem eigenen Körper, ich empfinde Schmerzen, Hunger, Lust, Durst usw. Auch Körperempfindungen sind Wahrnehmungen. Schließlich kann man, obwohl das natürlich nicht unstrittig ist, auch seelische Gefühle der Freude, des Zornes, der Angst, der Erleichterung und so weiter als Wahrnehmungen auffassen. Bewusstsein kann also einfach heißen: etwas wahrzunehmen, eines Objekts oder eines Sachverhalts sinnlich gewahr zu werden. Wahrnehmungen und das mit Wahrnehmungen verbundene Erleben (Empfinden) nennt Kant explizit »empirisches Bewusstsein«: »Wahrnehmung ist das empirische Bewußtsein, d. i. ein solches, in welchem zugleich Empfindung ist« (B 207).

Dass ich etwas wahrnehme, etwas erlebe, liegt allerdings weitgehend nicht in meiner Hand, es stößt mir zu, es widerfährt mir, es ist, wie Kant sagt, »ganz zufällig«. Die »empirische Einheit des Bewusstseins«, die Kontinuität des Wahrnehmens und Erlebens ist selbst eine »Erscheinung«, sie ist daher, wie Kant im § 18 auch sagt, eine »Bestimmung des inneren Sinnes«, »dadurch jenes Mannigfaltige der Anschauung zu einer solchen Verbindung gegeben wird«.

Bewusstsein kann aber auch noch etwas anderes meinen, nämlich Bewusstsein im Sinne von Wissen. Ich weiß, dass etwas der Fall ist. Ich weiß jedoch nur dann, dass etwas der Fall ist, wenn ich mir selber sagen kann, was der Fall ist. Bewusstsein besteht hier im laut vernehmlichen oder im »inneren lautlosen« Vollzug von beschreibenden Aussagen. Dieses Bewusstsein ist Selbstbewusstsein. Es besteht freilich nicht darin, dass ich zuerst innerlich wahrnehme, dass ich etwas wahrnehme, um es dann anschließend in Aussagen wie »Ich bin es, der jetzt das und das wahrnimmt« zu beschreiben. Dieses Selbstbewusstsein beruht nicht auf innerer Wahrnehmung (Introspektion), sie beruht nicht, wie Kant sagen würde, auf dem »inneren Sinn«. Vielmehr besteht dieses Selbstbewusstsein darin, dass ich mir bestimmte Wahrnehmungen in Aussagen wie »Ich, der denkt, dass W_1 der Fall ist, bin derselbe, der denkt, dass W_2 und W_3 und … und W_n der Fall sind« ausdrücklich zuschreibe. In diesen Zuschreibungen bekundet sich das Selbstbewusstsein einer Person, sie beschreibt aber nicht ein zuvor »durch den inneren Sinn« schon wahrgenommenes und vorhandenes Ich oder empirisch gegebenes Selbst. Das »Ich denke« in Sprechakten des Typs »Ich, der ich denke, dass W_1 der Fall ist, bin derselbe, der denkt, dass W_2 und W_3 und … und W_n der Fall sind« ist nicht das »empirische Ich«, das die empirische Psychologie untersucht, sondern das *logische* oder *transzendentale Ich.*

Vom logischen oder transzendentalen Ich kann nur das gesagt werden, was wir bisher schon darüber gesagt haben, nämlich dass es in Sprechakten des oben aufgeführten Typs allein die Rolle des (grammatischen) Subjekts einnimmt. Damit wird auch verständlich, warum Kant von der »ursprünglichen« Einheit des Selbstbewusstseins spricht. In der schon weiter oben zitierten Stelle bezeichnet er die Einheit des Selbstbewusstseins deshalb auch als »ursprüngliche Apperzeption«,

> weil sie dasjenige Selbstbewußtsein ist, was, indem es die Vorstellung Ich denke hervorbringt, die alle andere muß begleiten können, und in allem Bewußtsein ein und dasselbe ist, von keiner weiter begleitet werden kann. (B 132)

Diese Art von Selbstbewusstsein hat eben seinen »Ur-

sprung« in Akten der Selbstzuschreibung von Erfahrung. Indem eine Person zu sich selber sagt, dass sie, die denkt, dass W_1 der Fall ist, dieselbe Person ist, die denkt, dass W_2 und W_3 und ... und W_n der Fall sind, kann sie dieses Denken nicht mit einer noch höheren Art von Selbstbewusstsein »begleiten«, wie Kant sagt. Natürlich, rein logisch gesehen lässt sich das »Ich denke, dass ...« beliebig iterieren: »Ich denke, dass ...«, »Ich denke, dass ich denke, dass ...« und so weiter. Diese Iterationen sind jedoch uninformativ. Sie fügen dem ursprünglichen »Ich denke, dass ...« nichts Neues hinzu. Informationell reduziert sich »Ich denke, dass ich, der denkt, dass W_1 der Fall ist, derselbe bin, der denkt, dass W_2 und W_3 und ... und W_n der Fall sind« auf »Ich, der ich denke, dass W_1 der Fall ist, bin derselbe, der denkt, dass W_2 und W_3 und ... und W_n der Fall sind«.
Dass das logische Ich nur die Rolle des (grammatischen) Subjekts in Sprechakten des Typs »Ich denke, dass W der Fall ist« oder »Ich, der ich denke, dass W_1 der Fall ist, bin derselbe, der denkt, dass W_2 und W_3 und ... und W_n der Fall sind« einnimmt, erklärt, warum die Kategorien auch in Bezug auf das logische Ich kein Wissen liefern. Kant führt aus:

> Dagegen bin ich mir meiner selbst in der transzendentalen Synthesis des Mannigfaltigen der Vorstellungen überhaupt, mithin in der synthetischen ursprünglichen Einheit der Apperzeption, bewußt, nicht wie ich mir erscheine, noch wie ich an mir selbst bin, sondern nur daß ich bin. Diese Vorstellung ist ein Denken, nicht ein Anschauen. [...] Das Bewußtsein seiner selbst ist also noch lange nicht ein Erkenntnis seiner selbst, unerachtet aller Kategorien, welche das Denken eines Objekts überhaupt durch Verbindung des Mannigfaltigen in einer Apperzeption ausmachen. (B 157/158)

Das »Ich denke, dass ...« ist nur das logische »Vollzugssubjekt« der »Synthesis des Mannigfaltigen«. Es wird nur ausgesagt, dass ich es bin, der das alles denkt, es wird aber nicht näher bestimmt, wer und wie ich bin, der das alles denkt. Ich bin, wie Kant es ausdrückt, mir nur bewusst, *dass* ich bin, nicht wie ich bin oder wie ich mir oder gar anderen Beobachtern sinnlich erscheine. Und das ist so, weil dieses »Ich denke« des logischen Ichs stets nur als grammatisches Subjekt von Sprechakten fungiert. Kants Überlegungen lassen sich daher durch das folgende Argument wiedergeben:

1. Macht sich eine Person selber zum Gegenstand innerer Wahrnehmung (Introspektion), erfährt sie nur, wie sie sich »erscheint«. Als Gegenstand innerer Erfahrung wird dieses empirische Ich aber begleitet vom »Ich denke, dass ...« des logischen Ichs.
2. Das logische Ich ist immer nur logisches Subjekt von Aussagen, in denen sich eine Person ihre Wahrnehmungen und Erfahrungen zuschreibt, es ist niemals inhaltlicher Gegenstand von synthetischen Urteilen, in denen etwas über das logische Ich ausgesagt wird.
3. Könnten die Kategorien auf das logische Ich angewendet werden, wäre es Gegenstand von Urteilen, in denen etwas über es ausgesagt würde.

---

4. Also können die Kategorien auf das logische Ich nicht angewendet werden und liefern daher auch kein Wissen über das logische Ich des Selbstbewusstseins.

Kants Entdeckung

Selbstbewusstsein ist ein sehr schwieriges philosophisches Thema. Nicht von ungefähr ist Kants »Transzendentale Deduktion der Kategorien« auch ein sehr dunkler Abschnitt in der *Kritik der reinen Vernunft*, und mit Sicherheit haben wir ihn in diesem Kommentar nicht vollständig ausgelotet.

Zwei Entdeckungen Kants zum Thema Selbstbewusstsein verdienen es, hier noch einmal hervorgehoben zu werden. Er hat entdeckt,

(1) dass wir zwischen dem empirischen Ich, das der Introspektion und der Beobachtung durch empirische Psychologie zugänglich ist, und einem logischen Ich unterscheiden müssen, und
(2) dass es einen unauflöslichen Zusammenhang gibt zwischen
   - der Beschreibung der Wahrnehmungsinhalte durch Aussagen einer bestimmten kategorialen Form,
   - der Verknüpfung dieser Wahrnehmungsinhalte zu Bestandteilen einer einheitlichen Erfahrungswelt,
   - der Objektivierung der Wahrnehmungsinhalte zu Erfahrungserkenntnis
   - und der Erzeugung eines spezifischen Selbstbewusstseins, des logischen Ichs.

Dabei wirft Kants Analyse schwierige Fragen auf, die offen bleiben und die wir auch in diesem Kommentar offen lassen müssen. Die wichtigste Frage ist wohl:

- Wie hängen das logische und das empirische Ich genau miteinander zusammen?
- Ist dieser Zusammenhang, wie die hier vorgelegte Rekonstruktion zunächst nahelegt, nur logisch-semantischer Natur? Ist das logische Ich nur ein sprachlich erzeugtes Phänomen, oder gibt es eine ontologische Dimension, insofern der Ausdruck »Ich denke« in Sprechakten des Typs »Ich denke, dass ...« auf ein reales, freilich ansonsten völlig unerkennbares Selbst Bezug nimmt?

11. Die transzendentalen Grundsätze der Erfahrung

Kants Lehre vom »Schematismus«

Zwischen die Abschnitte über die »transzendentale Deduktion der Kategorien« und über das »System aller Grundsätze des reinen Verstandes« schiebt Kant den Abschnitt »Von dem Schematismus der reinen Verstandesbegriffe« ein. Die transzendentale Deduktion der Kategorien hat nach den Absichten Kants bisher nur begründet, dass das Mannigfaltige der Anschauung notwendigerweise unter Kategorien steht. Aber wie wendet man die Kategorien auf wahrgenommene Gegenstände an? Wie weiß man, unter welche Kategorien das Wahrgenommene fällt? Mit der Beantwortung dieser Frage beschäftigt sich Kant im Schematismuskapitel.
Wie wir schon weiter oben gehört haben, nennt Kant die Fähigkeit, Begriffe oder Regeln auf etwas anzuwenden, »Urteilskraft«. Er bemerkt:

> Wenn der Verstand überhaupt als das Vermögen der Regeln erklärt wird, so ist Urteilskraft das Vermögen unter Regeln zu s u b s u m i e r e n, d. i. zu unterscheiden, ob etwas unter einer gegebenen Regel (casus datae legis) stehe, oder nicht. (B 171)

Kategorien lassen sich als Regeln der Verknüpfung für das sinnlich Gegebene auffassen. Daher ist Urteilskraft notwendig, um Kategorien auf Gegenstände anzuwenden.

> Nun sind aber reine Verstandesbegriffe, in Vergleichung mit empirischen (ja überhaupt sinnlichen) Anschauungen, ganz ungleichartig, und können niemals in irgend einer Anschauung angetroffen werden. Wie ist nun die S u b s u m t i o n der letzteren unter die er-

> ste, mithin die Anwendung der Kategorie auf Erscheinungen möglich, da doch niemand sagen wird: diese, z. B. die Kausalität, könne auch durch Sinne an|geschauet werden und sei in der Erscheinung enthalten? Diese so natürliche und erhebliche Frage ist nun eigentlich die Ursache, welche eine transzendentale Doktrin der Urteilskraft notwendig macht, um nämlich die Möglichkeit zu zeigen, wie reine Verstandesbegriffe auf Erscheinungen überhaupt angewendet werden können. (B 176/177)

Woran orientieren wir uns, wenn wir sinnlich Gegebenes begrifflich bestimmen? Kant dient unter anderem der Begriff »Hund« als Beispiel. Niemand lernt den Begriff »Hund« durch Definition. Während unserer sprachlichen Erziehung deuten unsere Spracherzieher auf Hunde und bezeichnen sie in unserer Anwesenheit ausdrücklich als »Hunde«. Ebenso lenken sie unsere Aufmerksamkeit auf andere Tiere, etwa Vögel oder Katzen, und belehren uns, dass solche Tiere nicht »Hunde« genannt werden. Nach einer gewissen Zeit haben wir die Fähigkeit erworben, den Ausdruck »Hund« in Übereinstimmung mit den anderen Sprachteilnehmern zu verwenden.
Kant legt sich diese Fähigkeit, Begriffe richtig zu verwenden, im Schematismuskapitel auf folgende Weise zurecht: Ich muss mir im »Kopf« mit Hilfe der »Einbildungskraft« eine Art »Bild« von einem »Hund überhaupt« gebildet haben. Nenne ich einen wahrgenommenen Hund richtigerweise einen Hund, dann deshalb, weil ich den in der Wahrnehmung gegebenen Gegenstand mit diesem Gedanken»bild« verglichen und eine positive Übereinstimmung zwischen Wahrnehmung und Gedankenbild festgestellt habe. Die Fähigkeit, Gedankenbilder zu produzieren, verdanken wir der Einbildungskraft, ist diese doch bei Kant die Fähigkeit, sich Gegenstände ohne ihre Gegenwart in der Sinneswahrnehmung vorzustellen.

Kant nimmt die Rede von einem »Bild« jedoch insofern wieder zurück, als er betont, dass es sich nicht um ein konkretes Bild eines konkreten Hundes handelt:

> Der Begriff vom Hunde bedeutet eine Regel, nach welcher meine Einbildungskraft die Gestalt eines vierfüßigen Tieres allgemein verzeichnen kann, ohne auf irgend eine einzige besondere Gestalt, die mir die Erfahrung darbietet, oder auch ein jedes mögliche Bild, was ich in concreto darstellen kann, eingeschränkt zu sein. (B 180)

Um den Begriff »Hund« sicher anzuwenden, muss ich gewissermaßen eine Vorstellung von einem »Hund überhaupt« haben. Wenn ich mir mittels meiner Einbildungskraft einen »Hund überhaupt« denke, so ist »dieses Denken mehr die Vorstellung einer Methode« (B 179), mir mit Hilfe der Einbildungskraft gewissermaßen eine »schematische Skizze eines Hundes« anzufertigen, um so festzustellen, ob Gegenstände unter den Begriff »Hund« fallen oder nicht. »Diese Vorstellung nun von einem allgemeinen Verfahren der Einbildungskraft, einem Begriff sein Bild zu verschaffen, nenne ich das Schema zu diesem Begriffe« (B 179/180).

Das Schema eines Begriffs ist also eine Art abstrakter »Blaupause«, die auf wahrgenommene Gegenstände passen muss, damit wir den Begriff zu Recht von ihnen aussagen. Vielleicht manifestiert sich das, was Kant die »Schematisierung« eines Begriffs nennt, unter anderem in unserer verblüffenden Fähigkeit, einen mit nur wenigen Zeichenstrichen angedeuteten Hund trotzdem als das Bild eines Hundes zu erkennen. Natürlich ist das nur eine Analogie. Die Rede von der »Schematisierung« eines Begriffs ist metaphorisch und dunkel.[20] Kant sieht das offen-

20 Ob Kants Theorie des Schematismus überhaupt eine gute Theorie ist, die Fähigkeit von Menschen zu erklären, Prädikatoren wie »Hund« schon

sichtlich nicht anders, sagt er doch: »Dieser Schematismus unseres Verstandes [...] ist eine verborgene Kunst in den Tiefen der menschlichen Seele, deren wahre Handgriffe wir der Natur schwerlich jemals abraten und sie unverdeckt vor Augen legen werden« (B 180/181).

Zum Glück sind Kants Überlegungen zu den speziellen Schemata der Kategorien erhellender als seine allgemeinen Überlegungen zum Schema eines Begriffs. Auch die »reinen Verstandesbegriffe« müssen »schematisiert« werden. Dabei ist es für Kant selbstverständlich, dass das Schema einer Kategorie sich nicht auf etwas beziehen darf, das uns ausschließlich sinnlich zugänglich ist. Denn da mit den reinen Verstandesbegriffen synthetische Urteile a priori formuliert werden, muss sich, so glaubt Kant, die Anwendung der reinen Verstandesbegriffe auch auf etwas a priori Verfügbares gründen. Da Empfindungen nichts hergeben, woran sich die Urteilskraft bei der Anwendung der Kategorien orientieren darf, bleiben nur die apriorischen Formen der Anschauung von Raum und Zeit übrig. Der Raum ist lediglich die Anschauungsform für die äußere Wahrnehmung. Die »innere« psychologische Selbstwahrnehmung (Introspektion) ist jedoch ebenso zu berücksichtigen. Diese ist nur zeitlich bestimmt. Daher muss sich das Schema einer Kategorie ausschließlich an die Zeitverhältnisse halten, in denen uns das Empfindungsmaterial erscheint. Das Schema einer Kategorie, die »Blaupause« für die unter sie fallenden Gegenstände, legt a priori die Zeitverhältnisse fest, die das Empfindungsmaterial aufweisen muss, damit es unter die betreffende Kategorie fällt. »Die Schemate sind daher nichts als Zeitbestimmungen a priori nach Regeln« (B 184).

Kants Schematismuskapitel gipfelt in der These: *Zu jeder Kategorie gibt es ein Gesetz über zeitliche Be-*

nach Präsentation ganz weniger Beispiele und Gegenbeispiele sicher zu verwenden, ist sowieso zweifelhaft. Für eine Erklärung muss man heute doch eher auf die empirischen Kognitionswissenschaften setzen.

stimmungen, sodass etwas Wahrgenommenes genau dann unter die Kategorie fällt, wenn es diesem Zeitgesetz gehorcht.

Für jede der Kategorien versucht Kant ihr Zeitgesetz anzugeben. Wir beschränken uns hier auf zwei Beispiele.

Das Schema für die Kategorie der Substanz lautet bei Kant:

> Das Schema der Substanz ist die Beharrlichkeit des Realen in der Zeit, d.i. die Vorstellung desselben, als eines Substratum der empirischen Zeitbestimmungen überhaupt, welches also bleibt, indem alles andre wechselt. (Die Zeit verläuft sich nicht, sondern in ihr verläuft sich das Dasein des Wandelbaren. Der Zeit also, die selbst unwandelbar und bleibend ist, korrespondiert in der Erscheinung das Unwandelbare im Dasein, d.i. die Substanz, und bloß an ihr kann die Folge und das Zugleichsein der Erscheinungen der Zeit nach bestimmt werden.) (B 183)

Alle Veränderungen vollziehen sich an zugrunde liegenden[21] Substanzen, die selber dabei unverändert bleiben. Wir lassen diese Schematisierung der Kategorie »Substanz« hier unkommentiert, weil wir im Abschnitt über die erste Analogie der Erfahrung auf sie zurückkommen werden (vgl. S. 145ff.).

> Das Schema der Ursache und der Kausalität eines Dinges überhaupt ist das Reale, worauf, wenn es nach Belieben gesetzt wird, jederzeit etwas anderes folgt. Es besteht also in der Sukzession des Mannigfaltigen, in so fern sie einer Regel unterworfen ist. (B 183)

Was Kant sagen will, kann man auch so formulieren: Auf zwei sinnlich gegebene Ereignisse *A* und *B* ist die Kategorie der Kausalität genau dann anwendbar, wenn das Ereig-

21 »Substratum«, der von Kant benutzte lateinische Ausdruck, bedeutet wörtlich »das Zugrundeliegende«.

nis *B* auf das Ereignis *A* zeitlich folgt und auf Ereignisse vom Typ *A* immer entsprechende Ereignisse vom Typ *B* zeitlich folgen. *A* ist dann die Ursache für *B*.

Kants System der Grundsätze des reinen Verstandes

Kant setzt sich mit der wissenschaftstheoretischen Herausforderung der Metaphysik durch die Newton'sche Physik unter der Leitfrage auseinander: Wie sind synthetische Urteile a priori möglich? Inzwischen ist er in der *Kritik der reinen Vernunft* mit seinen systematischen Überlegungen so weit vorangeschritten, dass er diese Frage generell und dann auch für den speziellen Fall synthetischer Urteile a priori der »reinen Naturforschung« beantworten kann. Zu Beginn des Abschnitts über das »System der Grundsätze des reinen Verstandes« formuliert er seine prinzipielle Antwort auf die Frage, wie synthetische Urteile a priori möglich sind:

> Das oberste Principium aller synthetischen Urteile ist also: ein jeder Gegenstand steht unter den notwendigen Bedingungen der synthetischen Einheit des Mannigfaltigen der Anschauung in einer möglichen Erfahrung.
> Auf solche Weise sind synthetische Urteile a priori möglich, wenn wir die formalen Bedingungen der Anschauung a priori, die Synthesis der Einbildungskraft, und die notwendige Einheit derselben in einer transzendentalen Apperzeption, auf ein mögliches Erfahrungserkenntnis überhaupt beziehen und sagen: die Bedingungen der Möglichkeit der Erfahrung überhaupt sind zugleich Bedingungen der Möglichkeit der Gegenstände der Erfahrung, und haben darum objektive Gültigkeit in einem synthetischen Urteile a priori. (B 196/197)

Die Möglichkeit synthetischer Urteile a priori basiert, wie nicht anders zu erwarten, auf dem Grundsatz der Transzendentalphilosophie. Kants Antwort lässt sich auch in der folgenden Regel zusammenfassen: Wenn ein Gegenstand ohne die Bedingung *F*, die auf die Ausübung unseres menschlichen Erkenntnisvermögens zurückgeht, niemals Inhalt einer objektivierbaren Erfahrungserkenntnis sein kann, dann ist die Aussage: »Alle Gegenstände der Erfahrung erfüllen notwendigerweise die Bedingung *F*« ein synthetisches Urteil a priori.

Es gibt sehr viele synthetische Urteile a priori. Nur sehr wenige werden explizit in der *Kritik der reinen Vernunft* thematisiert. In seiner Schrift *Metaphysische Anfangsgründe der Naturwissenschaft* (1783) analysiert Kant weitere wichtige Sätze der Newton'schen Physik[22] als synthetische Urteile a priori, von denen er die meisten in der *Kritik der reinen Vernunft* noch nicht einmal erwähnt. In der *Kritik der reinen Vernunft* beschränkt Kant sich auf die »obersten« Grundsätze, d.h. auf diejenigen synthetischen Urteile a priori, die ihrerseits nicht aus anderen Urteilen dieser Art deduziert werden können.

Die »*Grundsätze des reinen Verstandes*« bilden nach Kant ein System. Die Systematik soll jener der Kategorientafel folgen, ist allerdings ebenso undurchsichtig wie diese. Lassen wir die vorgebliche Systematik auf sich beruhen. Das »System der Grundsätze des reinen Verstandes« lautet bei Kant:

22 So versucht Kant in den *Metaphysischen Anfangsgründen der Naturwissenschaft* zu zeigen, dass die drei Bewegungsgesetze der Newton'schen Mechanik, das Trägheitsprinzip, das Gesetz »Kraft ist Masse mal Beschleunigung« und das Actio-est-Reactio-Prinzip (Kraft ist gleich Gegenkraft), das Kant in der *Kritik der reinen Vernunft* als Beispiel ausdrücklich nennt (vgl. B 17), synthetische Urteile a priori sind.

1. Axiome der Anschauung

Das Prinzip für die Axiome der Anschauung: Alle Anschauungen sind extensive Größen. (B 202)

2. Antizipationen der Wahrnehmung

Das Prinzip der Antizipationen der Wahrnehmung: In allen Erscheinungen hat das Reale, was ein Gegenstand der Empfindung ist, intensive Größe, d.i. einen Grad. (B 207)

3. Analogien der Erfahrung

Das Prinzip aller Analogien der Erfahrung: Erfahrung ist nur durch die Vorstellung einer notwendigen Verknüpfung der Wahrnehmungen möglich. (B 218)

1. Bei allem Wechsel der Erscheinungen beharret die Substanz, und das Quantum derselben wird in der Natur weder vermehrt noch vermindert. (B 224)
2. Alle Veränderungen geschehen nach dem Gesetze der Verknüpfung der Ursache und Wirkung. (B 232)
3. Alle Substanzen, so fern sie im Raume als zugleich wahrgenommen werden können, sind in durchgängiger Wechselwirkung. (B 256)

4. Postulate des empirischen Denkens

1. Was mit den formalen Bedingungen der Erfahrung (der Anschauung und den Begriffen nach) übereinkommt, ist möglich. (B 265)
2. Was mit den materialen Bedingungen der Erfahrung (der Empfindung) zusammenhängt, ist wirklich. (B 266)
3. Dessen Zusammenhang mit dem Wirklichen nach allgemeinen Bedingungen der Erfahrung bestimmt ist, ist (existiert) notwendig. (B 266)

Mathematisierbarkeit der Erfahrung I: »Axiome der Anschauung«

In seiner Schrift *Metaphysische Anfangsgründe der Naturwissenschaft* behauptet Kant:

> Ich behaupte aber, daß in jeder besonderen Naturlehre nur so viel eigentliche Wissenschaft angetroffen werden kann, als darin Mathematik anzutreffen ist.
> (*Metaphysische Anfangsgründe der Naturwissenschaft*, A XIII/XIV)

Mit dem »Prinzip der Axiome der Anschauung« und dem »Prinzip der Antizipationen der Wahrnehmung« will Kant tanszendental begründen: »Alle Erkenntnis von Erfahrungsgegenständen läßt sich mathematisieren«. Dazu muss er nachweisen, dass Mathematisierbarkeit eine transzendentale Bedingung der Möglichkeit von Erfahrung ist.

Warum spricht Kant hier von »Axiomen der Anschauung«? Orientiert an Euklids Geometrie wird der Aufbau der Mathematik so verstanden, dass die Sätze der Mathematik eingeteilt werden können in Axiome und Theoreme. Axiome sind unbewiesene (oder sogar unbeweisbare), aber gleichwohl evidente Aussagen, aus denen alle anderen Aussagen der Mathematik rein logisch gefolgert werden können. Mit »Axiomen der Anschauung« sind bei Kant nichts anderes als die Axiome der Geometrie und der Arithmetik gemeint. Zum Beispiel: Zu zwei Punkten einer (euklidischen) Ebene gibt es genau eine Gerade, auf der die Punkte liegen. Oder: Sind zwei Größen einer dritten gleich, sind sie auch einander gleich. Die Mathematik wird zweifellos in den empirischen Wissenschaften erfolgreich angewendet. Doch der Transzendentalist Kant will mehr als einen bloß faktischen Erfolg der Mathematik in den empirischen Wissenschaften. Er will eine Garantie dafür, dass sich Gegenstände der Anschauung immer den

Sätzen der Mathematik beugen. Deshalb will er den Axiomen der Mathematik ein weiteres Axiom, eben ein »Prinzip für die Axiome der Anschauung« voranstellen. Konsequent nennt er dieses Prinzip einen »transzendentalen Grundsatz der Mathematik der Erscheinungen«.

> Dieser transzendentale Grundsatz der Mathematik der Erscheinungen gibt unserem Erkenntnis a priori große Erweiterung. Denn er ist es allein, welcher die reine Mathematik in ihrer ganzen Präzision auf Gegenstände der Erfahrung anwendbar macht, welches ohne diesen Grundsatz nicht so von selbst erhellen möchte, ja auch manchen Widerspruch veranlasset hat. (B 206)

Das »Prinzip der Axiome der Anschauung« lautet: »Alle Anschauungen sind extensive Größen« (B 202). Die Anzahl von Gegenständen, das Volumen und das Gewicht von Körpern sind typische extensive Größen. *M* ist eine extensive Größe, wenn der Wert der Größe *M* für ein aus Objekten O_1 und O_2 zusammengesetztes Objekt einfach die arithmetische Summe der Werte der Größe *M* für die Teilobjekte O_1 und O_2 ist. Die extensive Größe eines Objekts ist vollständig bestimmt durch die seiner Teile.

> Eine extensive Größe nenne ich diejenige, in welcher die Vorstellung der Teile die Vorstellung des Ganzen möglich macht [...]. Ich kann mir keine Linie, so klein sie auch sei, vorstellen, ohne sie in Gedanken zu ziehen, d.i. von einem Punkte alle Teile nach und nach zu erzeugen, und dadurch allererst diese Anschauung zu verzeichnen. (B 203)

Kant beweist das Prinzip der Axiome der Anschauung folgendermaßen:

> Alle Erscheinungen enthalten, der Form nach, eine Anschauung im Raum und Zeit, welche ihnen insge-

> samt a priori zum Grunde liegt. Sie können also nicht anders apprehendiert, d.i. ins empirische Bewußtsein aufgenommen werden, als durch die Synthesis des Mannigfaltigen, wodurch die Vorstellungen eines bestimmten Raumes oder Zeit erzeugt werden, d.i. durch die Zusammensetzung des Gleichartigen und das Bewußtsein der | synthetischen Einheit dieses Mannigfaltigen (Gleichartigen). Nun ist das Bewußtsein des mannigfaltigen Gleichartigen in der Anschauung überhaupt, so fern dadurch die Vorstellung eines Objekts zuerst möglich wird, der Begriff einer Größe (Quanti). Also ist selbst die Wahrnehmung eines Objekts, als Erscheinung, nur durch dieselbe synthetische Einheit des Mannigfaltigen der gegebenen sinnlichen Anschauung möglich, wodurch die Einheit der Zusammensetzung des mannigfaltigen Gleichartigen im Begriff einer Größe gedacht wird; d.i. die Erscheinungen sind insgesamt Größen, und zwar extensive Größen, weil sie als Anschauungen im Raume oder der Zeit durch dieselbe Synthesis vorgestellt werden müssen, als wodurch Raum und Zeit überhaupt bestimmt werden. (B 202/203)

Das Argument, das Kant hier vorträgt, ist an entscheidenden Stellen einigermaßen dunkel. Kant scheint auf Folgendes hinauszuwollen: Wir nehmen verschiedene Tatsachen der Erfahrungswelt zeitlich nacheinander wahr. Die verschiedenen Wahrnehmungsinhalte werden, wie Kant sagt, nacheinander in das »empirische Bewusstsein aufgenommen«. Zuerst nehme ich wahr, dass W_1, danach, dass W_2, danach, dass W_3, und so weiter. Auf diese Weise mache ich eine Wahrnehmung nach der anderen. Die Inhalte der Wahrnehmung sind natürlich jeweils verschieden. Trotzdem sind sie insofern »gleichartig«, als es sich jedes Mal um Wahrnehmungen handelt. Das bedeutet: Die verschiedenen Wahrnehmungsinhalte W_1, W_2, W_3 ... sind allein dadurch, wie ich sie mir nacheinander bewusst machen muss, damit sie Teil meiner Erfahrung sind (kantische Stichworte: »synthetische Einheit des Mannigfaltigen«, »synthetische Einheit der Apperzeption«), schon zeitlich derart geordnet, dass sie sich abzählen lassen. Der Begriff einer extensiven Größe ist die »Einheit der Zusammensetzung des mannigfaltigen Gleichartigen«. Für Kant basiert die gesamte Arithmetik auf dem Zählen. Das ergibt das folgende Argument:

1. Es ist eine Bedingung der Möglichkeit objektiver Erfahrung, dass sich eine Person ihre verschiedenen Wahrnehmungen nacheinander bewusst machen muss.
2. Erfahrungsgegenstände als Inhalte bewusster Wahrnehmungen sind schon aufgrund der zeitlichen Reihenfolge, in der eine Person sich ihre Wahrnehmungen bewusst macht, so geordnet, dass sie sich abzählen lassen.
3. Auf Gegenstände, insofern sie sich abzählen lassen, sind die Sätze der Arithmetik anwendbar.
4. Die Größen der Arithmetik mit der Basisgröße »Anzahl« sind extensive Größen.
5. Der Grundsatz der Transzendentalphilosophie lautet: Bedingungen der Möglichkeit objektivierbarer Erfahrung, die auf unser Erkenntnisvermögen und seine Ausübung zurückgehen, sind Bedingungen der erfahrenen Gegenstände selber und werden von diesen Gegenständen in synthetischen Urteilen a priori behauptet.
6. Zählen, Rechnen usw. sind Ausübungen unseres Erkenntnisvermögens.

---

7. Also gilt das synthetische Urteil a priori: Gegenstände objektivierbarer Erfahrung müssen sich notwendigerweise durch extensive Größen mathematisieren lassen.

Das ist noch nicht das ganze Argument, denn Kant bezieht in seine Überlegungen ausdrücklich den Raum und die Geometrie mit ein. Ein Objekt der äußeren Wahrnehmung unterliegt schon aus definitorischen Gründen räumlichen Bestimmungen. Der Satz »Körper sind ausgedehnt« ist für Kant analytisch wahr. Da der Körper immer eine Form der Ausdehnung besitzt, die durch die Geometrie beschrieben wird, unterliegen Objekte äußerer Wahrnehmung geometrischen Bestimmungen. Ein äußeres Objekt ist immer auch räumlich gegenüber einer Umgebung und anderen Objekten abgegrenzt. Auch diese Abgrenzung gegenüber anderen Objekten ist geometrisch zu beschreiben. Das Argument für den geometrischen Teil des Prinzips der Axiome der Anschauung lässt sich daher so verstehen:

1. Eine Person macht notwendigerweise Erfahrungen von verschiedenen ausgedehnten Objekten.
2. Verschiedene äußere Objekte zu identifizieren schließt begrifflich notwendig ein, die Form ihrer räumlichen Ausdehnung zu bestimmen und sie räumlich gegeneinander abzugrenzen.
3. Die Formen der räumlichen Ausdehnung von Objekten und ihre Abgrenzungen gegeneinander zu bestimmen heißt, sie in eine topologische (Nachbarschaftsbeziehungen) und metrische (Abstände) Struktur einzuordnen.
4. Topologische und metrische Strukturen des Raumes sind Gegenstand der Geometrie.
5. Die Größen der Geometrie sind extensive Größen.
6. Der Grundsatz der Transzendentalphilosophie lautet: Bedingungen der Möglichkeit objektivierbarer Erfahrung, die auf unser Erkenntnisvermögen und seine Ausübung zurückgehen, sind Bedingungen der erfahrenen Gegenstände selber und werden von diesen Gegenständen in synthetischen Urteilen a priori behauptet.
7. Topologische und metrische Strukturen durch Anwendung der Geometrie zu bestimmen ist Ausübung unseres Erkenntnisvermögens.

8. Also gilt das synthetische Urteil a priori: Äußere Objekte objektivierbarer Erfahrung besitzen notwendigerweise eine geometrische Struktur und sind in diesem Sinne durch extensive Größen mathematisierbar.

Mathematisierbarkeit der Erfahrung II: Antizipationen der Wahrnehmung

Kant hält die relationale und die Substanzauffassung von Raum und Zeit nicht immer klar auseinander, vor allem in der »metaphysischen Erörterung« von Raum und Zeit stützt er sich mal auf die eine, mal auf die andere Theorie. Aber in einer Frage ist er eindeutig: Raum und Zeit an sich lassen sich nicht wahrnehmen oder anschauen. Wir nehmen immer etwas wahr, und dieses Etwas ist uns immer präsent und gegeben durch Empfindungen. Empfindungen stellen für Kant den »materiellen Inhalt« oder empirischen Gehalt unserer Wahrnehmungen dar. Das »Reale« oder Wirkliche identifiziert er mit dem durch Empfindungen Gegebenen und Präsenten.

> Was mit den materialen Bedingungen der Erfahrung (der Empfindung) zusammenhängt, ist w i r k l i c h.
> (B 266)

> Wahrnehmung ist das empirische Bewußtsein, d.i. ein solches, in welchem zugleich Empfindung ist. (B 207)

Alles, was in unseren Wahrnehmungen mit dem materiellen Gehalt, mit den Empfindungen zu tun hat, lässt sich nicht a priori vorwegnehmen oder »antizipieren«. Wir müssen abwarten, ob und bis sich eine Wahrnehmung mit den entsprechenden Empfindungen bei uns einstellt. Aber ganz richtig ist das aus Kants Sicht nicht:

> Da aber an den Erscheinungen etwas ist, was niemals a priori erkannt wird, und welches daher auch den ei-

> gentlichen Unterschied des Empirischen von dem Erkenntnis a priori aus|macht, nämlich die Empfindung (als Materie der Wahrnehmung), so folgt, daß diese es eigentlich sei, was gar nicht antizipiert werden kann. [...] Gesetzt aber, es finde sich doch etwas, was sich an jeder Empfindung, als Empfindung überhaupt, (ohne daß eine besondere gegeben sein mag,) a priori erkennen läßt; so würde dieses im ausnehmenden Verstande Antizipation genannt zu werden verdienen, weil es befremdlich scheint, der Erfahrung in demjenigen vorzugreifen, was gerade die Materie derselben angeht, die man nur aus ihr schöpfen kann. (B 208/209)

Was lässt sich an den Empfindungen als dem materiellen Inhalt unserer Erfahrungen gleichwohl vorwegnehmen oder »antizipieren«? Das »Prinzip der Antizipationen der Wahrnehmung« gibt die Antwort:

> In allen Erscheinungen hat das Reale, was ein Gegenstand der Empfindung ist, intensive Größe, d.i. einen Grad. (B 207)

»Temperatur« ist zum Beispiel eine *intensive Größe*: Schüttet man zwei Flüssigkeiten unterschiedlicher Temperatur zusammen, so hat die entstehende Flüssigkeit nicht die Summe der Temperaturen der einzelnen Flüssigkeiten, aus denen sie entstanden ist. Eine Flüssigkeitsmenge hat als Ganzes eine Temperatur, die sich nicht als Summe der Temperaturen ihrer Teile ergibt. Kant sieht zutreffend, dass zu den reinen Anschauungsformen Raum und Zeit noch die verschiedenen Empfindungen, wie z.B. laut/leise, hoch/tief, hart/weich, glatt/rau, hell/dunkel, rot/grün/blau/gelb usw. hinzukommen müssen, bevor eine Sinneswahrnehmung zustande gekommen ist. Diese verschiedenen Empfindungsqualitäten lassen sich in ihrer Intensität steigern oder mindern. Sie lassen sich so mindern, bis sie verschwunden sind und wir nichts mehr wahrnehmen. Deshalb lassen sich die verschiedenen Empfindungsqualitäten nach Kant auch durch intensive Größen quantifizieren. Er drückt das so aus:

> Nun nenne ich diejenige Größe, die nur als Einheit apprehendiert [in das empirische Bewusstsein aufgenommen, H. T.] wird, und in welcher die Vielheit nur durch Annäherung zur Negation = 0 vorgestellt werden kann, die intensive Größe. (B 210)

Auch für das »Prinzip der Antizipationen der Wahrnehmung« legt Kant einen Beweis vor:

> Wahrnehmung ist das empirische Bewußtsein, d. i. ein solches, in welchem zugleich Empfindung ist. Erscheinungen, als Gegenstände der Wahrnehmung, sind nicht reine (bloß formale) Anschauungen, wie Raum und Zeit (denn die können an sich gar nicht wahrgenommen werden). Sie enthalten also über die Anschauung noch die Materien zu irgend einem Objekte überhaupt (wodurch etwas Existierendes im Raume oder der Zeit vorgestellt wird), d. i. das Reale der Empfindung, als bloß subjektive Vorstellung, von der man sich nur bewußt werden kann, daß das Subjekt affiziert sei, und die man | auf ein Objekt überhaupt bezieht, in sich. Nun ist vom empirischen Bewußtsein zum reinen eine stufenartige Veränderung möglich, da das Reale desselben ganz verschwindet, und ein bloß formales Bewußtsein (a priori) des Mannigfaltigen im Raum und Zeit übrig bleibt: also auch eine Synthesis der Größenerzeugung einer Empfindung, von ihrem Anfange, der reinen Anschauung = 0, an, bis zu einer beliebigen Größe derselben. Da nun Empfindung an sich gar keine objektive Vorstellung ist, und in ihr weder Anschauung vom Raum, noch von der Zeit, angetroffen wird, so wird ihr zwar

> keine extensive, aber doch eine Größe (und zwar durch die Apprehension derselben, in welcher das empirische Bewußtsein in einer gewissen Zeit von nichts = 0 bis zu ihrem gegebenen Maße erwachsen kann), also eine i n t e n s i v e G r ö ß e zukommen, welcher korrespondierend allen Objekten der Wahrnehmung, so fern diese Empfindung enthält, i n t e n s i v e G r ö ß e, d.i. ein Grad des Einflusses auf den Sinn, beigelegt werden muß. (B 207/208)

Man kann das Argument auf folgende Weise rekonstruieren:

1. Jede empirische Wahrnehmung ist insoweit Wahrnehmung einer realen Erscheinung, als in ihr sinnliche Empfindungen präsent sind.
2. Sinnliche Empfindungen sind in ihrer Intensität kontinuierlich steigerungsfähig, von einem Intensitätszustand 0, wo nichts empfunden wird, zu immer intensiveren Empfindungen, ohne dass sich Empfindungen addieren lassen.
3. Was von einem Anfangszustand kontinuierlich zu anderen Zuständen gesteigert werden kann, ohne sich addieren zu lassen, lässt sich nur durch eine intensive Größe quantifizieren.
4. Der Grundsatz der Transzendentalphilosophie lautet: Bedingungen der Möglichkeit objektivierbarer Erfahrung, die auf unser Erkenntnisvermögen und seine Ausübung zurückgehen, sind Bedingungen der erfahrenen Gegenstände selber und werden von diesen Gegenständen in synthetischen Urteilen a priori behauptet.
5. Das Quantifizieren von Zuständen durch intensive Größen ist Ausübung unseres Erkenntnisvermögens.

---

6. Also gilt das synthetische Urteil a priori: Das Reale an den Erscheinungen als Inhalte einer objektivierbaren Erfahrung lässt sich durch intensive Größen, aber auch nur durch solche quantifizieren.

Analogien der Erfahrung I: Das Prinzip der Analogien

Wir kommen nun zu den wichtigsten »Grundsätzen des reines Verstandes«, den »Analogien der Erfahrung«. Zu Beginn formuliert Kant deren grundlegendes »Prinzip«.

> Das Prinzip derselben ist: Erfahrung ist nur durch die Vorstellung einer notwendigen Verknüpfung der Wahrnehmungen möglich. (B 218)

Wieder stoßen wir auf das große Thema der kantischen Erfahrungstheorie: die »Synthesis der Anschauungsmannigfaltigkeit«. Was wir bisher über diese erfahren haben, können wir so zusammenfassen: Ein Wahrnehmungsinhalt *W* ist nur dann Inhalt einer objektiven Erfahrungserkenntnis, wenn *W* mit anderen Wahrnehmungsinhalten zur Erfahrung ein und derselben Person von ein und derselben intersubjektiven Erfahrungswelt verbunden ist. Wir wissen längst, dass die verschiedenen Wahrnehmungsinhalte nicht zuletzt über ihre zeitlichen Verknüpfungen objektive Bestandteile der einen Erfahrungswelt werden. Ereignisse (Veränderungen) in der Welt finden gleichzeitig oder nacheinander statt. Manche Zustände (Sachverhalte) verändern sich über lange Zeit nicht oder vielleicht sogar nie, sie »beharren«. Kant spricht von den »drei Modi der Zeit«:

> Die drei modi der Zeit sind Beharrlichkeit, Folge und Zugleichsein. (B 219)

Wenn Sachverhalte gleichzeitig oder nacheinander wahrgenommen werden, sind es erst einmal die Wahrnehmungsakte, die gleichzeitig oder nacheinander vollzogen werden. Die zeitlichen Verhältnisse zwischen den Wahrnehmungsakten sind Tätigkeiten einer einzelnen Person und fallen von Person zu Person unterschiedlich aus. Die objektiven zeitlichen Verhältnisse der Wahrnehmungsinhalte müssen nicht unbedingt mit den subjektiven zeitlichen Verhältnissen der Wahrnehmungsakte identisch sein. Ich kann zuerst die Vorderfront, dann die Rückseite eines Hauses betrachten oder umgekehrt, aber die Vorderfront des Hauses existiert gleichzeitig mit seiner Rückseite. Trotzdem können wir uns nur auf die zeitlichen Verhältnisse der Wahrnehmungsakte stützen, um ihnen die objektiven zeitlichen Verhältnisse des Wahrgenommenen zu entnehmen. Damit stehen wir vor einer entscheidenden Frage: *Wie verhalten sich die objektiven zeitlichen Verhältnisse des Wahrgenommenen zu den subjektiven zeitlichen Verhältnissen der Wahrnehmungsakte?* Es ist diese Frage, die Kant im Abschnitt über die Analogien der Erfahrung beschäftigt.

Diese Frage macht Kants Rede von »Analogien« verständlich. Das Wort »Analogie« bedeutet von seinem griechischen Worturspung her so viel wie »Verhältnis«. Bei Aristoteles sind »Analogien« das, was wir in der Mathematik auch als Proportionen kennen: *x* verhält sich zu *y* wie *v* zu *w*. Kant knüpft in seinen Erläuterungen zum Ausdruck »Analogie« ausdrücklich daran an. Aber er hat nicht quantitative Zahlenverhältnisse vor Augen, sondern zeitliche Verhältnisse. Analogien der Erfahrung handeln davon, wie sich die zeitlichen Beziehungen des Wahrgenommenen zu den zeitlichen Beziehungen der Wahrnehmungsakte verhalten.

Das »Prinzip der Analogien der Erfahrung« lautet: »Erfahrung ist nur durch die Vorstellung einer notwendigen Verknüpfung der Wahrnehmungen möglich.« Zu verknüpfen sind die zeitlichen Verhältnisse des Wahrgenommenen mit den zeitlichen Verhältnissen der Wahrnehmungsakte. Diese Verknüpfungen sollen nach dem »Prinzip der Analogien der Erfahrung« notwendig sein, was bei Kant bedeutet, dass sie auf apriorischen Regeln basieren. Diese Regeln gehören somit zu den Bedingungen der

Möglichkeit von Erfahrung und werden in synthetischen Urteilen a priori dargestellt. Das »Prinzip der Analogien der Erfahrung« lässt sich daher auch so ausdrücken: *Erfahrung ist nur durch Regeln a priori möglich, die die zeitlichen Verhältnisse der Wahrnehmungsinhalte aus den zeitlichen Verhältnissen der Wahrnehmungsakte bestimmen.* Kants Beweis für dieses Prinzip lautet:

> Erfahrung ist ein empirisches Erkenntnis, d.i. ein Erkenntnis, das durch Wahrnehmungen ein Objekt bestimmt. Sie ist also eine Synthesis der Wahrnehmungen, die selbst nicht in der Wahrnehmung enthalten ist, sondern die synthetische Mannigfaltigkeit derselben in einem Bewußtsein enthält, welche das Wesentliche einer Erkenntnis der Objekte der Sinne, d.i. der Erfahrung (nicht | bloß der Anschauung oder Empfindung der Sinne) ausmacht. Nun kommen zwar in der Erfahrung die Wahrnehmungen nur zufälliger Weise zu einander, so daß keine Notwendigkeit ihrer Verknüpfung aus den Wahrnehmungen selbst erhellet, noch erhellen kann, weil Apprehension nur eine Zusammenstellung des Mannigfaltigen der empirischen Anschauung, aber keine Vorstellung von der Notwendigkeit der verbundenen Existenz der Erscheinungen, die sie zusammenstellt, im Raum und Zeit in derselben angetroffen wird. Da aber Erfahrung ein Erkenntnis der Objekte durch Wahrnehmungen ist, folglich das Verhältnis im Dasein des Mannigfaltigen, nicht wie es in der Zeit zusammengestellt wird, sondern wie es objektiv in der Zeit ist, in ihr vorgestellt werden soll, die Zeit selbst aber nicht wahrgenommen werden kann, so kann die Bestimmung der Existenz der Objekte in der Zeit nur durch ihre Verbindung in der Zeit überhaupt, mithin nur durch a priori verknüpfende Begriffe, geschehen. Da

> diese nun jederzeit zugleich Notwendigkeit bei sich führen, so ist Erfahrung nur durch eine Vorstellung der notwendigen Verknüpfung der Wahrnehmungen möglich. (B 218/219)

Kants Argument lässt sich in folgender Weise zusammenfassen:

1. Als objektive Erfahrungsinhalte stehen die Wahrnehmungsinhalte in objektiven zeitlichen Beziehungen der Beharrlichkeit, der Gleichzeitigkeit und der zeitlichen Aufeinanderfolge.
2. Die objektiven Zeitverhältnisse der Erfahrungsobjekte können nur aus den subjektiven, zeitlich aufeinander folgenden Wahrnehmungsakten nach Regeln bestimmt werden.

---

3. Also muss es Regeln geben, wie sich die Zeitverhältnisse der subjektiven Wahrnehmungsakte zu den objektiven Zeitverhältnissen des Wahrgenommenen verhalten.
4. Diese Regeln lassen sich klarerweise nicht wiederum den subjektiven Zeitverhältnissen der Wahrnehmungsakte entnehmen.
5. Was weder den Wahrnehmungsinhalten noch den Zeitverhältnissen der Wahrnehmungsakte entnommen werden kann, muss durch das Erfahrungssubjekt selber gesetzt sein.

---

6. Also müssen Regeln, wie sich die Zeitverhältnisse der subjektiven Wahrnehmungsakte zu den objektiven Zeitverhältnissen des Wahrgenommenen verhalten, von uns selber gesetzt werden.
7. Wenn wir Regeln setzen, um bestimmte objektive Erfahrungen zu machen, üben wir unseren Verstand aus und stellen somit transzendentale Bedingungen der Möglichkeit von Erfahrungen her.
8. Der Grundsatz der Transzendentalphilosophie lautet:

Bedingungen der Möglichkeit objektivierbarer Erfahrung, die auf unser Erkenntnisvermögen und seine Ausübung zurückgehen, sind Bedingungen der erfahrenen Gegenstände selber und werden von diesen Gegenständen in synthetischen Urteilen a priori behauptet.

---

9. Also gilt das synthetische Urteil a priori: Die Inhalte objektivierbarer Erfahrung stehen unter notwendigen Regeln a priori, wie sich die objektiven zeitlichen Verhältnisse des Wahrgenommenen zu den zunächst bloß subjektiven zeitlichen Verhältnissen der Wahrnehmungsakte verhalten.

Analogien der Erfahrung II: Der Substanzerhaltungssatz

Substanzen können für sich existieren. So ist dieser Begriff, der zu den wichtigsten metaphysischen Grundbegriffen überhaupt gehört, immer wieder bestimmt worden. Wir kommen noch darauf zurück, ob man Einzeldinge als Substanzen auffassen darf, vor allem dann, wenn man an Kants Verwendung des Substanzbegriffs denkt. Aber mit Sicherheit sind Einzeldinge zumindest Modelle für das, was in der traditionellen Metaphysik »Substanz« genannt wurde. Ein Einzelding ist zum Beispiel mein Auto. Solange es existiert, hat es wechselnde Eigenschaften: Mal steht es hier, mal dort, manchmal hat es einen vollen, das andere Mal einen leeren Tank, es bekommt Beulen, ich kann es in eine andere Farbe umspritzen lassen usw. Es ist und bleibt dabei immer noch mein Auto. Doch seine Farbe, seine Beulen und so weiter existieren nicht für sich. Sie gibt es nur als Eigenschaften meines Autos. Mein Auto ist Träger (Substanz) wechselnder Eigenschaften und Zustände (Akzidentien) und bleibt bei all diesem Wechsel seiner Eigenschaften immer dasselbe Auto.

Kant formuliert die erste Analogie der Erfahrung als »Grundsatz der Beharrlichkeit der Substanz«:

> *Bei allem Wechsel der Erscheinungen beharret die Substanz, und das Quantum derselben wird in der Natur weder vermehrt noch vermindert.* (B 224)

Er legt auch einen Beweis für den Substanzerhaltungssatz vor:

> Alle Erscheinungen sind in der Zeit, in welcher, als Substrat, (als beharrlicher Form der inneren Anschauung,) das *Zugleichsein* sowohl als die Folge allein vorgestellt werden kann. Die Zeit also in der aller | Wechsel der Erscheinungen gedacht werden soll, bleibt und wechselt nicht; weil sie dasjenige ist, in welchem das Nacheinander- oder Zugleichsein nur als Bestimmungen derselben vorgestellt werden können. Nun kann die Zeit für sich nicht wahrgenommen werden. Folglich muß in den Gegenständen der Wahrnehmung, d. i. den Erscheinungen, das Substrat anzutreffen sein, welches die Zeit überhaupt vorstellt, und an dem aller Wechsel oder Zugleichsein durch das Verhältnis der Erscheinungen zu demselben in der Apprehension wahrgenommen werden kann. Es ist aber das Substrat alles Realen, d. i. zur Existenz der Dinge Gehörigen, die *Substanz*, an welcher alles, was zum Dasein gehört, nur als Bestimmung kann gedacht werden. Folglich ist das Beharrliche, womit in Verhältnis alle Zeitverhältnisse der Erscheinungen allein bestimmt werden können, die Substanz in der Erscheinung, d. i. das Reale derselben, was als Substrat alles Wechsels immer dasselbe bleibt. Da diese also im Dasein nicht wechseln kann, so kann ihr Quantum in der Natur auch weder vermehrt noch vermindert werden. (B 224/225)

Hält man sich eng an den Text dieses Beweises, muss man das Argument wohl in folgender Weise verstehen:

1. Die Dinge ändern sich in der Zeit. Änderungen müssen relativ zur Zeit konstatiert und wahrgenommen werden.
2. Aber die Zeit ist immer dieselbe; sie bleibt gleich.
3. Die Zeit ist selber nicht wahrnehmbar.

---

4. Also muss die bei allen Veränderungen gleich bleibende Zeit durch etwas Unveränderliches repräsentiert werden, das wahrgenommen werden kann.
5. Nur die Substanz ist der selber unveränderliche Träger aller Veränderungen in der empirischen Welt.

---

6. Also müssen alle Veränderungen relativ zur Substanz, die sich selber nicht verändert, konstatiert werden.

Eigentümlich an Kants Überlegungen ist vor allem der Satz:

> Die Zeit also in der aller Wechsel der Erscheinungen gedacht werden soll, bleibt und wechselt nicht; weil sie dasjenige ist, in welchem das Nacheinander- oder Zugleichsein nur als Bestimmungen derselben vorgestellt werden können.

Was aber soll das bedeuten, dass die Zeit bei allen Veränderungen »bleibt und nicht wechselt«? Nur im folgenden Sinne ist das richtig: Zwei beliebige Ereignisse lassen sich immer zeitlich aufeinander beziehen; entweder finden sie gleichzeitig oder nacheinander statt. Es gibt zum Beispiel nicht zwei Klassen K_1 und K_2 von Ereignissen, sodass zwei Ereignisse aus derselben Klasse daraufhin beurteilt werden können, ob sie gleichzeitig oder nacheinander geschehen, während ein solcher Zeitvergleich für ein Ereignis aus K_1 mit einem Ereignis aus K_2 unmöglich ist. Die empirische Welt zerfiele dann nämlich in zwei unabhängige Zeitreihen (Zeiten), und die Einheit der Erfahrungswelt wäre von Grund auf zerstört. Doch Einheitlichkeit der Zeit im eben erläuterten Sinne rechtfertigt nicht Kants eigentümliche Überlegung zur »Beharrlichkeit der Substanz«.

Kant betont immer wieder, dass wir Veränderungen in der Zeit wahrnehmen, die Zeit selber jedoch nicht. Freilich, eigentlich sollte er sagen: Zeit nehmen wir nur über Veränderungen wahr. Dass und ob Zeit vergeht, merken wir nur daran, dass sich Dinge in der Welt verändern. Ob Zeit und Veränderungen voneinander unterschieden werden können, ist eine philosophisch verwickelte Frage. Wir müssen sie hier nicht erörtern. Alles jedoch spricht für die Tatsache, dass Wahrnehmung von Zeit und Wahrnehmung von Veränderungen zusammenfallen. Zum Begriff der Veränderung bemerkt Kant im Abschnitt über die erste Analogie der Erfahrung vollkommen zutreffend:

> Auf dieser Beharrlichkeit gründet sich nun auch die Berichtigung des Begriffs von Veränderung. Entstehen und Vergehen sind nicht Veränderungen desjenigen, was entsteht oder vergeht. Veränderung ist eine Art zu existieren, welche auf eine andere Art zu existieren eben desselben Gegenstandes erfolget. Daher ist alles, was sich verändert, bleibend, und nur sein Zustand wechselt. Da dieser Wechsel also nur die Bestimmungen trifft, die aufhören oder auch anheben können; so können wir, in einem etwas paradox scheinenden Ausdruck, sagen: nur das Beharrliche (die Substanz) wird verän|dert, das Wandelbare erleidet keine Veränderung, sondern einen Wechsel, da einige Bestimmungen aufhören, und andre anheben. Veränderung kann daher nur an Substanzen wahrgenommen werden [...]. (B 230/231)

Und noch deutlicher heißt es zu Beginn des Abschnitts zur zweiten Analogie:

> Aller Wechsel (Sukzession) der Erscheinungen ist nur Veränderung; denn Entstehen oder Vergehen der Substanz sind keine Veränderungen derselben, weil der Begriff der Veränderung eben dasselbe Subjekt mit zwei entgegengesetzten Bestimmungen als existierend, mithin als beharrend, voraussetzt. (B 233)

Damit verweist Kant auf folgenden Sachverhalt: Angenommen, jemand behauptet, dass eine Veränderung stattgefunden habe von einer Eigenschaft E_1 zu einer Eigenschaft E_2. Wenn sich jedoch herausstellt, dass die Eigenschaften E_1 und E_2 jeweils verschiedenen raum-zeitlichen Einzeldingen zukommen, wäre das ein Einwand dagegen, überhaupt von »Veränderung« zu sprechen. Unserer Rede von »Veränderung« liegt die logische Struktur zugrunde, dass ein und demselben Einzelobjekt nacheinander verschiedene, sich ausschließende Eigenschaften zukommen: »Veränderung ist Verbindung kontradiktorisch einander entgegengesetzter Bestimmungen im Dasein ein und desselben Dinges« (B 291).

Von »Veränderungen« kann ohne Bezugnahme auf einen identischen Träger (Substanz) für die sich verändernden Eigenschaften nicht geredet werden, Veränderungen können nur als Veränderungen an ein und demselben Träger (Substanz) wahrgenommen werden.

Mit diesen Überlegungen lässt sich Kants Beweis für die erste Analogie der Erfahrung in folgender Weise reformulieren:

1. Von »Veränderung« sprechen wir nur dann, wenn sich etwas in seinen Eigenschaften verändert, d. h., Veränderungen haben immer die Form, dass ein und dasselbe Ding zuerst eine Eigenschaft *E*, später eine *E* ausschließende andere Eigenschaft besitzt.

---

2. Also müssen wir uns mit unseren Begriffen auf ein Einzelding, das bei allem Wechsel ein und dasselbe bleibt

und an dem sich die Veränderung als Veränderung seiner Eigenschaften oder Zustände vollzieht, beziehen, wenn wir uns auf Veränderungen beziehen.
3. Alles, was wir erfahren, unterliegt zeitlichen Bestimmungen.
4. Wir können Zeit nicht an sich wahrnehmen, vielmehr ist die Wahrnehmung von Zeit dasselbe wie die Wahrnehmung von materiellen Veränderungen.

---

5. Also müssen wir uns bei jeder Erfahrung eines zeitlich bestimmten Objekts immer auch auf ein Einzelding beziehen, das ein und dasselbe bleibt und an dem sich eine Veränderung als Veränderung seiner Eigenschaften oder Zustände vollzieht.
6. Der Grundsatz der Transzendentalphilosophie lautet: Bedingungen der Möglichkeit objektivierbarer Erfahrung, die auf unser Erkenntnisvermögen und seine Ausübung zurückgehen, sind Bedingungen der erfahrenen Gegenstände selber und werden von diesen Gegenständen in synthetischen Urteilen a priori behauptet.

---

7. Also gilt das synthetische Urteil a priori: In jeder objektiven Erfahrung gibt es etwas, das bei allen Veränderungen unverändert ein und dasselbe bleibt und an dem sich Veränderungen als Veränderungen seiner Eigenschaften oder Zustände vollzieht.

Was jedoch liegt allen Veränderungen als identischer Träger zugrunde? Naheliegend ist die Antwort: Es sind raum-zeitliche Einzeldinge. Diese Antwort ist sachlich allemal zu rechtfertigen. Natürlich, Einzeldinge entstehen und vergehen. Sie existieren nicht ewig. Trotzdem reicht es, um von Veränderungen reden und sie wahrnehmen zu können, dass sie hinreichend lange existieren und sich ihre »Lebensspannen« geeignet überschneiden. Doch Kant scheint ewige Dauer im Sinn zu haben. Auch spricht er in der ersten »Analogie der Erfahrung« nicht im Plural von »Substanzen«, sondern im Singular von »der Substanz«. Wie das folgende Zitat zeigt, denkt er ausdrücklich an die Materie und an den physikalischen Satz von der Erhaltung der Materie:

> Ein Philosoph wurde gefragt: wie viel wiegt der Rauch? Er antwortete: ziehe von dem Gewicht des verbrannten Holzes das Gewicht der übrigbleibenden Asche ab, so hast du das Gewicht des Rauchs. Er setzte also als unwidersprechlich voraus: daß, selbst im Feuer, die Materie (Substanz) nicht vergehe, sondern nur die Form derselben eine Abänderung erleide.
> (B 228)

Wir kommen auf die angemessene Lesart der ersten Analogie zurück (vgl. S. 168ff.).

Analogien der Erfahrung III: Das Kausalprinzip

Die zweite Analogie der Erfahrung ist die berühmteste der drei Analogien. Kant betitelt sie mit »Grundsatz der Zeitfolge nach dem Gesetz der Kausalität«.

> Alle Veränderungen geschehen nach dem Gesetze der Verknüpfung der Ursache und Wirkung. (B 232)

In der A-Auflage formuliert Kant deutlicher:

> Alles, was geschicht (anhebt zu sein), setzt etwas voraus, worauf es nach einer Regel folgt. (A 189)

Wir können an unsere Rekonstruktion für die Schematisierung der Kategorie Ursache/Wirkung aus dem Abschnitt zu Kants Schematismuslehre (vgl. S. 128) direkt anknüpfen und das Gesetz der Kausalität moderner ausdrücken: Zu jedem Ereignis *W* gibt es ein zeitlich vorausliegendes Ereignis *U* und ein empirisch adäquates Gesetz (Naturgesetz) *G*, sodass aus einer Beschreibung von *U* mit Hilfe einer das Gesetz *G* beschreibenden Gesetzesaussage eine Beschreibung von *W* logisch folgt. *U* heißt dann das »verursachende« Ereignis oder kurz die »Ursache«, *W* das »verursachte« oder »bewirkte« Ereignis oder kurz die »Wirkung«.

Um Kants Beweis für das Kausalprinzip nachzuvollziehen, müssen wir zunächst den Begriff »Einzelding« genauer betrachten. Ein Haus ist ein solches Einzelding. Ich kann es mir zu verschiedenen Zeiten anschauen; ich kann seine Vorder- und seine Rückseite zwar nicht gleichzeitig, aber nacheinander wahrnehmen; ich kann es aus der Nähe und aus der Ferne betrachten, bei Tag oder bei Nacht, bei Sonnenschein oder Regen, von außen oder von innen. Das bestätigt nur noch einmal: *Wir fassen ganz viele verschiedene teils gleichzeitige, teils aufeinanderfolgende Wahrnehmungen zu Wahrnehmungen gleicher oder verschiedener Zustände ein und desselben Objekts zusammen.* Aus der Perspektive unserer Wahrnehmung ist jedes Einzelobjekt mit seinen verschiedenen Zuständen die »synthetische Einheit einer Mannigfaltigkeit von Wahrnehmungen«, um es erneut in Kants Terminologie zu sagen.

Nun nehmen wir Zustände ein und desselben Objekts teils gleichzeitig, teils nacheinander wahr. Die Wahrnehmungsakte, durch die sie »Inhalt meines Bewusstseins« werden, nennt Kant »Apprehension«. Doch die zeitliche Reihenfolge der Apprehension ist nicht identisch mit der zeitlichen Reihenfolge der Zustände des Objektes selber, wie das Beispiel vom Haus schon illustriert hat. Kant vergleicht die Wahrnehmungen eines Hauses mit der Beobachtung eines Schiffes:

> Ich sehe z. B. ein Schiff den Strom hinab treiben. Meine Wahrnehmung seiner Stelle unterhalb, folgt auf die

> Wahrnehmung der Stelle desselben oberhalb dem Laufe des Flusses, und es ist unmöglich, daß in der Apprehension dieser Erscheinung das Schiff zuerst unterhalb, nachher aber oberhalb des Stromes wahrgenommen werden sollte. Die Ordnung in der Folge der Wahrnehmungen in der Apprehension ist hier also bestimmt, und an dieselbe ist die letztere gebunden. In dem vorigen Beispiele von einem Hause konnten meine Wahrnehmungen in der Apprehension von der Spitze desselben anfangen, und beim Boden endigen, aber auch | von unten anfangen, und oben endigen, imgleichen rechts oder links das Mannigfaltige der empirischen Anschauung apprehendieren. In der Reihe dieser Wahrnehmungen war also keine bestimmte Ordnung, welche es notwendig machte, wenn ich in der Apprehension anfangen müßte, um das Mannigfaltige empirisch zu verbinden. (B 237/238)

Damit sind wir bei dem Problem angelangt, das Kant insgesamt in dem Abschnitt über die »Analogien der Erfahrung« beschäftigt und das er dort lösen will. Wir müssen unterscheiden zwischen der zeitlichen Ordnung der bewussten Wahrnehmungsakte und der zeitlichen Ordnung des wahrgenommenen Objekts. Wir müssen die zeitliche Ordnung des Wahrgenommenen aus der zeitlichen Ordnung der Wahrnehmungsakte nach Regeln bestimmen. Kant stellt fest:

> Ich werde also [...] die subjektive Folge der Apprehension von der objektiven Folge der Erscheinungen ableiten müssen, weil jene sonst gänzlich unbestimmt ist, und keine Erscheinung von der andern unterscheidet. (B 238)

Bisher haben wir nur an die Wahrnehmungen einer einzelnen Person gedacht. Aber das Problem ist nicht zu trennen von dem Problem intersubjektiver Erfahrungen.

Die subjektiven Wahrnehmungen einer einzelnen Person sind zu objektivieren. Von einer »Objektivierung« einer subjektiven Wahrnehmung kann aber nur dann die Rede sein, wenn auch andere Personen dasselbe wahrnehmen können, jedenfalls im Prinzip. Dass eine Person dasselbe wahrnimmt wie eine andere Person, bedeutet im strengsten Fall: Beide Personen nehmen dasselbe Objekt *O* in demselben Zustand *Z* wahr. Aber sie tun das über verschiedene Wahrnehmungsakte, und diese Akte müssen nicht gleichzeitig, sie können auch zeitlich nacheinander vollzogen werden. Deshalb gehören zum Begriff eines Objekts und seiner Zustände Regeln, die festlegen, ob ein Zustand *Z* desselben Objekts *O* so lange anhält, dass er in einer gewissen Zeitspanne mehrere Male zeitlich hintereinander wahrgenommen werden kann oder nicht. Wenn eine Person P_2 die Wahrnehmung einer anderen Person P_1 nicht mehr direkt wiederholen kann, muss es ihr zumindest möglich sein, die Wahrnehmung von P_1 indirekt zu bestätigen, zum Beispiel dadurch, dass P_2 weiß, dass auf einen Zustand der Art *Z* stets ein Zustand der Art *Z'* zeitlich folgt und sie noch Gelegenheit hat, wenigstens *Z'* wahrzunehmen. Und sollte das Einzelding *O* inzwischen überhaupt nicht mehr vorhanden sein, so sollte das Verschwinden von *O* zumindest an einem anderen Objekt Spuren hinterlassen haben, die P_2 noch beobachten kann, um so wenigstens indirekt die ursprüngliche Wahrnehmung der Person P_1 zu bestätigen.

Wir sehen jetzt: Der Begriff eines Einzelobjekts einer bestimmten Art (z. B. eines einzelnen Hauses oder eines einzelnen Schiffes) schließt immer auch Regeln darüber ein,

- welche Zustände das Objekt überhaupt annehmen kann,
- in welchen Zuständen es sich gleichzeitig befinden,

- in welche Zustände es in welcher Reihenfolge nur zeitlich nacheinander eintreten kann.

Diesen Zeitverhältnissen für die Zustände eines Objekts entsprechen Regeln darüber,

- welche Zustände des Objekts gleichzeitig,
- welche Zustände nacheinander in beliebiger Reihenfolge und
- welche Zustände nur nacheinander in einer nicht umkehrbaren Reihenfolge wahrgenommen werden können.

Kants Beispiele vom Haus und vom Schiff illustrieren diesen fundamentalen Sachverhalt.
Diese Überlegungen zum Begriff des Einzelobjekts und zum Unterschied zwischen subjektiven Zeitverhältnissen der Wahrnehmungshandlungen und der objektiven Zeitverhältnisse der wahrgenommenen Objekte sollte man präsent haben, wenn man Kants nachstehenden Beweis für das Kausalprinzip nachvollziehen will.

> Ich nehme wahr, daß Erscheinungen auf einander folgen, d. i. daß ein Zustand der Dinge zu einer Zeit ist, dessen Gegenteil im vorigen Zustande war. Ich verknüpfe also eigentlich zwei Wahrnehmungen in der Zeit. Nun ist Verknüpfung kein Werk des bloßen Sinnes und der Anschauung, sondern hier das Produkt eines synthetischen Vermögens der Einbildungskraft, die den inneren Sinn in Ansehung des Zeitverhältnisses bestimmt. Diese kann aber gedachte zwei Zustände auf zweierlei Art verbinden, so, daß der eine oder der andere in der Zeit vorausgehe; denn die Zeit kann an sich selbst nicht wahrgenommen, und in Beziehung auf sie gleichsam empirisch, was vorhergehe und was folge, am Objekte bestimmt werden. Ich bin mir also nur bewußt, daß meine Imagination eines vorher, das andere nachher setze, nicht daß im Objekte der

> eine Zustand vor dem anderen vorhergehe, oder, mit anderen Worten, es bleibt | durch die bloße Wahrnehmung das objektive Verhältnis der einanderfolgenden Erscheinungen unbestimmt. Damit dieses nun als bestimmt erkannt werde, muß das Verhältnis zwischen den beiden Zuständen so gedacht werden, daß dadurch als notwendig bestimmt wird, welcher derselben vorher, welcher nachher und nicht umgekehrt müsse gesetzt werden. Der Begriff aber, der eine Notwendigkeit der synthetischen Einheit bei sich führt, kann nur ein reiner Verstandesbegriff sein, der nicht in der Wahrnehmung liegt, und das ist hier der Begriff des Verhältnisses der Ursache und Wirkung, wovon die erstere die letztere in der Zeit, als die Folge, und nicht als etwas, was bloß in der Einbildung vorhergehen [...] könnte, bestimmt. Also ist nur dadurch, daß wir die Folge der Erscheinungen, mithin alle Veränderung dem Gesetze der Kausalität unterwerfen, selbst Erfahrung d.i. empirisches Erkenntnis von denselben möglich; mithin sind sie selbst, als Gegenstände der Erfahrung, nur nach eben dem Gesetze möglich. (B 233/234)

Das Argument lässt sich folgendermaßen lesen:

1. Um Wahrnehmungen zu objektivieren, müssen sie auf Objekte und deren Zustände so bezogen werden, dass unterschieden wird zwischen der bloß subjektiven zeitlichen Reihenfolge, in der Zustände eines Objekts nacheinander wahrgenommen werden, und der objektiven, d. h. der im Objekt begründeten zeitlichen Reihenfolge.
2. Unterschieden wird zwischen der bloß subjektiven und der objektiven zeitlichen Reihenfolge der Wahrnehmungen anhand des Kriteriums, bei welchen Wahrnehmungen sich ihre zeitliche Reihenfolge vertauschen lässt und bei welchen nicht.

3. Dass sich die zeitliche Reihenfolge der Wahrnehmung zweier Zustände Z_1 und Z_2, nicht vertauschen lässt, kann man nur anhand eines Gesetzes beurteilen, wonach auf einen wahrnehmbaren Zustand des Typs Z_1 stets ein wahrnehmbarer Zustand des Typs Z_2 folgt, aber nicht umgekehrt.
4. Gesetze dieser Art sind kausale Gesetze, wonach Z_1 die Ursache von Z_2 ist.

---

5. Also sind Wahrnehmungsinhalte, um sie zu objektivieren, unter kausale Gesetze zu subsumieren.
6. Der Grundsatz der Transzendentalphilosophie lautet: Bedingungen der Möglichkeit objektivierbarer Erfahrung, die auf unser Erkenntnisvermögen und seine Ausübung zurückgehen, sind Bedingungen der erfahrenen Gegenstände selber und werden von diesen Gegenständen in synthetischen Urteilen a priori behauptet.
7. Wahrnehmungen unter Gesetze zu subsumieren, ist eine Ausübung unseres Erkenntnisvermögens.

---

8. Also gilt das synthetische Urteil a priori: Alle Einzelobjekte und ihre Zustandsänderungen stehen als Gegenstände objektivierter Erfahrungen unter kausalen Gesetzen.

Die Prämisse 3 ist problematisch. Sie behauptet mehr, als man eigentlich behaupten muss, um eine zeitliche Reihenfolge von Wahrnehmungsakten zu objektivieren. Eigentlich reicht die Behauptung aus: Wenn die zeitliche Reihenfolge, in der Zustände Z_1 und Z_2 eines Objekts nacheinander wahrgenommen werden können, nicht vertauscht werden kann, muss es eine Regel geben, wonach die Wahrnehmung einer Eigenschaft vom Typ Z_2 stets nur auf die Wahrnehmung einer Eigenschaft vom Typ Z_1 zeitlich folgt. Aber auf diese schwächere Formulierung ließe sich die Definition der Kausalgesetze nicht anwenden und

der Schluss auf Konklusion 5 nicht ziehen. Das ist eine Schwachstelle von Kants Beweis.
Kant behauptet mit diesem Argument nicht, dass spezielle Naturgesetze wie etwa das Fallgesetz synthetische Urteile a priori sind. Solche speziellen Gesetze sind auch nach Kant empirisch. Er behauptet nur, dass es überhaupt kausale Gesetze geben muss, unter die Gegenstände möglicher Erfahrung notwendigerweise fallen.

Analogien der Erfahrung IV: Das Prinzip der Wechselwirkung

Kants dritte Analogie der Erfahrung ist der »Grundsatz des Zugleichseins, nach dem Gesetze der Wechselwirkung, oder Gemeinschaft«:

> Alle Substanzen, so fern sie im Raume als zugleich wahrgenommen werden können, sind in durchgängiger Wechselwirkung.
>
> (B 256)

Es ist auffällig, dass Kant im Gegensatz zur ersten Analogie ausdrücklich im Plural von »Substanzen« redet. Im nachfolgenden Beweis redet er anschließend von »verschiedenen Dingen« und führt als Beispiel Mond und Erde an. Beides zusammengenommen spricht nun auch textimmanent dafür, dass Kant mit seiner Rede von »Substanzen« tatsächlich raum-zeitliche materielle Einzeldinge vor Augen hat. Von der Sache her betrachtet ist diese Lesart sowieso die näherliegende. Kant beweist den Grundsatz der Wechselwirkung zwischen gleichzeitig existierenden Substanzen in folgender Weise:

> Zugleich sind Dinge, wenn in der empirischen Anschauung die Wahrnehmung des einen auf die Wahrneh|mung des anderen wechselseitig folgen kann

[...]. So kann ich meine Wahrnehmung zuerst am Monde, und nachher an der Erde, oder auch umgekehrt zuerst an der Erde und dann am Monde anstellen, und darum, weil die Wahrnehmungen dieser Gegenstände einander wechselseitig folgen können, sage ich, sie existieren zugleich. Nun ist das Zugleichsein die Existenz des Mannigfaltigen in derselben Zeit. Man kann aber die Zeit selbst nicht wahrnehmen, um daraus, daß Dinge in derselben Zeit gesetzt sind, abzunehmen, daß die Wahrnehmungen derselben einander wechselseitig folgen können. Die Synthesis der Einbildungskraft in der Apprehension würde also nur eine jede dieser Wahrnehmungen als eine solche angeben, die im Subjekte da ist, wenn die andere nicht ist, und wechselsweise, nicht aber daß die Objekte zugleich seien, d. i., wenn das eine ist, das andere auch in derselben Zeit sei, und daß dieses notwendig sei, damit die Wahrnehmungen wechselseitig auf einander folgen können. Folglich wird ein Verstandesbegriff von der wechselseitigen Folge der Bestimmungen dieser außer einander zugleich existierenden Dinge erfordert, um zu sagen, daß die wechselseitige Folge der Wahrnehmungen im Objekte gegründet sei, und das Zugleichsein dadurch als objektiv vorzustellen. Nun ist aber das Verhältnis der Substanzen, in welchem die eine Bestimmungen ent|hält, wovon der Grund in der anderen enthalten ist, das Verhältnis des Einflusses, und, wenn wechselseitig dieses den Grund der Bestimmungen in dem anderen enthält, das Verhältnis der Gemeinschaft oder Wechselwirkung. Also kann das Zugleichsein der Substanzen im Raume nicht anders in der Erfahrung erkannt werden, als unter Voraussetzung einer Wechselwirkung derselben untereinander; diese ist also auch die Bedingung der Möglichkeit der Dinge selbst als Gegenstände der Erfahrung. (B 256–258)

Große Rätsel gibt diese Herleitung nicht auf:

1. Um Wahrnehmungen zu objektivieren, muss zur zeitlichen Abfolge subjektiver Wahrnehmungen und ihrer Umkehrbarkeit etwas hinzukommen, das den Übergang von der subjektiven Wahrnehmung zur objektivierenden Feststellung gleichzeitig existierender Einzelobjekte erlaubt.
2. Dies kann nicht etwas in den zeitlichen Bestimmungen der subjektiven Wahrnehmungsabfolge sein; in Frage kommt dafür nur, die Einzelobjekte unter ein kausales Gesetz zu subsumieren, dem zufolge das eine Einzelobjekt und seine Zustände das andere Einzelobjekt und seine Zustände kausal hervorrufen und umgekehrt.

---

3. Also müssen Wahrnehmungsinhalte unter ein Gesetz kausaler Wechselwirkung subsumiert werden, um Wahrnehmungen als Wahrnehmungen gleichzeitig existierender Einzelobjekte zu objektivieren.
4. Der Grundsatz der Transzendentalphilosophie lautet: Bedingungen der Möglichkeit objektivierbarer Erfahrung, die auf unser Erkenntnisvermögen und seine Ausübung zurückgehen, sind Bedingungen der erfahrenen Gegenstände selber und werden von diesen Gegenständen in synthetischen Urteilen a priori behauptet.
5. Wahrnehmungsinhalte unter Gesetze zu subsumieren ist eine Ausübung unseres Erkenntnisvermögens.

---

6. Also gilt das synthetische Urteil a priori: Alle gleichzeitig existierenden Einzelobjekte objektivierter Erfahrung stehen untereinander in durchgängiger kausaler Wechselwirkung.

Dieser Grundsatz und die Prämisse 2 seines Beweises sind aus Sicht der heute maßgeblichen Relativitätstheorie falsch. Um die Kritik wenigstens anzudeuten: Falsch ist aus Sicht der Speziellen Relativitätstheorie, dass gleichzeitig stattfindende Veränderungen an voneinander entfernten Einzelobjekten immer kausal aufeinander einwirken können. Nach der Relativitätstheorie breiten sich alle Wirkungen höchstens mit Lichtgeschwindigkeit aus. Gleichzeitigkeit von Ereignissen an verschiedenen Orten wird definiert und festgestellt durch die Ausbreitung von Lichtsignalen. Ein Ereignis E_A am Ort *A* findet gleichzeitig statt mit dem Ereignis E_B am Ort *B*, wenn gleichzeitig (hier handelt es sich um Gleichzeitigkeit am selben Ort) mit E_A und E_B abgesendete Lichtsignale gleichzeitig den Ort *C* in der Mitte zwischen *A* und *B* erreichen. Die Ereignisse E_A und E_B wechselwirken jedoch nicht miteinander in dem Sinne, dass sie sich wechselseitig kausal hervorrufen.

Postulate des empirischen Denkens

Für die Gruppe der »Kategorien der Modalität« stellt Kant drei »Postulate des empirischen Denkens überhaupt« auf:

(1) Was mit den formalen Bedingungen der Erfahrung (der Anschauung und den Begriffen nach) übereinkommt, ist möglich.
(2) Was mit den materialen Bedingungen der Erfahrung (der Empfindung) zusammenhängt, ist wirklich.
(3) Dessen Zusammenhang mit dem Wirklichen nach allgemeinen Bedingungen der Erfahrung bestimmt ist, ist (existiert) notwendig. (B 265/266)

Kant fügt keinen Beweis für diese Postulate an, er »erläutert« sie nur. Die Vorgehensweise ist verständlich. Denn lesen sich die Postulate nicht einfach wie naheliegende Erläuterungen der Begriffe »empirisch möglich«, »empirisch wirklich«, »empirisch notwendig«? Die nachfolgenden

Äquivalenzen können diese definitorischen Zusammenhänge transparent werden lassen.

X ist empirisch möglich
- ≡ *X* ist als Inhalt einer objektivierten Erfahrung möglich
- ≡ *X* ist verträglich mit den notwendigen Bedingungen der Möglichkeit von Erfahrung.

X ist empirisch wirklich
- ≡ *X* ist Inhalt einer objektivierten Erfahrung
- ≡ *X* wird wahrgenommen oder aus Wahrnehmungen erschlossen
- ≡ *X* hängt mit den materialen Inhalten = Empfindungen in Wahrnehmungen zusammen.

X ist empirisch notwendig
- ≡ Nicht-*X* ist nicht möglich
- ≡ Nicht-*X* ist unverträglich mit den notwendigen Bedingungen der Möglichkeit von Erfahrung
- ≡ *X* stellt eine notwendige Bedingung der Möglichkeit von Erfahrung dar oder folgt logisch aus einer solchen.

Kant beginnt seine Erläuterungen zu den Postulaten mit einer tiefsinnigen Bemerkung:

> Die Kategorien der Modalität haben das Besondere an sich: daß sie den Begriff, dem sie als Prädikate beigefüget werden, als Bestimmung des Objekts nicht im mindesten vermehren, sondern nur das Verhältnis zum Erkenntnisvermögen ausdrücken. Wenn der Begriff eines Dinges schon ganz vollständig ist, so kann ich doch noch von diesem Gegenstande fragen, ob er bloß möglich, oder auch wirklich, oder, wenn er das letztere ist, ob er gar auch notwendig sei? Hierdurch werden keine Bestimmungen mehr im Objekte selbst gedacht, sondern es frägt sich nur, wie es sich (samt allen seinen Bestimmungen) zum Verstande und dessen empirischen Gebrauche, zur empirischen Urteils-

> kraft, und zur Vernunft (in ihrer Anwendung auf Erfahrung) verhalte? (B 266)

Die Modalitäten betreffen nicht die Objekte, sondern unsere kognitive Bezugnahme auf Objekte, genauer: die Erfahrung von ihnen. Der, der fragt, ob etwas möglich, wirklich oder notwendig ist, fragt, ob wir etwas erfahren können, es tatsächlich erfahren oder es sogar notwendigerweise erfahren, weil sonst Erfahrung gar nicht möglich wäre. Ich kann mir ein Objekt denken, ich kann es sogar vollständig definieren. Trotzdem bleibt dann immer noch die Frage bestehen, ob es erfahren werden kann, ob es tatsächlich erfahren wird oder ob es sogar erfahren werden muss. So besehen erläutern die Postulate des empirischen Denkens einerseits die Modalitäten in ihrer Anwendung auf Erfahrung, sie sind nichts anderes als Definitionen der Modalitäten »empirisch möglich«, »empirisch wirklich«, »empirisch notwendig«:

> Eben um deswillen sind auch die Grundsätze der Modalität nichts weiter, als Erklärungen der Begriffe der Möglichkeit, Wirklichkeit und Notwendigkeit in ihrem empirischen Gebrauche [...]. (B 266)

Andererseits sind die Postulate des empirischen Denkens zugleich mehr als bloß naheliegende Begriffserläuterungen, sonst wären sie analytische Urteile. Kant versteht sie jedoch als synthetische Urteile. Er behauptet in ihnen, dass der so erläuterte Gebrauch der Modalitäten der einzig sinnvolle ist. Die Frage nach der Möglichkeit, Wirklichkeit und Notwendigkeit von Gegenständen stellt sich für uns Menschen allein im Rahmen möglicher Erfahrung. Dies ist keine definitorische Feststellung, sondern eine weitreichende Behauptung über unsere Erkenntnismöglichkeiten. Deshalb setzt Kant den zitierten Satz wie folgt fort:

> [...] und hiermit zugleich Restriktionen aller Kategorien auf den bloß empirischen Gebrauch, ohne den

> transzendentalen[23] zuzulassen und zu erlauben. | Denn, wenn diese nicht eine bloß logische Bedeutung haben, und die Form des Denkens analytisch ausdrücken sollen, sondern Dinge und deren Möglichkeit, Wirklichkeit oder Notwendigkeit betreffen sollen, so müssen sie auf die mögliche Erfahrung und deren synthetische Einheit gehen, in welcher allein Gegenstände der Erkenntnis gegeben werden. (B 266/267)

Die These, dass unser Wissen nur so weit reicht wie die menschliche Erfahrung, wird uns im Abschnitt 12 beschäftigen.

Eine Bilanz: Der Natur Gesetze vorschreiben

Es ist an der Zeit, eine Bilanz zu ziehen. Kant hatte sich vorgenommen, die Frage zu beantworten, dass und wie im Bereich der Naturwissenschaften synthetische Urteile a priori möglich sind. Mit dem »System der Grundsätze des reinen Verstandes« glaubt er, diese wichtige Teilaufgabe in seinem anspruchsvollen Programm erfolgreich bewältigt zu haben. Ist ihm dieser zentrale Beweisschritt tatsächlich geglückt? Erinnern wir uns an die »kopernikanische Wende« und die Idee der Transzendentalphilosophie. Wir haben Bedingungen der Möglichkeit von Erfahrung aufzusuchen, die auf unser Erkenntnisvermögen und seine Ausübung zurückgehen. Synthetische Urteile a priori behaupten dann, dass alle Erfahrungsgegenstände diesen Bedingungen genügen müssen. So lautet das Programm der Transzendentalphilosophie in seiner Kurzform. Argumente da-

23 Hier verwendet Kant den Ausdruck »transzendental« noch auf eine andere als die uns bisher vertraute Weise. Er hätte in dem Zitat genauso gut und eigentlich weniger missverständlich den Ausdruck »transzendent« oder noch genauer »erfahrungstranszendent« gebrauchen können. Zu Kants Verwendung des Ausdrucks »transzendental« vgl. auch S. 176ff.

für, dass bestimmte Sätze synthetische Urteile a priori sind, sollten daher eigentlich so aussehen:

1. B ist eine Bedingung der Möglichkeit von Erfahrung, die auf unser Erkenntnisvermögen und seine Ausübung zurückgeht.
2. Der Grundsatz der Transzendentalphilosophie lautet: Bedingungen der Möglichkeit objektivierbarer Erfahrung, die auf unser Erkenntnisvermögen und seine Ausübung zurückgehen, sind Bedingungen der erfahrenen Gegenstände selber und werden von diesen Gegenständen in synthetischen Urteilen a priori behauptet.

---

3. Also gilt das synthetische Urteil a priori: Alle Gegenstände objektivierbarer Erfahrung genügen der Bedingung B.

Betrachtet man Kants Argumente für die »Grundsätze des reinen Verstandes«, haben sie eine etwas andere Form, die aber immer noch im Einklang mit der Idee und dem Grundsatz der Transzendentalphilosophie steht:

1. Unsere Erfahrung weist das strukturelle Merkmal *M* auf, das auf die Form *E* unseres Erkenntnisvermögens und seine Ausübung zurückgeht.
2. Wenn von Gegenständen unserer Erfahrung der Satz *S* nicht gelten würde, besäße unsere Erfahrung nicht das strukturelle Merkmal *M*.
3. Der Grundsatz der Transzendentalphilosophie lautet: Bedingungen der Möglichkeit objektivierbarer Erfahrung, die auf unser Erkenntnisvermögen und seine Ausübung zurückgehen, sind Bedingungen der erfahrenen Gegenstände selber und werden von diesen Gegenständen in synthetischen Urteilen a priori behauptet.

---

4. Also gilt das synthetische Urteil a priori: Von Gegenständen objektivierbarer Erfahrung gilt der Satz *S*.

Diese Form erkennt man unmittelbar wieder, wenn man Kants Argumente für die »Analogien der Erfahrung« noch einmal wie folgt zusammenfasst:

1. Wir machen auf der Basis zeitlich aufeinander folgender Wahrnehmungsakte Erfahrungen von Dingen und Ereignissen, die einer objektiven Zeitordnung unterliegen.
2. Um Erfahrungen dieser Art machen zu können, müssen wir von der Zeitfolge der Wahrnehmungsakte auf die objektive Zeitordnung der wahrgenommenen Dinge und Ereignisse schließen.
3. Solche Schlüsse basieren auf dem Substanzerhaltungssatz, dem Kausalprinzip und dem Prinzip der Wechselwirkung.
4. Der Grundsatz der Transzendentalphilosophie lautet: Bedingungen der Möglichkeit objektivierbarer Erfahrung, die auf unser Erkenntnisvermögen und seine Ausübung zurückgehen, sind Bedingungen der erfahrenen Gegenstände selber und werden von diesen Gegenständen in synthetischen Urteilen a priori behauptet.

---

5. Also gilt das synthetische Urteil a priori: Von Gegenständen objektivierbarer Erfahrung gelten der Substanzerhaltungssatz, das Kausalprinzip und das Prinzip der Wechselwirkung.

Auch die Argumente für die »Axiome der Anschauung« und die »Antizipationen der Wahrnehmung« gehorchen dieser Form:

1. Auf der Basis von Sinnesempfindungen machen wir objektivierte Erfahrungen von Dingen und Ereignissen, die wir nicht anders als durchgängig in zeitlichen und räumlichen Beziehungen zueinander stehend sinnlich wahrnehmen können.
2. Dinge und Ereignisse stehen nur dann in räumlichen

und zeitlichen Beziehungen, wenn sie die strukturellen Formen dieser Beziehungen erfüllen.
3. Die strukturellen Formen räumlicher und zeitlicher Beziehungen lassen sich nur mit Hilfe der Arithmetik und Geometrie beschreiben.
4. Der Grundsatz der Transzendentalphilosophie lautet: Bedingungen der Möglichkeit objektivierbarer Erfahrung, die auf unser Erkenntnisvermögen und seine Ausübung zurückgehen, sind Bedingungen der erfahrenen Gegenstände selber und werden von diesen Gegenständen in synthetischen Urteilen a priori behauptet.

---

5. Also gilt das synthetische Urteil a priori: Alle Gegenstände objektivierbarer Erfahrung müssen sich durchgängig mit Hilfe der Arithmetik und Geometrie quantitativ beschreiben, also mathematisieren lassen.

Auch das wird deutlich: Die von Kant identifizierten synthetischen Urteile a priori gelten von allen Erfahrungsgegenständen, weil diese sich danach »richten« müssen, wie wir allein Erfahrungen machen können. Genau dies war aber die Botschaft der »kopernikanischen Wende« hin zur Transzendentalphilosophie. Man sollte es einmal versuchen, ob wir »nicht besser fortkommen, daß wir annehmen, die Gegenstände müssen sich nach unserem Erkenntnis richten« (B XVI).

Von ihrer logischen Form her gesehen sind Kants Argumente einwandfrei, sie sind schlüssig. Wie jedoch steht es um ihre Prämissen? Für die jeweilige Prämisse 1, dass unsere Erfahrung das strukturelle Merkmal *M* aufweist, das auf die Form *E* unseres Erkenntnisvermögens und seine Ausübung zurückgeht, argumentiert Kant nicht. Er vertraut darauf, dass wir der Prämisse aufgrund unserer Erfahrungen mit unseren eigenen Erfahrungen sofort beipflichten. Und in der Tat: Wer wollte zum Beispiel bezweifeln, dass wir Dinge und Ereignisse so erfahren, dass sie durchgängig untereinander in räumlichen und zeitlichen Beziehungen stehen, oder dass wir aus der zeitlichen Abfolge unserer Wahrnehmungsakte auf die zeitliche Ordnung des Wahrgenommenen schließen (müssen)? Wir haben es mit so grundlegenden Merkmalen unserer Erfahrung zu tun, dass wir uns nicht wirklich vorstellen können, wie eine Erfahrung ohne diese Merkmale überhaupt aussehen könnte. Aber sind dies nicht gleichwohl nur empirische Tatsachen über unsere Erfahrung? Das kann man, das muss man vermutlich so sehen. Doch schmälert das nicht die Beweiskraft der kantischen Argumente. Die Merkmale der Erfahrung, auf die er in seinen Beweisen für synthetische Urteile a priori abhebt, sind jedenfalls grundlegend für die Art von Erfahrung, wie wir sie allein kennen. Die Tatsache, dass man Alternativen nicht abstrakt logisch ausschließen kann, fällt dagegen nicht ins Gewicht.

Die logische Form von Kants transzendentalen Beweisen für die »Grundsätze des reinen Verstandes« ist nicht zu beanstanden, Vorbehalte gegen die Prämissen über bestimmte fundamentale Merkmale unserer Erfahrungen lassen sich im Ernst nicht anmelden. Muss man Kant dann nicht die Existenz »transzendentaler Naturgesetze« zugestehen? Der Teufel steckt hier, wie immer, im Detail. Zum Beispiel leitet Kant die dritte Analogie mit Prämissen her, die seit der Relativitätstheorie unhaltbar sind. Insofern kann man das Wechselwirkungsprinzip schwerlich unter die transzendental begründeten Fundamentalprinzipien der Naturwissenschaften zählen. Doch wie steht es mit der ersten und der zweiten Analogie?

Beginnen wir mit der ersten Analogie. Die folgende, ganz eng an Kants Beweis der ersten Analogie angelehnte Überlegung ist zweifellos stichhaltig:

1. Erfahrung, wie wir sie kennen, ist immer auch Erfahrung materieller Veränderungen.
2. Die Erfahrung einer materiellen Veränderung setzt die

Bezugnahme auf ein und denselben Gegenstand *G* voraus, dem zuerst eine Eigenschaft E_1, dann eine logisch konträre Eigenschaft E_2 zukommt.

---

3. Also verlangt Erfahrung, wie wir sie kennen, die Bezugnahme auf Gegenstände, die Träger der Veränderungen sind und trotzdem bei allen Veränderungen dieselben bleiben, in diesem Sinne also »in der Zeit beharren«.
4. Der Grundsatz der Transzendentalphilosophie lautet: Bedingungen der Möglichkeit objektivierbarer Erfahrung, die auf unser Erkenntnisvermögen und seine Ausübung zurückgehen, sind Bedingungen der erfahrenen Gegenstände selber und werden von diesen Gegenständen in synthetischen Urteilen a priori behauptet.

---

5. Also gilt das synthetische Urteil a priori: In allen objektivierbar erfahrbaren Veränderungen gibt es Gegenstände, die Träger der Veränderungen sind und trotzdem ein und dieselben Gegenstände bleiben.

Die Konklusion reicht nicht besonders weit. Sie begründet nur transzendental das Merkmal, dass wir die Welt als eine Ansammlung von Einzeldingen erfahren, an denen sich Veränderungen vollziehen. Das schlägt sich nieder in der grundlegenden logischen Struktur, mit der Menschen in allen uns bekannten Sprachen ihre Erfahrungen beschreiben. Alle Sprachen lassen die Bildung singulärer Termini zu, die sich auf Einzeldinge beziehen. Eine Wahrnehmung, die keine Wahrnehmung von Eigenschaften und Beziehungen von Einzeldingen wäre, können wir uns nicht ernsthaft vorstellen.
Aber natürlich sind Einzeldinge nicht von ewiger Dauer, sie entstehen und vergehen. Das widerspricht der ersten Analogie der Erfahrung. Nach der ersten Analogie spielen

sich alle Veränderungen an ein und demselben Träger ab. Aber selbst dafür lässt sich argumentieren.

1. Erfahrung, wie wir sie kennen, verlangt die Bezugnahme auf Gegenstände, die Träger der Veränderungen sind und trotzdem bei allen Veränderungen dieselben bleiben, in diesem Sinne also »in der Zeit beharren«.
2. Wenn ein raum-zeitlich begrenztes Einzelding D_1 entsteht und dann irgendwann verschwindet, ist das selber ein Prozess, also eine kontinuierliche Abfolge von Veränderungen oder Ereignissen.

---

3. Also verlangt die Erfahrung des Entstehens und Vergehens dieses Einzeldings D_1 mindestens die Bezugnahme auf ein Einzelding D_2, welches das Einzelding D_1 räumlich und zeitlich einschließt und an dem sich Entstehen und Vergehen des begrenzten Einzeldings D_1 als Zustandsänderungen vollziehen.
4. Ist D_2 selber zeitlich begrenzt, verlangt die Bezugnahme auf den Anfang und das Ende von D_2 die Bezugnahme auf ein Einzelding D_3, das D_1, und D_2 räumlich und zeitlich einschließt und an dem sich Entstehen und Vergehen von D_1 und D_2 als Zustandsänderungen vollziehen usw.

---

5. Also verlangt die Erfahrung von Veränderungen, soweit sie jeweils reicht, die Bezugnahme auf einen einzigen Träger, der dem Entstehen und Vergehen von raum-zeitlich begrenzten Einzeldingen überhaupt zugrunde liegt und deshalb weder »vermehrt, noch vermindert« werden kann.
6. Der Grundsatz der Transzendentalphilosophie lautet: Bedingungen der Möglichkeit objektivierbarer Erfahrung, die auf unser Erkenntnisvermögen und seine Ausübung zurückgehen, sind Bedingungen der erfahre-

nen Gegenstände selber und werden von diesen Gegenständen in synthetischen Urteilen a priori behauptet.

---

7. Also gilt das synthetische Urteil a priori: Es gibt einen Träger, der allen objektiv erfahrbaren Veränderungen zugrunde liegt und deshalb weder »vermehrt, noch vermindert« werden kann.

Wir müssen nicht immer direkt auf diesen universellen Träger aller Veränderungen Bezug nehmen. Unsere Erfahrungen sind räumlich und zeitlich begrenzt. Für sie genügt es, sich auf räumlich und zeitlich begrenzte und dabei zeitlich sich geeignet überschneidende Einzeldinge zu beziehen. Die Konklusion hält gleichwohl fest, dass sich unsere vielen begrenzten Erfahrungen von Ausschnitten der Erfahrungswelt nur dann zur zeitlichen und kontinuierlichen Erfahrung der einen Erfahrungswelt zusammenfassen lassen, wenn wir eine universelle Trägersubstanz unterstellen. Wo wird diese Unterstellung wichtig? Kant gibt den richtigen Hinweis:

> Ein Philosoph wurde gefragt: wie viel wiegt der Rauch? Er antwortete: ziehe von dem Gewicht des verbrannten Holzes das Gewicht der übrigbleibenden Asche ab, so hast du das Gewicht des Rauchs. Er setzte also als unwidersprechlich voraus: daß, selbst im Feuer, die Materie (Substanz) nicht vergehe, sondern nur die Form derselben eine Abänderung erleide. (B 228)

Ein Stück Holz ist ein Einzelding. Es verbrennt und verschwindet dadurch. Aber wir gehen davon aus, dass es nicht spurlos verschwindet. Wir schließen an die Erfahrung mit dem Holzstück weitere Erfahrungen an, nämlich Erfahrungen mit der Asche. Indem wir das tun, beziehen wir uns gar nicht mehr auf das Stück Holz, sondern auf eine bestimmte Menge Materie und verfolgen die Veränderungen, die sich an dieser Materiemenge vollziehen.

Ihre räumliche Verteilung und ihre Aggregatzustände ändern sich: Das Stück Holz verbrennt, daraus entsteht zum Teil Asche, zum Teil das Gas CO_2. Die Materiemenge selber als der eigentliche Träger des Geschehens bleibt die ganze Zeit über dieselbe. Wollen wir das Entstehen und Vergehen von Einzeldingen in unsere Erfahrungen einbeziehen, müssen wir uns auf einen zugrunde liegenden Träger beziehen, der bei allen Veränderungen derselbe bleibt, sodass die Entstehung und Auflösung des Einzeldings als Zustandsänderungen dieses Trägers zu beschreiben sind. Genau das beinhaltet die Konklusion unseres obigen Arguments.

Kant freilich glaubt den Satz von der Erhaltung der Materie transzendental begründet zu haben. Aber wenn wir uns das obige Argument noch einmal genau anschauen, sehen wir, dass es nur die Existenz eines Trägers begründet, an dem sich alle Veränderungen vollziehen und der trotzdem derselbe bleibt. Diese Rolle muss nicht unbedingt die konstant bleibende Materiemenge spielen. Nach der modernen Physik kann es auch ein physikalisches Feld sein, das durch bestimmte Feldgrößen charakterisiert wird. Selbst dieser Fall ist durch Kants allgemeinen Beweis abgedeckt. Kant begründet nicht den Satz von der Erhaltung der Substanz transzendental, aber sehr wohl den Satz: *Alle Veränderungen, die wir erfahren, müssen wir letztlich auf einen Träger beziehen, der durch Größen charakterisiert ist, die bei allen Veränderungen konstant bleiben.* Er begründet somit transzendental, warum in den Wissenschaften fundamentale Erhaltungssätze vorkommen müssen.

Kommen wir noch einmal auf die zweite Analogie zurück. Nach Kants Kausalprinzip muss sich jedes Ereignis einer objektiven Erfahrung unter ein streng deterministisches Gesetz subsumieren lassen, das dieses Ereignis mit anderen Ereignissen verknüpft. Immer wieder ist zu lesen und zu hören, die Quantenmechanik habe diesem Kausalprinzip und damit Kants transzendentaler Analyse der Physik den Todesstoß versetzt. Wir sollten uns kurz vor Augen führen, wie vorsichtig man mit solchen Behauptungen sein sollte:

In der Physik zählt nur das als objektive Tatsache, was sich letztlich im Experiment quantitativ genau reproduzieren lässt. Hinter diesem Zusammenhang zwischen Reproduktion von Phänomenen und ihrem Status als objektive Erfahrungstatsachen stehen dieselben Überlegungen, die Kant unter dem Stichwort »synthetische Einheit der Erfahrung« auf den Begriff gebracht hat. Die Reproduktion von Phänomenen in den Laboratorien der Physik ist selber eine Form, subjektive, zeitlich aufeinanderfolgende Wahrnehmungsakte miteinander zu verknüpfen, indem sie als Wahrnehmungen derselben Art von Ereignis gedeutet werden. Genau dadurch werden sie zu objektivierten Inhalten der intersubjektiven Erfahrung einer von allen Beobachtern geteilten Erfahrungswelt. Verschiedene Beobachter stellen zu verschiedenen Zeiten an verschiedenen Orten immer wieder auch Gleiches fest.

Wie werden Ereignisse im Experiment reproduziert? Techniker und Physiker bauen immer wieder die gleichen Experimentier- und Messapparaturen der Art *A* und arrangieren sie zu einer Versuchsanordnung *V*. Daraufhin messen die Physiker jedes Mal den gleichen Effekt *E*. Mit anderen Worten: Wann immer Apparate der Art *A* in der Weise *V* zusammenwirken, entsteht ein Effekt der Art *E*. Feststellungen dieser Art sind aber nichts anderes als experimentelle Gesetze und erfüllen genau die Bedingungen, die Kant in seinem Kausalprinzip formuliert. Daher lässt sich das kantische Kausalprinzip in der transzendentalen Lesart auch so formulieren: *Ohne zuverlässig im Experiment reproduzierbare Phänomene entsteht in der Physik, wie wir sie kennen, keine objektive Erfahrung.*

Dieses Prinzip ist keineswegs durch die Quantenmechanik

völlig aufgehoben worden. Aber im Gegensatz zur klassischen Physik untersucht die Quantenmechanik nun gewisse Arten von Phänomenen, die sich nicht als Einzelereignisse exakt reproduzieren lassen. Reproduziert werden nur, das aber mit bewundernswerter Genauigkeit, die *relativen Häufigkeiten* verschiedener möglicher Ereignisse. Wäre es der Quantenmechanik nicht gelungen, wenigstens relative Häufigkeiten zuverlässig zu wiederholen, wäre die Physik nicht die geblieben, als die wir sie seit der klassischen Physik kennen. Wie werden relative Häufigkeiten reproduziert? Immer dann, wenn die Physiker Experimentier- und Messapparaturen der Art *A* auf die Weise *V* arrangieren und Versuche unter diesen Rahmenbedingungen hinreichend oft wiederholen, stabilisieren sich die relativen Häufigkeiten der beobachtbaren Effekte bei Werten, die in der Theorie als Wahrscheinlichkeiten der verschiedenen Ereignisse theoretisch berechnet und vorausberechnet werden. Die Ereignisse, von denen die Quantenmechanik handelt, lassen sich zumindest unter statistische Gesetze subsumieren und müssen sich unter solche subsumieren lassen, da die Reproduktion relativer Häufigkeiten das Mindeste ist, was objektive Physik zu leisten hat.

Es kommt aber noch etwas hinzu. Die Physiker müssen, um relative Häufigkeiten zu reproduzieren, immer wieder Apparate einer bestimmten Art herstellen und sie zu bestimmten Versuchsanordnungen arrangieren können. Die Herstellung dieser Apparate und ihr experimentelles Arrangement sind jedoch makrophysikalische Vorgänge und unterliegen deterministischen Gesetzen, wie wir sie aus der klassischen Physik kennen. Das transzendentale Kausalprinzip Kants: »Ohne streng deterministisch reproduzierbare Effekte gibt es keine objektive Erfahrung in der Physik, wie wir sie kennen« hebt die Quantenmechanik keineswegs zur Gänze auf. Es wird nur modifiziert: *Ohne reproduzierbare relative Häufigkeiten von*

Effekten auf der Basis deterministisch reproduzierbarer Zustände an makrophysikalischen Objekten gibt es keine objektive physikalische Erfahrung, wie wir sie kennen. Es kann also in dieser pauschalen Weise gar keine Rede davon sein, dass Kants Kausalprinzip und seine transzendentale Begründung durch die Quantenmechanik widerlegt seien.

12. Die Erfahrung als Grenze des Wissens

Die Endlichkeit des Verstandes

Wir Menschen sind durch und durch endliche Wesen. Endlich sind auch unsere kognitiven Fähigkeiten. Nun ist etwas endlich genau dann, wenn es begrenzt ist. Für Kant ist das menschliche Erkenntnisvermögen deshalb begrenzt, weil der Mensch Gegenstände nur insoweit erkennen kann, wie sie ihm in der sinnlichen Anschauung gegeben sind. Gerade auch die »reinen Verstandesbegriffe« erlauben uns nicht, etwas jenseits der Erfahrung Liegendes zu erkennen.

> Alle Grundsätze des reinen Verstandes sind nichts weiter als Prinzipien a priori der Möglichkeit der Erfahrung, und auf die letztere allein beziehen sich auch alle synthetische Sätze a priori, ja ihre Möglichkeit beruht selbst gänzlich auf dieser Beziehung. (B 294)

> Hieraus fließt nun unwidersprechlich: daß die reinen Verstandesbegriffe niemals von transzendentalem, sondern jederzeit nur von empirischem Gebrauche sein können, und daß die Grundsätze des reinen Verstandes nur in Beziehung auf die allgemeinen Bedingungen einer möglichen Erfahrung, auf Gegenstände der Sinne, niemals aber auf Dinge überhaupt, (ohne Rücksicht auf die Art zu nehmen, wie wir sie anschauen mögen,) bezogen werden können.
> Die transzendentale Analytik hat demnach dieses wichtige Resultat: daß der Verstand a priori niemals mehr leisten könne, als die Form einer möglichen Erfahrung überhaupt zu antizipieren, und, da dasjenige, was nicht Erscheinung ist, kein Gegenstand der Erfahrung sein kann, daß er die Schranken der Sinnlich-

> keit, innerhalb denen uns allein Gegenstände gegeben werden, niemals überschreiten könne. (B 303)

An dieser Stelle ist eine terminologische Bemerkung fällig. Bisher kannten wir den Ausdruck »transzendental« in der folgenden Bedeutung:

> Ich nenne alle Erkenntnis transzendental, die sich nicht so wohl mit Gegenständen, sondern mit unserer Erkenntnisart von Gegenständen, so fern diese a priori möglich sein soll, überhaupt beschäftigt. (B 25)

Angesichts dieser terminologischen Verwendung des Ausdrucks »transzendental« verblüfft Kants Diktum, es ließe sich von den Kategorien und den mit ihrer Hilfe formulierten Grundsätzen des reinen Verstandes niemals ein »transzendentaler Gebrauch« machen. Er glaubt ja, mit den Kategorien synthetische Urteile a priori beweisen zu können. Insofern lassen die Kategorien einen »transzendentalen Gebrauch« gerade zu. Wenn Kant nun behauptet, dass die »reinen Verstandesbegriffe niemals von transzendentalem Gebrauche sein können«, muss er den Ausdruck »transzendental« noch anders verwenden. Und in der Tat heißt es bei ihm:

> Der transzendentale Gebrauch eines Begriffs in irgend einem Grundsatze ist dieser: daß er auf Dinge überhaupt und an sich selbst, der empirische aber, wenn er bloß auf Erscheinungen, d.i. Gegenstände einer möglichen Erfahrung, bezogen wird. (B 298)

Glücklich ist diese Doppelung der Terminologie nicht. Kant könnte und sollte statt »transzendental« in dieser zweiten Bedeutung deutlicher und unmissverständlicher von *Erfahrungstranszendenz* reden. Wir können keinen erfahrungstranszendenten Gebrauch von den Kategorien machen, obgleich wir insofern einen »transzendentalen« Gebrauch von ihnen machen, als sich mit ihnen synthetische Urteile a priori behaupten lassen. Tatsächlich aber handeln solche Urteile a priori nicht von den Dingen an sich, sondern nur von den Dingen, insoweit sie Gegenstände der Erfahrung sind.

Kommen wir nach dieser terminologischen Zwischenbetrachtung zur Frage der Grenzen menschlichen Erkennens zurück. Begrenzt ist das Erkenntnisvermögen des Menschen auch deshalb, weil wir uns immer wieder irren und täuschen. Insbesondere können wir im Denken irren. Wir können uns allerlei Dinge und Sachverhalte denken, ohne dass das Gedachte tatsächlich in der Welt der Fall ist. In jedem Fall müssen wir die sinnliche Wahrnehmung zu Rate ziehen. Erst dann, wenn wir Dinge und Sachverhalte, die wir uns denken, auch so wahrnehmen, wissen wir, dass unsere Gedanken nicht »leer« sind. Vollkommen wäre demgegenüber ein Verstand, bei dem allein durch die Widerspruchsfreiheit seiner Gedanken auch schon die Realität des Gedachten garantiert wäre. Einem solchen Verstand wären die Gegenstände im und durch das Denken so gegeben, wie sie uns Menschen allein in der sinnlichen Anschauung gegeben sind. Er wäre ein direkt »anschauender Verstand«, kein »diskursiver«, nur mit Begriffen denkender Verstand wie der unsrige. Die Anschauung eines solchen Verstandes wäre nicht sinnlich, sie wäre »intellektuell«. Kant betont, dass wir uns eine solche intellektuelle Anschauung nicht vorstellen können. Der Begriff eines »anschauenden Verstandes« ist ein ausschließlich negativ definierter »Grenzbegriff«, er ist nur insoweit verständlich, als er das negiert, was für den menschlichen Verstand konstitutiv ist.

Sinnlich wahrnehmbare Gegenstände sind Erscheinungen. Kant benennt sie auch mit dem entsprechenden griechischen Ausdruck »Phänomena«. Alle Gegenstände, auf die wir uns erkennend beziehen können, sind Phänomena. Aber immerhin lassen sich in negativer Abgrenzung dazu

Gegenstände denken, die allein in und durch das Denken gegeben sind. Sie wären Gegenstände einer intellektuellen Anschauung. Kant nennt sie, da sie nur dem Intellekt, dem Geist (griechisch »Nous«) zugänglich sind, »Noumena«.

> Wenn wir unter Noumenon ein Ding verstehen, so fern es nicht Objekt unserer sinnlichen Anschauung ist, indem wir von unserer Anschauungsart desselben abstrahieren, so ist dieses ein Noumenon im negativen Verstande. Verstehen wir aber darunter ein Objekt einer nichtsinnlichen Anschauung, so nehmen wir eine besondere Anschauungsart an, nämlich die intellektuelle, die aber nicht die unsrige ist, von welcher wir auch die Möglichkeit nicht einsehen können, und das wäre das Noumenon in positiver Bedeutung. (B 307)

Wir können noch nicht einmal wissen, ob Noumena möglich sind, wir können nur zugestehen, dass der Begriff des »Noumenon« nicht logisch widersprüchlich ist:

> Der Begriff eines Noumenon, d. i. eines Dinges, welches gar nicht als Gegenstand der Sinne, sondern als ein Ding an sich selbst, (lediglich durch einen reinen Verstand) gedacht werden soll, ist gar nicht widersprechend; denn man kann von der Sinnlichkeit doch nicht behaupten, daß sie die einzige mögliche Art der Anschauung sei. Ferner ist dieser Begriff notwendig, um die sinnliche Anschauung nicht bis über die Dinge an sich selbst auszudehnen, und also, um die objektive Gültigkeit der sinnlichen Erkenntnis einzuschränken [...]. Am Ende aber ist doch die Möglichkeit solcher Noumenorum gar nicht einzusehen, und der Umfang außer der Sphäre der Erscheinungen ist (für uns) leer, d. i. wir haben einen Verstand, der sich problematisch weiter erstreckt, als jene, aber

> keine Anschauung, ja auch noch nicht einmal den Begriff von einer möglichen Anschauung, wodurch uns außer dem Felde der Sinnlichkeit Gegenstände gegeben, und der Verstand über dieselbe hinaus assertorisch gebraucht werden könne. Der Begriff eines Noumenon ist bloß ein Grenzbe|griff, um die Anmaßung der Sinnlichkeit einzuschränken, und also nur von negativem Gebrauche. (B 310/311)

Hier ist auch der Ort, uns mit einer weiteren Unterscheidung Kants bekannt zu machen. Die sinnlich wahrnehmbaren Gegenstände, die Erscheinungen oder Phänomena bilden zusammen die »Sinnenwelt«, manchmal auch lateinisch »mundus sensibilis« genannt. Die Sinnenwelt ist nichts anderes als das, was wir bisher die »Erfahrungswelt« oder die »empirische Welt« genannt haben. Die Noumena, die Gegenstände einer nicht-sinnlichen Anschauung, die einem über intellektuelle Anschauung verfügenden Verstand zugänglich sind, bilden die »Verstandeswelt«, manchmal auch »mundus intellegibilis« genannt.

Ding an sich und Erscheinung

Erkennen können wir Gegenstände nur so weit, wie sie uns kognitiv zugänglich sind. Wenn wir, wie Kant behauptet, nur Gegenstände erkennen können, die wir sinnlich wahrzunehmen vermögen, können wir entsprechend nur Erscheinungen erkennen. Diese Feststellung ist lediglich eine triviale Konsequenz der kantischen Terminologie. Nennen wir Gegenstände, wie sie unabhängig von unserer kognitiven Bezugnahme durch sinnliche Erfahrung sind, »Dinge an sich«, können wir auch sagen: Wir können nur etwas über Erscheinungen, nicht aber über die Dinge an sich wissen. Angesichts der terminologischen Bestimmung für den Ausdruck »Ding an sich« reformuliert der Satz le-

diglich Kants erkenntnistheoretische These: Nur sinnlich gegebene Gegenstände können wir erkennen.
Wäre das alles, was es über das »Ding an sich« bei Kant zu sagen gäbe, könnten wir das Thema sofort wieder fallen lassen. Doch Kant redet noch in anderer Weise vom »Ding an sich«. Nur in der sinnlichen Anschauung gegebene Dinge können wir erkennen. Ließen sich alle Dinge, die sich nicht sinnlich anschauen lassen, wenigstens intellektuell anschauen, könnte man »Dinge an sich« auch mit den Noumena identifizieren. Als Noumena sind die Dinge an sich durch alle Eigenschaften negativ definiert, durch die Erscheinungen positiv definiert sind. Dinge an sich sind demzufolge nicht in Raum und Zeit, und sie lassen sich auch nicht durch die Kategorien erkennen. Zum Beispiel darf man Begriffe wie »Ursache« oder »Wirkung« auf sie nicht anwenden. An vielen Stellen der *Kritik der reinen Vernunft* charakterisiert Kant die »Dinge an sich« in dieser Weise. Dass wir die Dinge an sich nicht erkennen können, heißt dann wiederum nichts anderes, als dass wir über Gegenstände, die nur einem anschauenden Verstand zugänglich sind, nichts wissen können, weil wir eine solche intellektuelle Anschauung nun einmal nicht besitzen. Setzen wir die Dinge an sich mit den Dingen der Verstandeswelt gleich, müssen wir eigentlich zwei Dinge einräumen:

(1) Wir können nicht wissen, ob es Noumena überhaupt gibt; wir können nur feststellen, dass sie sich widerspruchsfrei denken lassen.
(2) Ebenso wenig sind wir zu der Unterstellung berechtigt, »hinter den Erscheinungen« stünden die Dinge an sich, und schon gar nicht ist uns die Feststellung erlaubt, die Dinge an sich »verursachten« die Erscheinungen, etwa indem sie unsre Sinne »affizieren«.

All das aber behauptet Kant in der *Kritik der reinen Vernunft* von den Dingen an sich. Er hält diese Behauptungen offensichtlich sogar für eine begriffliche Trivialität, schreibt er doch schon in der Vorrede zur zweiten Auflage der *Kritik der reinen Vernunft*:

> Gleichwohl wird, welches wohl gemerkt werden muß, doch dabei immer vorbehalten, daß wir eben dieselben Gegenstände als Dinge an sich selbst, wenn gleich nicht erkennen, doch wenigstens müssen denken können. Denn sonst würde der ungereimte Satz daraus folgen, daß Er|scheinung ohne etwas wäre, was da erscheint. (B XXVI/XXVII)

Durch die bisherigen Überlegungen zeichnet sich ab, dass sich in verschiedener Weise von einem »Ding an sich« reden lässt:

(1) Dinge an sich als Dinge, wie sie unabhängig von jeder kognitiven Bezugnahme auf sie sind, die kognitive Bezugnahme sei sinnliche oder intellektuelle Anschauung oder was auch immer;
(2) Dinge an sich als Nicht-Erscheinungen, also lediglich definiert als Dinge, wie sie unabhängig von der Art und Weise sind, wie wir sie sinnlich erfahren;
(3) Dinge an sich als Noumena, also als sinnlich nicht wahrnehmbare, aber für einen anschauenden Verstand erkennbare Gegenstände;
(4) Dinge an sich als unerkennbare Gegenstände hinter den Erscheinungen, die jedoch die Letzteren kausal mitbedingen.

Die Bestimmung 1 kennt Kant eigentlich nicht. Die Bestimmungen 2 bis 4 sind logisch voneinander unabhängig. Es liegen also mindestens drei logisch voneinander unabhängige Begriffe von einem Ding an sich vor. Kants verschiedene Äußerungen über das Ding an sich werden aber nur dann kohärent, wenn er unterstellt, dass es jedenfalls Dinge an sich gibt, die alle drei Bestimmungen 2 bis 4 erfüllen. Das ist angesichts der logischen Unabhängigkeit

der Bestimmungen 2 bis 4 natürlich zulässig. Trotzdem fragt man sich, wie Kant diese Behauptung begründen will. Er selber glaubt, keine Gründe nennen zu müssen, weil ihm die logische Unabhängigkeit der Bestimmungen 2 bis 4 offensichtlich gar nicht klar ist.
Seine Überlegungen haben eine gewichtige Konsequenz. Weil es nach seiner Auffassung Dinge an sich gibt und sie die Bestimmungen 2 bis 4 erfüllen, muss es neben der empirischen Welt die »intelligible« Welt geben. Das ist Kants »Zwei-Reiche-Lehre«. Welche Motive und Gründe Kant für diese »Zwei-Reiche-Lehre« hat, wird uns erst in Teil IV beschäftigen.

Idealismus und Realismus

Was kann einen Denker wie Kant dazu veranlassen, hinter den Erscheinungen die Existenz von Dingen anzunehmen, die »kausal« am Zustandekommen der Erscheinungen beteiligt sind? Ein Grund scheint auf der Hand zu liegen. Nach Kant sind wir selber rezeptiv über die Anschauung und zugleich selbsttätig (»spontan«) über den Verstand daran beteiligt, wie wir die Dinge erkennen, wie sie für uns sind, wie sie uns erscheinen. Wir haben bereits vom »Herstellungsmodell« der Erfahrung gesprochen. Dieses Modell könnte jemand freilich leicht zu der Vorstellung überdehnen, die von uns erfahrenen Dinge seien ausschließlich unser kognitives Produkt. Von einem solchen »radikalen Konstruktivismus« will Kant offensichtlich nichts wissen. Dass die Welt nichts anderes sei als der Inhalt unserer mentalen Akte, wird als »Idealismus« bezeichnet. Gegen den Idealismus opponiert der »Realismus«. Auf diese Weise betrachtet, verteidigt Kant mit der Behauptung, hinter den Erscheinungen stünden Dinge an sich, den Realismus.
In der Metaphorik des Herstellungsmodells von Erfahrung haben wir diesem Realismus von Anfang an Rech-

nung getragen: Das Machen von Erfahrungen sollen wir betrachten nach dem Modell des Herstellens (Formens) von Artefakten *aus vorgegebenem Material*. Das vorgegebene Material ist nicht von uns geschaffen, wir finden es vor, und gäbe es dieses Material nicht, so gäbe es auch keine von uns geschaffenen Dinge. Das Material, aus dem unser Anschauungsvermögen und unser Verstand die Erscheinungen formen, sind die Dinge an sich. Sie sind nicht von uns geschaffen. Die Welt löst sich nicht vollständig in unser kognitives Konstrukt auf.

Obwohl hinter der Unterscheidung von Dingen an sich und Erscheinungen eine philosophische Auffassung steht, die man legitimerweise »Realismus« nennen darf, spricht Kant selber von »Realismus« und »Idealismus« in einem etwas anderen Sinne. Er nennt sich gar nicht »Realist«, sondern bezeichnet sich als einen »transzendentalen Idealisten«. Wir sind dieser Terminologie schon im Abschnitt über die »empirische Realität« und die »transzendentale Idealität« von Raum und Zeit begegnet (S. 66f.). Nun ist Kant tatsächlich nicht in dem Sinne ein Realist, dass er glaubt, die Dinge, die wir sinnlich erfahren, seien auch unabhängig von unserer Erfahrung so, wie wir sie erfahren. Vielmehr besitzen sie als Inhalte unserer sinnlichen Erfahrung für ihn Eigenschaften, die auf die Ausübung unseres Erkenntnisvermögens zurückgehen. Insbesondere dass die Gegenstände in Raum und Zeit erfahren werden, geht nach Kant auf die Form unserer Erfahrung zurück. Wegen solcher gar nicht den Dingen an sich zukommenden Eigenschaften nennt Kant sich einen »Idealisten«. Die typisch idealistische Einsicht, dass wir nicht Dinge erfahren, die an sich so sind, wie wir sie erfahren, ist jedoch bei Kant mit der weiteren Einsicht verbunden, dass deshalb wahre synthetische Urteile a priori über die Gegenstände der Erfahrung möglich sind. Deshalb nennt Kant, terminologisch konsequent, seinen Idealismus einen »transzendentalen Idealismus«.

Die empirische Realität der Außenwelt

Es gibt allerdings einen Idealismus, von dem Kant sich unbedingt absetzen will. Wenn Idealismus beinhaltet, dass im Gegensatz zu meinem eigenen Dasein die Existenz von Dingen außer mir im Raum geleugnet oder zumindest für zweifelhaft erklärt wird, so will Kant mit dieser Art von Idealismus nichts zu tun haben. Er spricht sogar von einem »Skandal der Philosophie«:

> Der Idealism mag in Ansehung der wesentlichen Zwecke der Metaphysik für noch so unschuldig gehalten werden; (das er in der Tat nicht ist;) so bleibt es immer ein Skandal der Philosophie und allgemeinen Menschenvernunft, das Dasein der Dinge außer uns [...] bloß auf Glauben annehmen zu müssen und, wenn es jemand einfällt es zu bezweifeln, ihm keinen genugtuenden Beweis entgegenstellen zu können. (B XXXIX, Anm.)

Nach Kant vertritt der englische Philosoph George Berkeley (1685–1753) den »dogmatischen« Idealismus, wonach es keine Dinge außerhalb meiner Vorstellungen im Raum gibt. Kant glaubt, dass diese Auffassung nur dann vertreten werden kann, falls man den »Raum als eine Eigenschaft, die den Dingen an sich selbst zukommen soll, ansieht« (B 274). Da Kant diese Sicht auf den Raum verneint, glaubt er Berkeley bereits durch die Ergebnisse der »transzendentalen Ästhetik« widerlegt zu haben.

René Descartes (1596–1650) vertritt die »problematische« Version des Idealismus, wonach meine eigene Existenz unzweifelhaft gewiss ist, nicht aber die Existenz der Dinge in der Außenwelt. Diese These Descartes' hält Kant für falsch. Der entscheidende Grund für ihre Ablehnung ist für ihn, dass ein Bewusstsein meiner selbst ohne Dinge außer mir im Raum gar nicht möglich sei. Kant formuliert diesen Einwand gegen den problematischen Idealismus als »Lehrsatz«:

> Das bloße, aber empirisch bestimmte; Bewußtsein meines eigenen Daseins beweiset das Dasein der Gegenstände im Raum außer mir (B 275)

und »beweist« ihn folgendermaßen:

> Ich bin mir meines Daseins als in der Zeit bestimmt bewußt. Alle Zeitbestimmung setzt etwas Beharrliches in der Wahrnehmung voraus. Dieses Beharrliche aber kann nicht etwas in mir sein; weil eben mein Dasein in der Zeit durch dieses Beharrliche allererst bestimmt werden kann.[24] Also ist die Wahrnehmung dieses Beharrlichen nur durch ein Ding außer mir und nicht durch die bloße Vorstellung eines Dinges außer mir möglich. Folglich ist die Bestimmung meines Daseins in der Zeit nur durch die Existenz wirklicher Dinge, die ich | außer mir wahrnehme, möglich. Nun ist das Bewußtsein in der Zeit mit dem Bewußtsein der Möglichkeit dieser Zeitbestimmung notwendig verbunden: Also ist es auch mit der Existenz der Dinge außer mir, als Bedingung der Zeitbestimmung, notwendig verbunden; d.i. das Bewußtsein meines eigenen Daseins ist zugleich ein unmittelbares Bewußtsein des Daseins anderer Dinge außer mir. (B 275/276)

Man kann das Argument zunächst in folgender Weise verstehen:

24 In der Vorrede zur zweiten Auflage der *Kritik der reinen Vernunft* (B XXXIX, Anm.) hat Kant diesen Satz noch einmal so verändert: »Dieses Beharrliche aber kann nicht eine Anschauung in mir sein. Denn alle Bestimmungsgründe meines Daseins, die in mir angetroffen werden können, sind Vorstellungen und bedürfen als solche selbst ein von ihnen unterschiedenes Beharrliches, worauf in Beziehung derselben, mithin mein Dasein in der Zeit, darin sie wechseln, bestimmt werden könne.«

1. Ich bin mir meiner selbst als jemand bewusst, der in der Zeit existiert.
2. Wenn ich mir eines Gegenstandes *Y* bewusst bin, der in der Zeit existiert, muss ich mich auf etwas *X* beziehen, das von *Y* und seinen inneren Zuständen verschieden ist und an dem sich Veränderungen vollziehen, das aber dabei dasselbe bleibt (»Beharrliches«).

---

3. Also muss ich mich auf etwas *X* beziehen, das von mir und meinen inneren Zuständen = Bewusstseinszuständen verschieden ist und an dem sich Veränderungen vollziehen, das aber dabei dasselbe bleibt, wenn ich mir meiner selbst als jemand bewusst bin, der in der Zeit existiert.
4. Alles, was von mir und meinen inneren Zuständen = Bewusstseinszuständen verschieden ist, existiert außerhalb von mir im Raum.

---

5. Also muss etwas außerhalb von mir im Raume existieren, wenn ich mir meiner selbst als jemand bewusst bin, der in der Zeit existiert.

---

6. Also muss etwas außerhalb von mir im Raume existieren.

Die entscheidende Prämisse des ganzen Arguments ist natürlich die Prämisse 2. Kant behauptet, dass wir nicht die Zeit an sich wahrnehmen, sondern uns auf einen Gegenstand beziehen müssen, an dem sich Veränderungen vollziehen. Der Gegenstand selber bleibt dabei derselbe, nur seine Eigenschaften oder Zustände ändern sich. Dieser Teil der Prämisse 2 ist sicher unproblematisch.

Problematisch ist jedoch die weitergehende Behauptung, dass, um einen Gegenstand in der Zeit wahrzunehmen, man sich auf einen anderen Gegenstand und dessen Veränderungen beziehen müsse. In der Tat lesen wir zum

Beispiel Zeigerstände auf einer Uhr ab, um die Dauer eines Prozesses, der sich an einem anderen Gegenstand vollzieht, zu bestimmen. Normalerweise ist der Prozess, der uns als Uhr, also als Zeitmesser dient, von den gemessenen Zuständen verschieden. Aber es ist nicht zirkulär, die Veränderungen der Zeigerstände nacheinander zu registrieren und die Uhr und die sich an ihr vollziehenden Veränderungen trotzdem selber als ein »Objekt in der Zeit« zu beschreiben. Man muss also keineswegs immer auf ein zweites Objekt Bezug nehmen, um registrieren zu können, dass ein anderes Objekt zeitlichen Bestimmungen unterliegt. Das Objekt muss sich nur verändern, daraufhin weiß man auf nicht-zirkuläre Weise, dass es »in der Zeit existiert«. Insofern ist die Prämisse 2 in dieser allgemeinen Formulierung falsch.

Aber vielleicht taucht ein Zirkel speziell dann auf, wenn ich mir selber als jemand bewusst bin, der in der Zeit existiert. Kant scheint durch seine Formulierung: »Dieses Beharrliche aber kann nicht etwas in mir sein, weil eben mein Dasein in der Zeit durch dieses Beharrliche allererst bestimmt werden kann« einen solchen Zirkel zu behaupten. Doch ich bin mir selbstverständlich Veränderungen meiner selbst bewusst, indem ich verschiedene innere Zustände durchlaufe. Diese inneren Zustände können Wahrnehmungen, Gedanken, innere Bilder von Gegenständen, aber auch Gefühle und Empfindungen sein. Ich weiß dann zum Beispiel, dass ich erst mit einem Gedanken an ein Perpetuum mobile beschäftigt war, ich mich irgendwann erschöpft fühlte, ich anschließend an die nächste Urlaubsreise dachte, woraufhin sich ein Gefühl der Vorfreude einstellte usw. In keinem dieser aufeinanderfolgenden Zustände bin ich auf etwas bezogen, das tatsächlich außerhalb von mir im Raum existiert, es existiert nur als Inhalt meiner Bewusstseinszustände und ist insofern »etwas in mir«, wie Kant sagt. Wieso also muss ich mich unbedingt auf etwas von mir und meinen inneren Zuständen Ver-

schiedenes beziehen, um mich als jemand zu erleben, der sich mit der Zeit verändert? Für die Begründung einer solchen These ist bei Kant kein Argument zu finden.
Es sieht nicht danach aus, dass Kant ein Beweis für die Existenz der Außenwelt gelungen wäre. Wenn das tatsächlich ein Skandal der Philosophie sein sollte, hat Kant ihn jedenfalls nicht beendet.

Beobachtbarkeit und Realität

Kants Überlegungen zur Erfahrung als Grenze des menschlichen Wissens lassen sich in der These zusammenfassen: *Selbst wenn wir uns Dinge und Sachverhalte widerspruchsfrei denken können, so ist damit (abgesehen von logischen und formalen mathematischen Sachverhalten) nicht garantiert, dass die gedachten Dinge auch tatsächlich existieren und die gedachten Sachverhalte Tatsachen in der realen Welt sind; nur wenn wir gedachte Dinge und Sachverhalte sinnlich wahrnehmen, handelt es sich um reale Dinge und reale Sachverhalte.* Damit eine nicht-logische und nicht-mathematische Aussage überhaupt wahr sein kann, muss sie von sinnlich wahrnehmbaren Dingen und deren sinnlich wahrnehmbaren Eigenschaften und Beziehungen handeln. Es sind letztlich diese Thesen, die hinter Kants Überlegungen stehen, der Endlichkeit unseres Verstandes dadurch auf die Spur zu kommen, dass er unsere Abhängigkeit von sinnlicher Anschauung mit einer rein intellektuellen Anschauung kontrastiert.
Der vorhergehende Satz klingt dabei wie die Kernthese des Empirismus. Aber Kant ist kein Empirist. Denn der Empirismus behauptet, dass (abgesehen von Logik und Mathematik) alle wahren Aussagen empirische Aussagen in dem Sinne sind, dass sie durch Beobachtungen zu veri-

fizieren sind. Genau das bestreitet Kant aber. Ihm zufolge gibt es synthetische Urteile a priori, die durch Beobachtungen weder zu verifizieren noch zu falsifizieren sind. Allerdings handeln die synthetischen Urteile a priori nur von Objekten möglicher Erfahrung. Kant lehrt uns, zwei Dinge auseinander zu halten: Man kann, wie er es in der transzendentalen Analyse der Erfahrung tut, einerseits behaupten, dass sich mit Ausnahme der Logik und möglicherweise der Mathematik alle wahren Aussagen auf sinnlich wahrnehmbare Objekte und Eigenschaften beziehen, und zugleich kann man behaupten, dass deshalb noch lange nicht jede dieser wahren Aussagen auch durch Beobachtungen bewahrheitet wird und bewahrheitet werden kann. Die letzte Behauptung unterscheidet Kant von jedem Empiristen.

Kant hat zweifellos Recht: Mit der Wirklichkeit kommen wir Menschen in der Tat nur über die sinnliche Wahrnehmung in Kontakt. Warum glauben wir, schon im Alltag und philosophisch naiv, dass wir im sinnlich Wahrgenommenen der Realität begegnen? Dieser Glaube wird vor allem durch eine auffällige Eigenschaft sinnlicher Wahrnehmungen nahegelegt: Sie sind in hohem Maße unserer Willkür entzogen. Es gelingt uns normalerweise nicht, die Inhalte der Wahrnehmung willkürlich entstehen und verschwinden zu lassen oder sie in ihrem Charakter zu verändern. Die Inhalte sinnlicher Wahrnehmung stoßen uns zu, sie widerfahren uns und setzen jedem Versuch, sie aus der sinnlichen Wahrnehmung zu verbannen, einen unüberwindbaren Widerstand entgegen. Wir haben den Eindruck, denken zu können, was wir wollen, aber nicht, wahrnehmen zu können, was wir wollen. Unser Denken ist immer subjektiver Willkür und unseren Wünschen ausgeliefert, die Wahrnehmung ist dies nicht. Gedanken müssen wir uns selber machen – Kant bezeichnet diese Selbsttätigkeit als »Spontaneität« –, Wahrnehmungsinhalte empfangen wir – Kant nennt das »Rezeptivität«. All dieses

zusammengenommen erklärt, warum wir Menschen überzeugt sind, im sinnlich Wahrgenommenen mit einer von uns unabhängigen Realität konfrontiert zu sein.
So richtig es grundsätzlich gesehen ist, dass wir Menschen mit der Wirklichkeit nur über die sinnliche Wahrnehmung in Kontakt treten können, so sehr stecken die Probleme im Detail. Kant stellt sich die Rolle der Wahrnehmung und ihr Verhältnis zum Denken zu einfach vor. Die oben formulierte zentrale These Kants von der Erfahrung als Grenze unseres Wissens lebt nämlich davon, dass sich Erfahrung wirklich auf das direkt sinnlich Beobachtbare beschränkt und dass sich das Beobachtbare vom bloß Erschlossenen oder Gedachten klar abgrenzen lässt. Gegen beide Thesen sind in der Wissenschaftsphilosophie Einwände laut geworden:

(1) Auch die Erfahrungswissenschaften beschränken sich keineswegs auf das direkt Beobachtbare, sondern gehen weit darüber hinaus und beziehen sich auf Gegenstände, die im herkömmlichen und alltäglichen Sinne nicht beobachtbar sind.
(2) Beobachtbarkeit ist vom theoretisch Erschlossenen nicht zu trennen, weil alle wissenschaftlich relevanten Beobachtungen in hohem Maße von Theorien abhängig sind, weil sie, wie man auch sagt, »theoriebeladen« sind.

Viele Objekte, die die allermeisten Physiker für real halten, lassen sich in der Tat nicht oder zumindest nicht direkt beobachten. Man muss hier nur an die Elementarteilchen der Physik erinnern. In der Regel verlangt ein Physiker deshalb auch nicht, dass alle Objekte, von denen eine physikalische Theorie handelt, beobachtbar sein müssen. Physiker fordern von einer Theorie nur, dass sie beobachtbare logische Konsequenzen hat, und zwar möglichst viele interessante logische Konsequenzen. Und sie verlangen weiter, dass die Theorie zumindest empirisch adäquat ist. Wendet man die Theorie auf wahre Beobachtungssätze an und folgert mit ihrer Hilfe andere Beobachtungssätze, so müssen auch diese gefolgerten Beobachtungssätze wahr sein.

Wer den Zeigerstand auf einem Messgerät abliest, der kann anschließend nur dann behaupten, dass eine elektrische Spannung von so und so viel Volt vorliege, wenn er dabei viele theoretische Annahmen unterstellt. Zum Beispiel muss er unterstellen, dass die Messskala mit dem Zeiger Teil eines funktionierenden Voltmeters ist, und das lässt sich letztlich nur durch Anwendung fundamentaler Gleichungen der Elektrodynamik überprüfen. Die scheinbar einfache Beobachtungsaussage: »Jetzt liegt hier eine Spannung von 8 Volt vor« ist gar keine harmlose Beobachtungsaussage, sondern in Wahrheit steckt in ihr sehr viel Theorie, ohne die sie weder verstanden noch getroffen oder überprüft werden könnte.

Wenn die erste der beiden Behauptungen der modernen Wissenschaftstheorie zutrifft, dann muss Kant seine These von der Erfahrung als Grenze unseres Wissens vorsichtiger formulieren: Selbst wenn wir uns Dinge und Sachverhalte widerspruchsfrei denken können, ist damit (abgesehen von logischen und formalen mathematischen Sachverhalten) nicht garantiert, dass die gedachten Dinge auch tatsächlich existieren und die gedachten Sachverhalte Tatsachen in der realen Welt sind; nur dann, wenn die Dinge und Sachverhalte *Gegenstände empirisch adäquater Theorien* sind, handelt es sich um reale Dinge und reale Sachverhalte.

Dabei ist der hier verwendete Begriff von Beobachtung so zu modifizieren, dass er der zweiten These Rechnung trägt. Es lässt sich, um es nur anzudeuten, ja immer noch sinnvoll zwischen stärker theoriehaltigen und weniger theoriehaltigen Aussagen oder, anders herum betrachtet, zwischen beobachtungsferneren und beobachtungsnäheren Aussagen unterscheiden. In der Aussage: »Da steht ein

Baum am Straßenrand« steckt mit Sicherheit viel weniger Theorie als in der Aussage: »Jetzt liegt hier eine Spannung von 8 Volt vor«. Man erkennt dies nicht zuletzt daran, dass sehr viele Menschen kompetente Sprecher des ersten Satzes sind, ohne wirklich kompetente Sprecher des zweiten Satzes zu sein, während jeder kompetente Sprecher des zweiten Satzes auch ein kompetenter Sprecher des ersten Satzes sein dürfte. Eine Theorie ist also dann empirisch adäquat, wenn sie möglichst viele möglichst beobachtungsnahe logische Konsequenzen hat und wenn die aus wahren beobachtungsnahen Aussagen mit Hilfe der Theorie gefolgerten beobachtungsnahen Aussagen wahr sind.

Dass schon in die einfachsten Beobachtungen viel Theorie hineingesteckt werden muss, widerspricht natürlich erst einmal nicht Kants Theorie. Im Gegenteil: Er behauptet ja gerade, dass Wahrnehmungen nur dann Teil einer objektiven Erfahrung sind, wenn sie über theoretische Prinzipien an andere Wahrnehmungen angeschlossen werden können. Trotzdem hält die These von der »Theoriebeladenheit« der Beobachtungen, aber auch die These von der Existenz nicht beobachtbarer Gegenstände in den Erfahrungswissenschaften, ein Problem für Kant bereit. Er bestreitet nämlich, wie wir im nächsten Teil noch sehen werden, dass wir über die Gegenstände der Metaphysik etwas wissen können. Gegenstände müssen jedoch offensichtlich nur indirekt mit beobachtungsnahen Gegenständen verknüpft sein, um legitime Gegenstände des Wissens sein zu können. Aber lassen sich die Gegenstände der Metaphysik, selbst Gott, nicht zumindest indirekt mit beobachtungsnahen Dingen in einen inferentiellen Zusammenhang bringen? Warum sollen wir über die Gegenstände der Metaphysik nichts wissen können, wo wir doch über Elementarteilchen sehr viel wissen? Und was soll die Erfahrungswissenschaften von der Metaphysik unterscheiden, wenn zwischen den sogenannten Beobachtungsaussagen und den angeblich »bloß« theoretisch erschlossenen Aussagen in Wahrheit gar keine strikte Grenze verläuft?

Natürlich, auch angesichts dieser kritischen Fragen kann Kant weiterhin behaupten, dass es keine wissenschaftliche Metaphysik über Gott, Freiheit und Unsterblichkeit geben könne. Denn Aussagen der wissenschaftlichen Metaphysik müssten synthetische Urteile a priori sein, und Aussagen dieser Art seien allein die in der *Kritik der reinen Vernunft* hergeleiteten »Grundsätze des reinen Verstandes«. Die aber handeln nicht von Gott, Freiheit und Unsterblichkeit, sondern von transzendentalen Erkenntnisbedingungen. Wissenschaftliche Metaphysik könne es nur in Gestalt einer transzendentalen Analyse der menschlichen Erfahrung geben.

Teil IV
Die Kritik der Metaphysik

13. Die Grundlagen der transzendentalen Dialektik

Die Problemstellung der transzendentalen Dialektik

Schon in der Einleitung haben wir erörtert, wie wichtig für Kant die folgenden drei Thesen sind:

(1) Im Gegensatz zu den Dingen in der Natur, die durchgängig der Kausalität unterworfen sind, ist unser Wille frei.
(2) Wir haben eine unsterbliche Seele, sodass unser Dasein über das irdische Leben hinaus ewig währt.
(3) Gott als ein allmächtiges Wesen mit einem heiligen Willen ist der Urheber des Universums.

Diese drei Thesen gehen weit über das hinaus, was direkt sinnlich wahrgenommen werden könnte. Es handelt sich um metaphysische Thesen. Aber kann die Metaphysik sie auch beweisen? Kant antwortet mit drei Thesen:

(a) Weder die Metaphysik noch eine andere Wissenschaft kann die drei Thesen zwingend beweisen oder widerlegen.
(b) Es liegt in seiner intellektuellen Natur, dass der Mensch sich immer wieder mit den Thesen 1 bis 3 befassen muss. Obwohl alle Versuche, sie zu beantworten, stets von Neuem scheitern werden, wird der Mensch die Fragen nach der Willensfreiheit, der Unsterblichkeit der Seele und der Existenz Gottes nicht los.

(c) Doch auch dann, wenn die Thesen 1 bis 3 kein Gegenstand des Wissens sind, sollen wir gleichwohl als vernünftige moralische Personen an sie glauben.

Die Thesen a und b werden im Abschnitt »Transzendentale Dialektik« der *Kritik der reinen Vernunft* eingehend begründet. Die These c wird ebenfalls in der *Kritik der reinen Vernunft* thematisiert. Kant hat aber in seiner zweiten Kritik, der *Kritik der praktischen Vernunft*, und dort im Abschnitt über die »Postulate der reinen praktischen Vernunft« systematischer für sie argumentiert, als er es in der *Kritik der reinen Vernunft* tut.
Kants Begründungen für die Thesen a und b schließen eine fulminante Kritik der traditionellen Metaphysik ein. Diese Kritik ist der eigentliche Inhalt der »transzendentalen Dialektik«.

Transzendentaler Schein

Der Begriff der Dialektik ist in der Philosophie niemals einheitlich verwendet worden. Für Kant ist die Dialektik ein Teil der Logik, die er in die Analytik und die Dialektik unterteilt. Heute versteht man unter Logik in erster Linie die formalen Gesetze des deduktiven Schließens, wie etwa den Satz vom ausgeschlossenen Widerspruch und den sogenannten Modus ponens[25]. Die Gesetze und Schlussregeln des deduktiven Argumentierens rechnet auch Kant zur Logik. Trotzdem ist sein Logikbegriff weiter gefasst, denn für ihn gehören alle Grundsätze des reinen Verstandes wie zum Beispiel das Kausalprinzip ebenfalls zur Logik. Für Kant umfasst die Logik alle formalen Regeln des richtigen Verstandesgebrauchs.
Als formale Regeln des richtigen Verstandesgebrauchs

25 Der Modus ponens ist die Schlussregel: Wenn p, dann q, außerdem ist p der Fall, also q.

stellen sie nur notwendige Bedingungen für wahre Aussagen dar. Das bedeutet: Jede Aussage, die einer dieser Regeln widerspricht, kann nicht wahr sein.

> Was aber das Erkenntnis der bloßen Form nach (mit Beiseitesetzung alles Inhalts) betrifft, so ist eben so klar: daß eine Logik, so fern sie die allgemeinen und | notwendigen Regeln des Verstandes vorträgt, eben in diesen Regeln Kriterien der Wahrheit darlegen müsse. Denn, was diesen widerspricht, ist falsch, weil der Verstand dabei seinen Regeln des Denkens, mithin sich selbst widerstreitet. Diese Kriterien aber betreffen nur die Form der Wahrheit, d.i. des Denkens überhaupt, und sind so fern ganz richtig, aber nicht hinreichend. Denn obgleich eine Erkenntnis der logischen Form völlig gemäß sein möchte, d.i. sich selbst nicht widerspräche, so kann sie doch noch immer dem Gegenstande widersprechen. Also ist das bloß logische Kriterium der Wahrheit, nämlich die Übereinstimmung einer Erkenntnis mit den allgemeinen und formalen Gesetzen des Verstandes und der Vernunft zwar die conditio sine qua non, mithin die negative Bedingung aller Wahrheit: weiter aber kann die Logik nicht gehen, und den Irrtum, der nicht die Form, sondern den Inhalt trifft, kann die Logik durch keinen Probierstein entdecken. (B 83/84)

Was Kant meint, lässt sich am Beispiel des Kausalprinzips gut erläutern. Nach dem Kausalprinzip gibt es zu jedem Ereignis E ein zeitlich früheres Ereignis E', sodass aus einer Beschreibung von E' mit Hilfe eines empirisch bestätigten Gesetzes G eine Beschreibung von E logisch folgt. Angenommen, man beobachtet, dass sich ein Kupferdraht ausdehnt. Wer behaupten würde, dass es für die Ausdehnung des Kupferdrahts keine Ursache gebe, der sagt in jedem Falle nach Kant etwas Falsches, weil er einem grundlegenden formalen Gesetz des richtigen Verstandesgebrauchs widerspricht. Doch die Ursache dafür, dass sich der Kupferdraht ausgedehnt hat, kennt er damit noch nicht. Das Kausalprinzip benennt für kein Ereignis in der Welt eine Ursache. So müssen die Forscher den konkreten Kupferdraht selber in Augenschein nehmen und etwa prüfen, ob er sich deshalb ausgedehnt hat, weil er erwärmt wurde. Wenn sich diese These als richtig herausstellt, dann ist der Satz »Der Kupferdraht hat sich ausgedehnt, weil er erwärmt wurde« wahr, aber er folgt nicht aus dem Kausalprinzip oder aus einem anderen der formalen Grundsätze des richtigen Verstandesgebrauchs. Er ist deshalb wahr, weil Kupfer eben tatsächlich die Eigenschaft hat, sich bei Erwärmung auszudehnen, und weil dieses Stück Kupfer tatsächlich erwärmt wurde.

Man kann nun die formalen Gesetze des richtigen Verstandesgebrauchs in zweifacher Weise verwenden. Man kann alle Aussagen daraufhin überprüfen, ob sie mit den formalen Gesetzen des Verstandes in Einklang stehen. Man prüft auf diese Weise eine Bedingung sine qua non auf ihre Wahrheit. Kant nennt die Logik in diesem Fall einen »Kanon zur Beurteilung« notwendiger Bedingungen für die Wahrheit von Aussagen und bezeichnet sie dann auch als »Analytik«. Man kann aber auch glauben, die Gesetze der allgemeinen Logik seien nicht nur notwendige Bedingungen für die Wahrheit von Aussagen, sondern sie seien sogar hinreichend, um aus ihnen wahre inhaltliche Aussagen über bestimmte Gegenstände abzuleiten. Die Grundgesetze des Verstandes als wahre inhaltliche Aussagen über Gegenstände misszuverstehen oder fälschlicherweise solche Aussagen direkt aus ihnen abzuleiten, nennt Kant »Dialektik«:

> Gleichwohl liegt so etwas Verleitendes in dem Besitze einer so scheinbaren Kunst, allen unseren Erkenntnissen die Form des Verstandes zu geben, ob man gleich in Ansehung des Inhalts derselben noch

> sehr leer und arm sein mag, daß jene allgemeine Logik, die bloß ein Kanon zur Beurteilung ist, gleichsam wie ein Organon zur wirklichen Hervorbringung wenigstens zum Blendwerk von objektiven Behauptungen gebraucht und mithin in der Tat dadurch gemißbraucht worden. Die allgemeine Logik nun, als vermeintes Organon, heißt Dialektik. (B 85)

Ob Kant mit dem Terminus »Dialektik« zu Recht an bestimmte philosophische Traditionen, insbesondere jene der antiken Philosophie anknüpft, wollen wir hier nicht erörtern. Aber klar ist, warum Kant die Dialektik auch eine »Logik des Scheins« nennt (vgl. B 85 und B 349). Fälschlicherweise wird ja der Eindruck, also ein Schein erzeugt, mit den Gesetzen des reinen Verstandes ließen sich wahre Sätze über bestimmte Gegenstände gewinnen.

Ein »transzendentaler Schein«, wie Kant sagt, wird dadurch erzeugt, dass die Grundsätze des reinen Verstandes[26] scheinbar zwingend und in korrekter Weise auf nicht-empirische Gegenstände angewendet werden und dadurch vermeintlich synthetische Urteile a priori über diese Gegenstände bewiesen werden. Nach Kant hat die sogenannte transzendentale Dialektik

> es mit dem transzendentalen Scheine allein zu tun, der auf Grundsätze einfließt, deren Gebrauch nicht einmal auf Erfahrung angelegt ist, als in welchem Falle wir doch wenigstens einen Probierstein ihrer Richtigkeit haben würden, sondern der uns selbst, wider alle Warnungen der Kritik, gänzlich über den empirischen Gebrauch der Kategorien wegführt und uns mit dem Blendwerke einer Erweiterung des reinen Verstandes hinhält. Wir wollen die Grundsätze, deren Anwendung sich ganz und gar

26 Mit den Grundsätzen des reinen Verstandes sind im Folgenden die Prinzipien gemeint, die Kant selber unter diesen Titel subsumiert und deren Analyse wir S. 124 diskutiert haben.

> in den Schranken möglicher Erfahrung hält, i m m a n e n t e, diejenigen aber, welche diese Grenzen überfliegen sollen, t r a n s z e n d e n t e Grundsätze nennen. (B 352)

Die transzendentale Dialektik hat nach Kant diesen transzendentalen Schein erfahrungstranszendent missbrauchter Grundsätze des reinen Verstandes zu kritisieren (vgl. B 88). Diesem Programm entspricht das Vorgehen im Abschnitt mit dem Titel »Die transzendentale Dialektik«:

(1) Rekonstruiert werden Argumente, deren zentrale Prämissen die Grundsätze des reinen Verstandes und deren Konklusionen jeweils vermeintlich synthetische Urteile a priori über nicht-empirische Gegenstände wie unter anderem Gott, Seele und Welt sind.
(2) Anschließend werden diese Argumente als Fehlschlüsse kritisiert, die die Grundsätze des reinen Verstandes auf nicht-empirische Gegenstände anwenden, obwohl die Grundsätze auf sie nicht angewendet werden dürfen.

Die Kritik, so kündigt Kant gleich zu Beginn vorsichtshalber an, kann jedoch den »transzendentalen Schein« nicht endgültig vertreiben.

> Denn wir haben es mit einer n a t ü r l i c h e n und unvermeidlichen I l l u s i o n zu tun, die selbst auf subjektiven Grundsätzen beruht, und sie als objektive unterschiebt, anstatt daß die logische Dialektik in Auflösung der Trugschlüsse es nur mit einem Fehler, in Befolgung der Grundsätze, oder mit einem gekünstelten Scheine, in Nachahmung derselben, zu tun hat. Es gibt also eine natürliche und unvermeidliche Dialektik der reinen Vernunft, nicht eine, in die sich etwa ein Stümper, durch Mangel an Kenntnissen, selbst verwickelt, oder die irgend ein Sophist, um vernünftige Leute zu verwirren, künstlich ersonnen hat,

sondern die der menschlichen Vernunft unhintertreiblich anhängt, und selbst, nachdem wir ihr Blendwerk aufgedeckt haben, dennoch nicht aufhören wird ihr vorzugaukeln, und sie | unablässig in augenblickliche Verirrungen zu stoßen, die jederzeit gehoben zu werden bedürfen. (B 354/355)

Das Unbedingte und die Vernunftschlüsse

Die physische Welt, in der wir leben, ist durch und durch endlich und unvollkommen. Auch wir Menschen erfahren uns selber als unvollkommen, unfertig und unvollendet. Die Endlichkeit und Unvollkommenheit des Menschen thematisiert Kant in der *Kritik der reinen Vernunft* ebenso wie in den beiden anderen Kritiken und in seinen geschichts- und religionsphilosophischen Arbeiten. Er macht in seiner Philosophie mit dem Gedanken der *Endlichkeit des Menschen* besonders konsequent und radikal ernst. Es ist letztlich auch die Endlichkeit des Menschen, an der er die traditionelle Metaphysik scheitern sieht.

Nach Kant können wir Menschen gar nicht anders, als über uns und die Welt immer wieder nachzudenken, schon allein deshalb, weil ja jeder von uns angesichts einer endlichen Welt und eines endlichen Lebens um sein Glück besorgt sein muss. Für Kant noch wesentlich wichtiger ist allerdings die Tatsache, dass Menschen moralisch immer wieder versagen. Moralisches Versagen ist eine der wichtigsten Facetten menschlicher Endlichkeit. Angesichts unserer Endlichkeit, die für uns in verschiedener Hinsicht ein gravierendes existenzielles Problem ist, haben wir Menschen ein *intellektuelles und moralisches Bedürfnis nach Vollkommenheit*. Als vernünftig nachdenkende moralische Personen sehnen wir uns nach *einem vollendeten, in sich selbst geschlossenen*

Ganzen, zu dem sich Welt und Mensch zusammenfinden und zusammenschließen mögen.
Dieses Bedürfnis nach Vollkommenheit und Vollendung meldet sich nicht zuletzt immer wieder dann zu Wort, wenn wir über uns und die Welt nachdenken. Stets nämlich sehen wir uns gedrängt, die Dinge zu Ende zu denken. Dinge zu Ende zu denken heißt, sie so zu denken, dass sie sich als ein vollendetes, in sich selbst abgeschlossenes Ganzes oder als Teile eines solchen erkennen lassen, ohne dass Fragen offen bleiben. Bei der Analyse der menschlichen Erfahrung stand die »synthetische Einheit der Erfahrung«, die der Verstand hervorbringt, im Mittelpunkt. Aber jetzt wird eine »Einheit« im Sinne eines in sich vollendeten Ganzen angestrebt, die die Einheit der Erfahrung, für die der Verstand sorgt, überschreitet. Das Erkenntnisvermögen, das von dem Verlangen nach einem in sich vollendeten Ganzen angetrieben wird, ist nicht der Verstand, sondern die Vernunft.

> Alle unsere Erkenntnis hebt von den Sinnen an, geht von da zum Verstande, und endigt bei der Vernunft, über welche nichts Höheres in uns angetroffen wird, den Stoff der Anschauung zu bearbeiten und unter die höchste Einheit des Denkens zu bringen. (B 355)

> Der Verstand mag ein Vermögen der Einheit der Erscheinungen vermittelst der Regeln sein, so ist die Vernunft das Vermögen der Einheit der Verstandesregeln unter Prinzipien. Sie geht niemals zunächst auf Erfahrung, oder auf irgend einen Gegenstand, sondern auf den Verstand, um den mannigfaltigen Erkenntnissen desselben Einheit a priori durch Begriffe zu geben, welche Vernunfteinheit heißen mag, und von ganz anderer Art ist, als sie von dem Verstande geleistet werden kann. (B 359)

Nur die Anschauung und der Verstand haben unmittelbar

mit den Gegenständen der Erfahrung zu tun. Das Vermögen der Vernunft hingegen ist ein Erkenntnisvermögen höherer Stufe, weil es sich unmittelbar auf die Erkenntnisse des Verstandes, also auf die Erfahrungsurteile des Verstandes bezieht. Ausgeübt wird dieses Vermögen in den sogenannten *»Vernunftschlüssen«*. Kant führt aus:

> Erstlich geht der Vernunftschluß nicht auf Anschauung, um dieselbe unter Regeln zu bringen (wie der Verstand mit seinen Kategorien), sondern auf Begriffe und Urteile. Wenn also reine Vernunft auch auf Gegenstände geht, so hat sie doch auf diese und deren Anschauung keine unmittelbare Beziehung, sondern nur auf den Verstand und dessen Urteile, welche sich zunächst an die Sinne und deren Anschauung wenden, um diesen ihren Gegenstand zu bestimmen. Vernunfteinheit ist also nicht Einheit einer möglichen Erfahrung, sondern von dieser, als der Verstandeseinheit, wesentlich unterschieden. (B 363)

Worin besteht nun aber die »Vernunfteinheit«, auf die die »Vernunftschlüsse« zielen? Ausgangspunkt der Vernunft ist die Konstellation, dass eine Person *P* mittels eines Urteils ein Objekt O denkt. Aber ein solcher einzelner Gedanke ist niemals ein Ganzes, das keine Fragen mehr offen ließe. Immer dann, wenn jemand ein Objekt denkt, ist ein solcher Gedanke bedingt, er ist immer noch von etwas anderem abhängig, und zwar sowohl mit Blick auf seinen Inhalt als auch mit Blick auf sein Gedachtwerden durch die denkende Person. Immer wollen und müssen wir die Bedingungen dafür, dass eine Person ein Objekt denkt, einbeziehen und mitbedenken. Doch die Bedingungen eines Gedankens zu denken ist wiederum ein Gedanke, und zwar erneut ein bedingter Gedanke. So werden wir denkend weitergetrieben, von den Bedingungen zu den Bedingungen der Bedingungen und von dort zu den Bedingungen der Bedingungen der Bedingungen und so immer weiter fort, bis diese Reihe der Bedingungen eines Bedingten zu einem vollständigen Ganzen abgeschlossen ist. Kant führt aus, dass

> der eigentümliche Grundsatz der Vernunft überhaupt (im logischen Gebrauche) sei: zu dem bedingten Erkenntnisse des Verstandes das Unbedingte zu finden, womit die Einheit desselben vollendet wird. (B 364)

Er spricht vom »Unbedingten«. Was meint er damit? Ein bedingter einzelner Gedanke ist dann und nur dann vollendet, wenn auch alle Bedingungen seiner Inhalte und seines Gedachtwerdens gedacht worden sind. Es ist ein »natürlicher Trieb«, einen Gedanken vollständig zu Ende zu denken, in diesem Sinne »die Totalität seiner Bedingungen« zu denken, wie Kant sagt. Die Totalität aller Bedingungen eines Bedingten nennt Kant auch »die höchste Einheit«. Der Mensch muss zu dem Bedingten, das ihm im Denken gegeben ist, die Totalität der Bedingungen, also die höchste Einheit hinzudenken. Das Denken bedient sich dabei eines Prinzips, das Kant so formuliert:

> Diese logische Maxime [nämlich zu »dem bedingten Erkenntnisse des Verstandes das Unbedingte zu finden«, H. T.] kann aber nicht anders ein Principium der reinen Vernunft werden, als dadurch, daß man annimmt: wenn das Bedingte gegeben ist, so sei auch die Reihe einander untergeordneter Bedingungen, die mithin selbst unbedingt ist, gegeben (d.i. in dem Gegenstande und seiner Verknüpfung enthalten). (B 364)

Das Bedingte ist vom Bedingenden abhängig. Es wäre nicht ohne das Bedingende, andernfalls wäre das Bedingte vom Bedingenden gar nicht abhängig. Ist ein Bedingtes B gegeben, so sind mithin seine Bedingungen B_1 gegeben. Die Bedingungen B_1 sind ihrerseits nur gegeben, insofern auch deren Bedingungen B_2 vorhanden sind, und so immer weiter fort. So ist *B* den Bedingungen B_1, diese den Bedingungen B_2 und so weiter »untergeordnet«, wie Kant sagt. Die Suche nach den Bedingungen eines Bedingten verläuft rückwärts oder »regressiv« von den Bedingungen stets zu den Bedingungen der Bedingungen. So kommt es nach Kant zu dem Prinzip: Ist das Bedingte *B* gegeben, so ist auch die vollständige Reihe $\ldots \Rightarrow B_n \Rightarrow \ldots \Rightarrow B_2 \Rightarrow B_1 \Rightarrow B$ seiner Bedingungen gegeben.

Von der »Reihe einander untergeordneter Bedingungen« des Bedingten behauptet Kant, wie wir eben gehört haben, sie sei selber »unbedingt«. Folgende Überlegung muss Kant vorschweben: Die Totalität der Bedingungen des Bedingten muss alles umfassen, was bedingt ist. Die vollständige Reihe der Bedingungen des Bedingten kann selber in dieser Reihe nicht vorkommen. Außerhalb der Reihe gibt es nach Voraussetzung nichts, was bedingt wäre. Also ist die Totalität der Bedingungen des Bedingten selber nicht durch etwas bedingt, also ist sie unbedingt. So betrachtet muss das Prinzip der Vernunftschlüsse lauten: Ist alles Bedingte gegeben, so ist auch die vollständige Reihe seiner Bedingungen gegeben. Ob Kant von dem Prinzip immer in dieser Weise Gebrauch macht, ist allerdings fraglich. Seine Formulierungen lassen auch die Lesart zu: Ist ein (etwas) Bedingtes gegeben, so ist auch die Totalität seiner Bedingungen gegeben. Mit dieser Formulierung lassen sich die Vernunftschlüsse, die er diskutiert, besser verstehen.

Welche Form haben die Vernunftschlüsse? Kant selber äußert sich dazu nur dunkel. So sagt er etwa:

> [...] der Vernunftschluß ist selbst nichts andres als ein Urteil, vermittelst der Subsumtion seiner Bedingung unter eine allgemeine Regel (Obersatz). (B 364)

> In jedem Vernunftschlusse denke ich zuerst eine Regel (major) durch den Verstand. Zweitens subsumiere ich ein Erkenntnis unter die Bedingung der

> Regel (minor) vermittelst der Urteilskraft. Endlich bestimme ich mein Erkenntnis durch das Prädikat der Regel | (conclusio), mithin a priori durch die Vernunft. Das Verhältnis also, welches der Obersatz, als die Regel, zwischen einer Erkenntnis und ihrer Bedingung vorstellt, macht die verschiedenen Arten der Vernunftschlüsse aus. (B 360/361)

Auf die folgende Weise könnte man Kants Äußerungen verstehen: Eine allgemeine Regel laute: Wenn B_1, dann B_2, oder auch: B_1-Gegenstände sind B_2-Gegenstände. B_1 nennt Kant die »Bedingung der Regel«, B_2 ihr »Prädikat«. Nun »subsumiert« man bestimmte Gegenstände *S* unter die »Bedingung dieser Regel«, indem man behauptet, dass Gegenstände der Art *S* die Bedingung B_1 erfüllen. Daraus folgt, dass die Gegenstände der Art *S* auch der Bedingung B_2, mithin dem »Prädikat« der Regel genügen. Mit der Konklusion: »Auf Gegenstände der Art *S* trifft die Bedingung B_2 zu« urteilt man über *S*-Gegenstände, indem man ihre Bedingungen B_1 unter eine »allgemeine Bedingung« B_2 subsumiert. So betrachtet haben Vernunftschlüsse die Form:

1. Wenn auf etwas B_1 zutrifft, dann trifft darauf auch B_2 zu.
2. Auf Gegenstände der Art *S* trifft B_1 zu.

---

3. Also trifft auf Gegenstände der Art *S* B_2 zu.

Diese Schlussform ist allerdings völlig unspezifisch, schließlich haben nicht nur Vernunftschlüsse diese Form. Die Vernunftschlüsse zeichnen sich nach Kant jedoch durch das Prinzip aus: Ist das Bedingte (etwas Bedingtes) gegeben, so ist auch die vollständige Reihe seiner Bedingungen gegeben. Wenn wir dieses Schlussprinzip in die eben rekonstruierte Schlussform einarbeiten, ergibt sich folgende Form der Vernunftschlüsse:

1. Ein bedingter Gegenstand der Art *S* ist gegeben.
2. Wenn ein Bedingtes gegeben ist, dann ist auch die Totalität seiner Bedingungen gegeben.

---

3. Also ist für jeden Gegenstand der Art *S* die Totalität seiner Bedingungen gegeben.

Doch das ist gar nicht die Form der Vernunftschlüsse, die Kant in der *Kritik der reinen Vernunft* tatsächlich untersucht. Diese Form lässt sich erst finden, wenn wir Kants Rede von den »Vernunftideen« berücksichtigen.

Die Vernunftideen

Die Grundbegriffe des »reinen Verstandes« sind die Kategorien. Die Grundbegriffe der »reinen Vernunft« nennt Kant »Ideen«. Die Vernunftbegriffe stehen in enger Beziehung zur Funktion der reinen Vernunft, mit Hilfe der Vernunftschlüsse von einem bedingten Gegenstand auf die Totalität seiner Bedingungen zurückzugehen. Kant behauptet:

> Demnach restringieren wir in der Konklusion eines Vernunftschlusses ein Prädikat auf einen gewissen Gegen|stand, nachdem wir es vorher in dem Obersatz in seinem ganzen Umfange unter einer gewissen Bedingung gedacht haben. Diese vollendete Größe des Umfanges, in Beziehung auf eine solche Bedingung, heißt die Allgemeinheit (Universalitas). Dieser entspricht in der Synthesis der Anschauungen die Allheit (Universitas) oder Totalität der Bedingungen. Also ist der transzendentale Vernunftbegriff kein anderer, als der von der Totalität der Bedingungen zu einem gegebenen Bedingten. Da nun das Unbedingte allein die Totalität der Bedingungen möglich macht, und umgekehrt die Totalität der Be-

> dingungen jederzeit selbst unbedingt ist: so kann ein reiner Vernunftbegriff überhaupt durch den Begriff des Unbedingten, so fern er einen Grund der Synthesis des Bedingten enthält, erklärt werden. (B 378/379)

Die reinen Vernunftbegriffe oder Ideen beinhalten also jeweils die Totalität der Bedingungen eines Bedingten oder, anders ausgedrückt, sie beinhalten die vollständige Reihe $\ldots \Rightarrow B_n \ldots \Rightarrow B_2 \Rightarrow B_1 \Rightarrow B$ der Bedingungen eines Bedingten. Da die vollständige Reihe, wie wir gehört haben, unbedingt ist, beziehen sich die Ideen oder reinen Vernunftbegriffe auf etwas Unbedingtes. Nach Kant gibt es nur drei Vernunftideen: Seele, Welt und Gott:

> Nun ist das Allgemeine aller Beziehung, die unsere Vorstellungen haben können, 1) die Beziehung aufs | Subjekt, 2) die Beziehungen auf Objekte, und zwar entweder als Erscheinungen, oder als Gegenstände des Denkens überhaupt. Wenn man diese Untereinteilung mit der oberen verbindet, so ist alles Verhältnis der Vorstellungen, davon wir uns entweder einen Begriff, oder Idee machen können, dreifach: 1. das Verhältnis zum Subjekt, 2. zum Mannigfaltigen des Objekts in der Erscheinung, 3. zu allen Dingen überhaupt.
>
> Nun haben es alle reine Begriffe überhaupt mit der synthetischen Einheit der Vorstellungen, Begriffe der reinen Vernunft (transzendentale Ideen) aber mit der unbedingten synthetischen Einheit aller Bedingungen überhaupt zu tun. Folglich werden alle transzendentalen Ideen sich unter drei Klassen bringen lassen, davon die **erste** die absolute (unbedingte) Einheit des denkenden Subjekts, die **zweite** die absolute Einheit der Reihe der Bedingungen der Erscheinung, die **dritte** die absolute Einheit der Bedingungen aller Gegenstände des Denkens überhaupt enthält.

> Das denkende Subjekt ist der Gegenstand der Psychologie, der Inbegriff aller Erscheinungen (die Welt) der Gegenstand der Kosmologie, und das Ding, welches die oberste Bedingung der Möglichkeit von allem, was gedacht werden kann, enthält, (das Wesen aller Wesen) der Gegenstand der Theologie. Also gibt die reine Vernunft die Idee zu einer transzendentalen Seelenlehre (psychologia rationalis), zu einer transzendentalen | Weltwissenschaft (cosmologia rationalis), endlich auch zu einer transzendentalen Gotteserkenntnis (Theologia transscendentalis) an die Hand. (B 390–392)

Das System der drei Vernunftideen »Seele«, »Welt«, »Gott« leitet Kant in der folgenden Weise her (später werden wir diese Herleitungen genauer betrachten): Ausgangspunkt ist, dass ein Subjekt S ein Objekt O denkt. Dieser Sachverhalt ist bedingt. Bedingt an dem Sachverhalt <Subjekt S denkt Objekt O> ist sowohl das denkende Subjekt S wie das gedachte Objekt O. Der Gedanke als Gedanke des *denkenden Subjekts* ist insofern bedingt, als das Subjekt, das jetzt das Objekt O denkt, dies nur deshalb kann, weil es dasselbe Subjekt ist, das auch noch vieles andere denkt. Fasst man diese subjektiven Bedingungen zur höchsten Einheit zusammen, so kommt man auf die *Idee des Selbst* (»Seele«).

An dem Sachverhalt <Subjekt S denkt Objekt O> muss man unterscheiden, ob das Objekt O ein Erfahrungsgegenstand (Erscheinung) oder (nur) ein gedachtes Objekt ist. Ist O eine *Erscheinung*, so ist der Gedanke insofern bedingt, als diese gedachte Erscheinung räumlich, zeitlich und kausal immer durch andere Erscheinungen bedingt gedacht werden muss. Fasst man alle Erscheinungen als Bedingungen anderer Erscheinungen zusammen, so bildet man die *Idee des Universums* (»die Welt«) als Gesamtheit aller Erscheinungen und ihres raum-zeitlich-kausalen Bedingungsgefüges.

Ist in dem Gedanken <Subjekt *S* denkt Objekt *O*> *O* ein *Objekt des Denkens*, ist der Gedanke insofern bedingt, als dem Objekt im Denken Prädikate zugesprochen werden, die voraussetzen oder implizieren, dass ihm noch andere mögliche Prädikate zugesprochen werden können. Fasst man alle möglichen Prädikate in bestimmter Weise zusammen, so stößt man auf die *Idee eines höchsten Wesens*, auf die Idee des sogenannten »ens realissimum« (Gott).

Die Ideen »Seele«, »Welt« und »Gott« sind Gegenstände der traditionellen Metaphysik. Demnach umfasst die Metaphysik insbesondere drei Teildisziplinen:

- die *rationale Psychologie*, die unter anderem die Unsterblichkeit der Seele,
- die *rationale Kosmologie*, die unter anderem die Willensfreiheit,
- die *rationale Theologie*, die unter anderem die Existenz Gottes als Ursache des Universums zu beweisen versucht.

»Rational« meint hier, dass dem Anspruch nach alle Sätze der jeweiligen Disziplin aus a priori wahren synthetischen Prinzipien logisch deduziert werden.

Kants Grundgedanke zur Kritik der Metaphysik

Wenn Kant die Grundbegriffe der reinen Vernunft als »Ideen« bezeichnet, greift er auf einen prominenten Begriff der Philosophie Platons zurück. In einem längeren Abschnitt zum Begriff der Idee stellt Kant diese Beziehung zu Platon ausdrücklich selber her (vgl. B 368–377). Wichtig ist dabei besonders ein Aspekt. Kant betont, dass bei Platon Ideen wie etwa die der Gerechtigkeit als Ideale begriffen werden. Gerechtigkeit ist in der empirischen Welt nicht realisiert. Personen und Staaten in der empirischen Welt können nur mehr oder weniger dem Ideal der Gerechtigkeit nahekommen. Insofern entspricht oder »korrespondiert«, wie Kant sagt, kein Gegenstand in der empirischen Welt der Idee der Gerechtigkeit. Weil den Ideen, den Vernunftbegriffen, wie Kant behauptet, ebenfalls keine Gegenstände in der Erfahrungswelt entsprechen, nennt er sie »Ideen«. In dieser terminologischen Überlegung Kants steckt bereits seine Kritik an der traditionellen Metaphysik. Um sie noch auf eine etwas andere Weise zu formulieren, müssen wir uns daran erinnern, dass die Vernunftideen sich auf die Totalität der Bedingungen eines Bedingten beziehen. Kants These lautet dann: *Die Totalität der Bedingungen des Bedingten ist selber kein in der Erfahrung gegebener Gegenstand und damit kein Gegenstand der Erkenntnis.*

Mit seiner These, dass die Totalität der Bedingungen des Bedingten kein Erkenntnisgegenstand ist, glaubt sich Kant im Besitz einer Diagnose, warum die traditionelle Metaphysik scheitern muss. Nach Kant begeht diese den Grundfehler, *die Totalität der Bedingungen des Bedingten doch als ein Erkenntnisobjekt aufzufassen, dem sie bestimmte Eigenschaften zuschreiben zu können glaubt.* Da die Thesen der Metaphysik und ihre Begründungen nach Kant auf Vernunftschlüssen beruhen, macht sich die Metaphysik des Fehlschlusses schuldig, die vollständige Reihe der Bedingungen eines Bedingten als ein Objekt der Erkenntnis misszuverstehen.

Aus diesen Überlegungen heraus lässt sich die Form der Vernunftschlüsse in der Metaphysik nun genauer angeben:

1. Das Bedingte der Art B ist gegeben.
2. $\ldots \Rightarrow B_n \ldots \Rightarrow B_2 \Rightarrow B_1 \Rightarrow B$ ist die Totalität der Bedingungen für Gegenstände der Art B.
3. Wenn das Bedingte gegeben ist, so ist auch die Totalität seiner Bedingungen gegeben.

---

4. Also ist die Totalität $\ldots \Rightarrow B_n \ldots \Rightarrow B_2 \Rightarrow B_1 \Rightarrow B$ der Bedingungen eines Gegenstandes der Art B gegeben.

5. Es gelten die Grundsätze des reinen Verstandes.
6. Die Anwendung der Grundsätze des reinen Verstandes ergeben für die vollständige Reihe der Bedingungen eines Gegenstandes den Sachverhalt *X*.

---

7. Also gilt von der vollständigen Reihe der Bedingungen eines Gegenstandes der Art *B* der Sachverhalt *X*.

Für Kant kranken Argumente dieser Form daran, dass die Totalität der Bedingungen des Bedingten uns nicht so »gegeben« ist, wie uns etwas Bedingtes als Gegenstand der Erfahrung in der sinnlichen Wahrnehmung gegeben ist. Wenn man *B* wahrnimmt, kann man zwar schließen, dass die Totalität seiner Bedingungen gegeben sein muss. Aber diese Totalität ist uns nicht als in sich abgeschlossenes Erkenntnisobjekt präsent, das man so überblicken könnte, wie man einzelne Objekte der Anschauung überblicken kann. Man denkt sich die Reihe der Bedingungen nur vollständig, ja muss sie sich vollständig denken. Doch dadurch kennt man nicht schon empirisch alle ihre Glieder und schon gar nicht diese Reihe als ein einzelnes, vollständig zu überblickendes Objekt. Man kann nur schrittweise Bedingung für Bedingung erfahren und sich so allmählich aus der Kenntnis einzelner Bedingungen regressiv, das heißt vom Bedingten zum Bedingenden zurücklaufend, jeweils ein endliches Anfangsstück der Reihe zusammensetzen (Synthesis). Kant drückt das so aus:

> Die Reihe der Bedingungen ist nur in der regressiven Synthesis selbst, nicht aber an sich in der Erscheinung, als einem eigenen, vor allem Regressus gegebenen Dinge, anzutreffen. (B 533)

> Dagegen wenn ich es mit Erscheinungen zu tun habe, die, als bloße Vorstellungen, gar nicht gegeben sind, wenn ich nicht zu ihrer Kenntnis (d.i. zu ihnen selbst, denn sie sind nichts, als empirische Kenntnis-

> se,) gelange, so kann ich nicht in eben der Bedeutung sagen: wenn das Bedingte gegeben ist, so sind auch alle Bedingungen (als Erscheinungen) zu demselben gegeben, und kann mithin auf die absolute Totalität der Reihe derselben keineswegs schließen. Denn die Erscheinungen sind, in der Apprehension[27], selber nichts anders, als eine empirische Synthesis (in Raum und Zeit) und sind also nur in dieser gegeben. Nun folgt es gar nicht, daß, wenn das Bedingte (in der Erscheinung) gegeben ist, auch die Synthesis, die seine empirische Bedingung ausmacht, dadurch mitgegeben und vorausgesetzt sei, sondern diese findet allererst im Regressus, und niemals ohne denselben, statt. (B 527)

Die Reihe der Bedingungen eines Bedingten ist nicht gegeben, sondern uns nur als Aufgabe aufgegeben, regressiv vom Bedingten zum Bedingenden die Bedingungen eines Bedingten nach und nach aufzufinden.

> Aber das kann man wohl in einem solchen Falle sagen, daß ein Regressus zu den Bedingungen, d.i. eine fortgesetzte empirische Synthesis auf dieser Seite geboten oder aufgegeben sei, und daß es nicht an Bedingungen fehlen könne, die durch diesen Regressus gegeben werden. (B 527)

Man kann schrittweise die Reihe der Bedingungen regressiv durchlaufen und dadurch empirisch immer neue Glieder der Reihe kennen lernen. Doch niemand wird die Reihe der Bedingungen jemals vollständig durchlaufen haben. Daher kann auch nichts über die Reihe als ganze ausgesagt werden. Zum Beispiel kann niemals entschieden werden, ob die Reihe endlich ist, also die Form $B_n \Rightarrow \ldots \Rightarrow B_2 \Rightarrow B_1 \Rightarrow B$ besitzt, oder ob sie die Gestalt $\ldots B_n \Rightarrow \ldots \Rightarrow B_2 \Rightarrow B_1 \Rightarrow B$ hat.

27 Mit dem Ausdruck »Apprehension« meint Kant das Erfassen eines Mannigfaltigen in der Anschauung.

Denn aus der Tatsache, dass man zu jedem schon erkannten Glied der Reihe empirisch ein weiteres finden kann, lässt sich niemals erschließen, ob die Reihe endlich oder unendlich ist. Der Rückgang in der Reihe der Bedingungen geht, wie Kant sagt, empirisch »unbestimmt weit« (in indefinitum), ob die Reihe sich aber tatsächlich unendlich weit (in infinitum) erstreckt, ist damit nicht ausgemacht (vgl. B 539–541). Die Metaphysik irrt sich, weil sie so tut, als könne sie Aussagen über die Reihe als ganze treffen.
Man kann diese Fehlerdiagnose Kants explizit in das Schema der Vernunftschlüsse einarbeiten. Demnach argumentiert die Metaphysik in folgender Weise:

1. Ein bedingter Gegenstand der Art *B* ist empirisch in der Wahrnehmung als ein erkennbares Objekt gegeben.
2. Wenn etwas Bedingtes gegeben ist, so muss die Totalität $\ldots \Rightarrow B_n \Rightarrow \ldots \Rightarrow B_2 \Rightarrow B_1 \Rightarrow B$ der Bedingungen von *B* als gegeben gedacht werden.

---

3. Also ist die Totalität $\ldots \Rightarrow B_n \Rightarrow \ldots \Rightarrow B_2 \Rightarrow B_1 \Rightarrow B$ der Bedingungen als ein vollständig erkennbares Objekt gegeben.
4. Für uns gegebene Objekte gelten die Grundsätze des reinen Verstandes.
5. Die Anwendung der Grundsätze des reinen Verstandes ergeben für die vollständige Reihe $B_n \Rightarrow \ldots \Rightarrow B_2 \Rightarrow B_1 \Rightarrow B$ der Bedingungen eines Gegenstandes den Sachverhalt X.

---

6. Also gilt von der vollständigen Reihe $B_n \Rightarrow \ldots \Rightarrow B_2 \Rightarrow B_1 \Rightarrow B$ der Bedingungen eines Gegenstandes der Sachverhalt *X*.

Der Fehler ist jetzt offenkundig: Man darf zwar tatsächlich von einem empirischen Objekt darauf schließen, dass alle seine Bedingungen erfüllt sein müssen, da es als etwas Bedingtes sonst nicht existieren könnte. Das behauptet

Prämisse 2. Daraus folgt jedoch nicht, dass die Gesamtheit der Bedingungen genauso erkennbar wäre wie das Ausgangsobjekt und einzelne seiner Bedingungen. Genauso wird aber in Konklusion 3 geschlossen, und es muss so geschlossen werden, da man sonst die Grundsätze des reinen Verstandes nicht auf die vollständige Reihe der Bedingungen anwenden dürfte. Der Übergang von den ersten beiden Prämissen zur Konklusion 3 ist mithin ein Fehlschluss. Die Vernunftschlüsse der Metaphysik kritisiert Kant daher in der folgenden Form:

1. Ein bedingter Gegenstand der Art B ist empirisch in der Wahrnehmung als ein erkennbares Objekt gegeben.
2. Wenn ein bedingter Gegenstand gegeben ist, muss die Totalität $\ldots \Rightarrow B_n \Rightarrow \ldots \Rightarrow B_2 \Rightarrow B_1 \Rightarrow B$ der Bedingungen von B als gegeben gedacht werden.
3. Erkennbar ist aber immer nur schrittweise zurückgehend ein endlicher Abschnitt der Reihe $\ldots \Rightarrow B_n \Rightarrow \ldots \Rightarrow B_2 \Rightarrow B_1 \Rightarrow B$, ohne dass uns je die Reihe als ein Objekt gegeben wäre und von uns erkannt werden könnte.
4. Die Grundsätze des reinen Verstandes können aber nur angewendet werden, wenn die Reihe $\ldots \Rightarrow B_n \Rightarrow \ldots \Rightarrow B_2 \Rightarrow B_1 \Rightarrow B$ der Bedingungen von B uns als ein Objekt gegeben und es von uns erkannt werden könnte.

---

5. Also können die Grundsätze des reinen Verstandes nicht auf die Reihe $\ldots \Rightarrow B_n \Rightarrow \ldots \Rightarrow B_2 \Rightarrow B_1 \Rightarrow B$ angewendet werden.
6. Der Sachverhalt X in Bezug auf die Reihe $\ldots \Rightarrow B_n \Rightarrow \ldots \Rightarrow B_2 \Rightarrow B_1 \Rightarrow B$ könnte nur durch Anwendung der Grundsätze des reinen Verstandes auf diese Reihe bewiesen werden.

---

7. Also ist der Sachverhalt X, der die Reihe $\ldots \Rightarrow B_n \Rightarrow \ldots \Rightarrow B_2 \Rightarrow B_1 \Rightarrow B$ der Bedingungen von B als ganze betrifft, nicht erkennbar.

14. Kritik der rationalen Psychologie

Das Selbst als Idee

Zu jeder Zeit in ihrem wachen Leben ist sich eine Person einer Wahrnehmung, eines Gefühls, eines Gedankens oder eines Wunsches bewusst. Es handelt sich immer um eine bestimmte einzelne Person, die sich jedes ihrer einzelnen inneren mentalen Zustände bewusst ist. Ein solcher innerer mentaler Zustand unterliegt der Bedingung, mit allen anderen inneren Zuständen, deren sich diese Person auch bewusst ist oder noch bewusst wird, verträglich zu sein. In diesem Sinne ist jeder mentale Zustand der Person durch alle anderen ihrer inneren Zustände (mit)bedingt. Die Totalität der Bedingungen der inneren mentalen Zustände einer Person ist das, was man das »Seelenleben«, das »Bewusstsein«, die »Seele« oder auch das »Ich« oder das »Selbst« einer Person nennt oder nennen kann. Als Totalität der Bedingungen der inneren mentalen Zustände einer Person ist die Seele (das Ich, das Selbst) eine typische Vernunftidee im Sinne Kants.

Wie bei allen Vernunftideen werden wir dazu verleitet, auch die Seele (Ich, Selbst) als ein einzelnes erfahrungstranszendentes Objekt misszuverstehen, das wir glauben, erkennen und über das wir glauben sogar a priori etwas wissen zu können. Für Kant fällt die sogenannte rationale Psychologie diesem Missverständnis zum Opfer. Dabei liegt es für die rationale Psychologie nahe, die Seele (Ich, Selbst) mit dem »Ich denke, das alle meine Vorstellungen muss begleiten können« zu identifizieren. Denn eine Person ist sich ihrer inneren Zustände genau dann bewusst, wenn sie sich diese Zustände durch das »Ich denke, dass …« selber ausdrücklich zuschreibt und zuschreiben kann. In diesem Sinne sind Kants Ausführungen von der rationalen Psychologie zu verstehen:

> Ich, als denkend, bin ein Gegenstand des innern Sinnes und heiße Seele. Dasjenige, was ein Gegenstand äußerer Sinne ist, heißt Körper. Demnach bedeutet der Ausdruck Ich, als ein denkend Wesen, schon den Gegenstand der Psychologie, welche die rationale Seelenlehre heißen kann, wenn ich von der Seele nichts weiter zu wissen verlange, als was unabhängig von aller Erfahrung (welche mich näher und in concreto bestimmt) aus diesem Begriffe Ich, so fern er bei allem Denken vorkommt, geschlossen werden kann. (B 400)

> Ich denke, ist also der alleinige Text der rationalen Psychologie, aus welcher sie ihre ganze Weisheit auswickeln soll. (B 401)

> Zum Grunde | derselben [der rationalen Psychologie, H. T.] können wir aber nichts anderes legen, als die einfache und für sich selbst an Inhalt gänzlich leere Vorstellung: Ich; von der man noch nicht einmal sagen kann, daß sie ein Begriff sei, sondern ein bloßes Bewußtsein, das alle Begriffe begleitet. Durch dieses Ich, oder Er, oder Es (das Ding), welches denket, wird nun nichts weiter als ein transzendentales Subjekt der Gedanken vorgestellt = x, welches nur durch die Gedanken, die seine Prädikate sind, erkannt wird, und wovon wir, abgesondert, niemals den mindesten Begriff haben können [...]. (B 403/404)

Für die rationale Psychologie ist die Seele eine einfache, über die Zeit hinweg numerisch identische Substanz, die in Beziehung steht zu möglichen Gegenständen im Raume (vgl. B 402). Daraus ergibt sich nach Kant für die rationale Psychologie im Einzelnen, dass die Seele

(a) als Gegenstand des inneren Sinnes immateriell,
(b) als einfache Substanz unzerstörbar,
(c) als intellektuelle, numerisch identische Substanz Person,

(d) im Sinne der Bestimmung (a) bis (c) spirituell,
(e) als in Beziehungen stehend zu Gegenständen im Raum das »Prinzipium des Lebens in der Materie« und
(f) als ein solches Lebensprinzip und zugleich spirituelles Objekt schließlich unsterblich ist (vgl. B 403).

Wie begründet die rationale Psychologie ihr vermeintlich apriorisches Wissen über das Ich? Im Mittelpunkt steht nach Kant ein Vernunftschluss, mit dem begründet werden soll, dass das denkende Ich oder die Seele eine Substanz sei. Der Vernunftschluss hebt darauf ab, dass das »Ich denke, das alle meine Vorstellungen muss begleiten können« immer nur als Subjekt, als Träger von Vorstellungen, nie als ihr Inhalt auftritt. Kant formuliert das metaphysische Argument in folgender Weise:

> Was nicht anders als Subjekt gedacht werden kann, existiert auch nicht anders als Subjekt und ist also Substanz. |
> Nun kann ein denkendes Wesen, bloß als ein solches betrachtet, nicht anders als Subjekt gedacht werden.
> Also existiert es auch nur als ein solches, d.i. als Substanz. (B 410/411)

Im Abschnitt »Kants Grundgedanke zur Kritik der Metaphysik« (S. 210ff.) hatten wir die Form eines Vernunftschlusses angegeben. Der Vernunftschluss der rationalen Psychologie genügt dieser Form, denn er lässt sich auch so wiedergeben:

1. Alle meine inneren Zustände sind mir durch den inneren Sinn gegeben.
2. Jeder dieser inneren Zustände ist etwas Bedingtes.
3. Wenn das Bedingte gegeben ist, ist auch die Totalität seiner Bedingungen gegeben.

4. Also ist die Totalität meiner inneren Zustände als ein Objekt gegeben.
5. Die Totalität meiner inneren Zustände als ein gegebenes Objekt kann identifiziert werden mit dem »Ich denke, das alle meine Vorstellungen muss begleiten können«, also mit dem logischen (transzendentalen) Ich.
6. Substanz ist, was nur als Subjekt gedacht werden kann.
7. Das logische Ich kann nur als Subjekt gedacht werden.

---

8. Also ist das logische Ich eine Substanz.
9. Von Substanzen gilt unter anderem der transzendentale Grundsatz des Substanzerhaltungssatzes.

---

10. Also gilt vom logischen Ich unter anderem der Substanzerhaltungssatz.

Das logische Ich und das Ich der inneren Anschauung

Wie kritisiert Kant den Vernunftschluss der rationalen Psychologie? Betrachten wir diesen Vernunftschluss noch einmal in Kants Formulierung:

1. Was nicht anders als Subjekt gedacht werden kann, existiert auch nicht anders als Subjekt und ist also Substanz.
2. Nun kann ein denkendes Wesen, bloß als ein solches betrachtet, nicht anders als Subjekt gedacht werden.

---

3. Also existiert es auch nur als ein solches, d. i. als Substanz.

Der Vernunftschluss hat scheinbar die logisch gültige Form:

S ist *F*.
D ist *S*.

Also ist *D F*.

Kant zeigt, dass er in Wahrheit eine andere Form hat, indem er auf eine Mehrdeutigkeit des Ausdrucks »Substanz« aufmerksam macht.

> Im Obersatze [der ersten der beiden Prämissen, H. T.] wird von einem Wesen geredet, das überhaupt in jeder Absicht, folglich auch so wie es in der Anschauung gegeben werden mag, gedacht werden kann. Im Untersatze [der zweiten der beiden Prämissen, H. T.] aber ist nur von demselben die Rede, so fern es sich selbst, als Subjekt, nur relativ auf das Denken und die Einheit des Bewußtseins, nicht aber zugleich in Beziehung auf die Anschauung, wodurch sie als Objekt zum Denken gegeben wird, betrachtet. Also wird [...] durch einen Trugschluß die Konklusion gefolgert. (B 411)

Den letzten Satz seiner Kritik erläutert Kant noch einmal in einer Fußnote:

> Das Denken wird in beiden Prämissen in ganz verschiedener Bedeutung genommen: im Obersatze, wie es auf ein Objekt überhaupt (mithin wie es in der Anschauung gegeben werden mag) geht; im Untersatze aber nur, wie es in der Beziehung aufs Selbstbewußtsein besteht, wobei also an gar kein Objekt gedacht wird, sondern nur die Beziehung auf Sich, als Subjekt, (als die Form des Denkens) vorgestellt wird. Im ersteren wird von Dingen geredet, die nicht anders als Subjekte gedacht werden können; im zweiten aber nicht von Dingen, sondern vom | Denken

> (indem man von allem Objekte abstrahiert), in welchem das Ich immer zum Subjekt des Bewußtseins dient [...]. (B 411)

Kant kritisiert also den »Vernunftschluss« der rationalen Psychologie mit dem einfachen Argument:

1. Der Ausdruck »Substanz« in der ersten Prämisse des Vernunftschlusses der rationalen Psychologie meint: etwas in der Anschauung Gegebenes, das nur als ein in der Zeit beharrliches Subjekt vorkommt.
2. Der Ausdruck »Substanz« in der zweiten Prämisse der rationalen Psychologie meint aber das logische Ich als das (logische) Subjekt, das bestimmte Gegenstände denkt.
3. Das logische Ich ist nicht identisch mit etwas, das in der Anschauung gegeben ist.

---

4. Also wird der Ausdruck »Substanz« in dem Vernunftschluss der rationalen Psychologie mehrdeutig verwendet.
5. Wird der Ausdruck »Substanz« in dieser Weise mehrdeutig im Vernunftschluss der rationalen Psychologie verwendet, so handelt es sich um einen Fehlschluss.

---

6. Also ist der Vernunftschluss der rationalen Psychologie ein Fehlschluss.

Die Prämisse 5 ist wahr. Denn berücksichtigt man die Mehrdeutigkeit des Ausdrucks »Substanz«, ergibt sich statt der oben angegebenen die folgende logisch nicht gültige Form:

S ist *F*.
D ist *S'*.

Also ist *D F*.

Entscheidend an Kants Einwand ist die Prämisse 3: Das logische Ich ist nicht identisch mit etwas, das in der Anschauung gegeben ist. Er bemerkt dazu:

> Die Einheit des Bewußtseins, welche den Kategorien zum Grunde liegt, wird hier für Anschauung des Subjekts als Objekts genommen, und darauf die Kategorie | der Substanz angewandt. Sie ist aber nur die Einheit im Denken, wodurch allein kein Objekt gegeben wird, worauf also die Kategorie der Substanz, als die jederzeit gegebene Anschauung voraussetzt, nicht angewandt, mithin dieses Subjekt gar nicht erkannt werden kann. Das Subjekt der Kategorien kann also dadurch, daß es diese denkt, nicht von sich selbst als einem Objekte der Kategorien einen Begriff bekommen; denn, um diese zu denken, muß es sein reines Selbstbewußtsein, welches doch hat erklärt werden sollen, zum Grunde legen. (B 421/422)

An anderer Stelle heißt es:

> Das Denken, für sich genommen, ist bloß die logische Funktion, mithin lauter Spontaneität der Verbindung des Mannigfaltigen einer bloß möglichen Anschauung, und stellet das Subjekt des Bewußtseins keineswegs als | Erscheinung dar, bloß darum, weil es gar keine Rücksicht auf die Art der Anschauung nimmt, ob sie sinnlich oder intellektuell sei. (B 428/429)

Das lässt sich so verstehen: Eine Person wird sich kognitiver Inhalte bewusst, indem sie sich solche ausdrücklich in Gedanken der Form: »Ich denke, dass *p* und dass *q* und ...« zuschreibt. Der Ausdruck »Ich denke« in diesem Gedanken referiert auf dasjenige Wesen, das und insofern es sich durch den Vollzug der Äußerung »Ich denke, dass *p* und *q* und ...« kognitive Inhalte zuschreibt und sich dadurch dieser Inhalte bewusst wird. Für das logische Ich ist

es wesentlich, immer nur Subjekt des Denkens, aber nie das Gedachte zu sein.
In einem Gedanken »Ich denke, dass *X* der Fall ist« fällt nur das Gedachte *X* unter Kategorien, insofern es Gegenstand möglicher Anschauung ist. Das »Ich denke« ist Ausdruck für den logischen Vollzug des Gedankens (»lauter Spontaneität«). In jedem Gedanken: »Ich denke, dass *X* der Fall ist« ist das »Ich denke« nie als Objekt, schon gar nicht als Objekt der Anschauung gegeben, auf das die Kategorien angewendet werden könnten. Deshalb können dem logischen Ich keine Prädikate zukommen, denn Prädikate kommen nur den Gegenständen zu, die als Gegenstände der Wahrnehmung gedacht werden. Insbesondere die Kategorie der Substanz und ihre logischen Implikate wie Unzerstörbarkeit, Personalität, Einfachheit und so weiter sind auf das logische Ich gar nicht anwendbar.
Ein selbstbezüglicher Gedanke »Ich denke, dass in Bezug auf mich *Y* der Fall ist« muss daher so analysiert werden: Der Bestandteil »Ich denke« ist das logische Ich. Kant nennt es in diesem Zusammenhang auch treffend das »bestimmende Selbst«. Das »Ich«, auf das mit dem Ausdruck »in Bezug auf mich« in dem Gedanken »Ich denke, dass in Bezug auf mich *Y* der Fall ist« referiert wird, ist hingegen das »bestimmbare Selbst«. Nur das »bestimmbare Selbst« fällt unter die Kategorien, da es das empirische Ich der inneren Wahrnehmung (Introspektion) ist.

> Nicht das Bewußtsein des Bestimmenden, sondern das des bestimmbaren Selbst, d.i. meiner inneren Anschauung (so fern ihr Mannigfaltiges der allgemeinen Bedingung der Apperzeption im Denken gemäß verbunden werden kann), ist das Objekt.
> [...] In allen Urteilen bin ich nun immer das bestimmende Subjekt desjenigen Verhältnisses, welches das Urteil ausmacht. Daß aber Ich, der ich denke, im Denken immer als Subjekt, und als etwas, was nicht

> bloß wie Prädikate dem Denken anhänge, betrachtet werden kann, gelten müsse, ist ein apodiktischer und selbst identischer Satz; aber er bedeutet nicht, daß ich, als Objekt, ein, für mich, selbst bestehendes Wesen, oder Substanz sei. (B 407)

Über mich als logisches Subjekt meiner Gedanken gilt per definitionem, dass ich es bin, der denkt, was ich denke, dass ich immer nur das Subjekt meiner Gedanken, nicht das durch Prädikate bestimmbare Objekt meiner Gedanken bin. Das alles sind wahre analytische (»identische«) Sätze. Diese Sätze ergeben sich direkt aus einer begrifflich-logischen Analyse, was es heißt, dass jemand etwas denkt. Aber daraus folgt nichts über mich als mögliches empirisches Objekt meiner Gedanken. Man darf das logische oder transzendentale Ich (das bestimmende Selbst) nie mit dem bestimmbaren Selbst als einem Objekt der inneren Anschauung identifizieren oder verwechseln. Genau das passiert aber in der Metaphysik:

> Also ist durch die Analysis des Bewußtseins meiner selbst im Denken überhaupt in Ansehung meiner selbst als Objekts nicht das mindeste gewonnen. Die logische Erörterung des Denkens wird fälschlich für eine metaphysische Bestimmung des Objekts gehalten. (B 409)

Das hat dann Konsequenzen für jeden Unsterblichkeitsbeweis: Als bloß empirisches Ich ist die Seele sicher nicht unsterblich. Neben dem empirischen Ich gibt es aber nur noch das transzendentale oder logische Ich. Auf das logische Ich sind die Kategorien aber nicht anwendbar. Worauf die Kategorien nicht anwendbar sind, darüber kann nichts gewusst werden. Also gibt es keine Erkenntnisse vom logischen Ich. Insbesondere kann nicht bewiesen werden, ob wir eine unsterbliche Seele haben.

Im Abschnitt »Kants Grundgedanke zur Kritik der Metaphysik« (S. 210ff.) hatten wir die Form der Kritik Kants an den Vernunftschlüssen angegeben. Kants Kritik am Vernunftschluss der rationalen Psychologie genügt dieser Form:

1. Alle meine inneren Zustände sind mir durch den inneren Sinn gegeben.
2. Jeder dieser inneren Zustände ist etwas Bedingtes.
3. Wenn das Bedingte gegeben ist, ist auch die Totalität seiner Bedingungen gegeben.

---

4. Also ist die Totalität meiner inneren Zustände als ein Objekt gegeben.
5. Die Totalität meiner inneren Zustände als ein gegebenes Objekt kann identifiziert werden mit dem »Ich denke, das alle meine Vorstellungen muss begleiten können«, also mit dem logischen (transzendentalen) Ich.
6. Das »Ich denke« ist mir aber nie als sinnlich wahrnehmbares Objekt des Denkens gegeben, es ist immer nur das Subjekt des Denkens.
7. Um die Grundsätze des reinen Verstandes wie z. B. den Substanzerhaltungssatz auf eine Substanz anwenden zu können, muss die Substanz als sinnlich wahrnehmbares Objekt des Denkens gegeben sein.

---

8. Also können die Grundsätze des reinen Verstandes wie z. B. der Substanzerhaltungssatz auf das »Ich denke« nicht angewendet werden.
9. Nur durch Anwendung der Grundsätze des reinen Verstandes auf das »Ich denke« als Substanz könnte die Unsterblichkeit der Seele bewiesen werden.

---

10. Also kann die Unsterblichkeit der Seele nicht bewiesen werden.

15. Kritik der rationalen Kosmologie

Die Antinomien der reinen Vernunft

Nach Kant denkt der Verstand die empirischen Erscheinungen. Die Vernunft hingegen sucht von den Verstandeserkenntnissen aus das Unbedingte, das »nun jederzeit in der absoluten Totalität der Reihe, wenn man sie sich in der Einbildung vorstellt, enthalten« ist (B 444). Fasst man in Gedanken bzw. in der »Einbildung«, wie Kant sagt, alle empirischen Dinge und Ereignisse zusammen, denkt man sie sich als Totalität, als ein zusammenhängendes Ganzes, so nennen wir das üblicherweise die »Welt«. In diesem Sinne verwendet auch Kant den Ausdruck »Welt«, wobei er die »Welt« unter einem bestimmten Aspekt als »Natur« bezeichnet:

> Wir haben zwei Ausdrücke: **Welt** und **Natur**, welche bisweilen in einander laufen. Das erste bedeutet das mathematische Ganze aller Erscheinungen und die Totalität ihrer Synthesis, im Großen sowohl als im Kleinen, d.i. sowohl in dem Fortschritt derselben durch Zusammensetzung, als durch Teilung. Eben dieselbe Welt wird aber Natur genannt, so fern sie als ein dynamisches Ganzes betrachtet wird, und man nicht auf Aggregation im Raume oder der Zeit, um sie als | eine Größe zu Stande zu bringen, sondern auf die Einheit im Dasein der Erscheinungen siehet. (B 446/447)

In welchem Fall Kant die Welt speziell »Natur« nennt, wird gleich klarer. Die Erscheinungen in der Welt bedingen einander in zeitlicher, räumlicher und kausaler Hinsicht. Deshalb lassen sich auch drei regressive Reihen der Bedingungen von Erscheinungen unterscheiden. Diese drei regressiven Reihen kann man auf Eigenschaften hin befragen, die die vollständige Reihe betreffen oder sich nur definitiv in Kenntnis der vollständigen Reihen beantworten lassen. Kant führt fünf Fragen auf:

(1) Die Erscheinungen folgen zeitlich aufeinander. Man kann daher in der zeitlichen Abfolge der Erscheinungen immer weiter zurückgehen. Angesichts der in die Vergangenheit zurücklaufenden Zeitreihe ist zu fragen: *Hat die Welt zeitlich einen Anfang, oder existiert sie schon ewig?*
(2) Ebenso sind die Erscheinungen der Welt im Raum. An den (Teil-)Raum, den ein Ding oder Ereignis *D* einnimmt, grenzt ein umfassenderer Raum, den andere Dinge oder Ereignisse gleichzeitig mit *D* ausfüllen. So kann man von einem Teilraum ausgehend auf immer umfassendere Räume zurückgehen. *Ist die Welt räumlich begrenzt oder unendlich groß?*
(3) Empirische Einzeldinge lassen sich räumlich in kleinere Dinge zerlegen. Man kann so von den materiellen Dingen immer weiter zurückgehen auf ihre Teile. *Ist die Welt, also die Reihe der Teilungen materieller Dinge auf immer kleinere Bestandteile hin, durch nicht weiter zusammengesetzte einfache Bausteine begrenzt oder nicht?*
(4) Ein empirischer Sachverhalt ist kausal nach Naturgesetzen durch andere Sachverhalte bedingt. Man kann von einem empirischen Sachverhalt auf seine kausalen Bedingungen zurückgehen. *Hat alles in der Welt nur naturgesetzliche Ursachen, oder gibt es auch Ursachen, die ihrerseits nicht naturgesetzlich verursacht sind?*
(5) Die Welt ist eine Gesamtheit einander bedingender Erscheinungen. Jede bedingte Erscheinung ist von anderen Erscheinungen abhängig. Keine Erscheinung ist für sich betrachtet notwendig. *Gibt es in dieser Gesamtheit einander bedingender, nicht not-*

wendiger Erscheinungen auch etwas, das unbedingt und notwendig ist?

Zunächst dürfte nun klar geworden sein, wie Kant zwischen der »Welt« und der »Natur« differenziert. Man kann nach der räumlichen und zeitlichen Größe der Welt und nach der Größe der Bausteine fragen, aus denen sich die Dinge in der Welt zusammensetzen. Wo es um Größen geht, ist nach Kant die Mathematik zuständig. Die Zusammensetzung (Synthesis) der Erscheinungen in räumlicher, zeitlicher und materieller Hinsicht zu einem Ganzen, zu einer »Totalität«, nennt Kant daher auch die Welt als ein »mathematisches Ganzes«. Betrachtet man die Welt, wie sich die Dinge ständig in Abhängigkeit voneinander verändern und gerade in ihren kausal vernetzten Veränderungen ein Ganzes bilden, so spricht Kant vom »dynamischen Ganzen« und von »Natur«.
Die oben gestellten Fragen kann man entweder bejahen oder verneinen. Die positive Antwort verhält sich zur negativen wie eine These zu ihrer Gegen- oder Antithese. Auf alle der oben gestellten Fragen antworten einige Metaphysiker mit der These, andere mit der Gegenthese. Beide Parteien glauben die überzeugendsten Gründe auf ihrer Seite. Das macht den Streit unter den Metaphysikern aus. Diesen Streit untersucht Kant metaphilosophisch. Er ergreift nicht Partei, schlägt sich nicht auf die Seite der These oder der Gegenthese.[28] Vielmehr will er verstehen und erklären, warum Metaphysiker über die oben formulierten Fragen in Streit geraten. Wird zu einer These nur konstatiert, dass die Gegenthese ebenso ernsthaft vertreten wird, um dann einen solchen Widerstreit von These und Gegenthese zu erklären, nennt Kant das »Antithetik«.

Wenn Thetik ein jeder Inbegriff dogmatischer Lehren ist, so verstehe ich unter Antithetik nicht dogmati-

28 Mit einer Ausnahme; vgl. S. 252.

> sche Behauptungen des Gegenteils, sondern den Widerstreit der dem Scheine nach dogmatischen Erkenntnisse (thesin cum antithesi), ohne daß man einer vor der andern einen vorzüglichen Anspruch auf Beifall beilegt. Die Antithetik beschäftigt sich also gar nicht mit einseitigen Behauptungen, sondern betrachtet allgemeine Erkenntnisse der Vernunft nur nach dem Widerstreite derselben unter einander und den Ursachen derselben. Die transzendentale Antithetik ist eine Untersuchung über die Antinomie der reinen Vernunft, die Ursachen und das Resultat derselben. (B 448)

Kant spricht von der »Antinomie der reinen Vernunft«. Kann sowohl eine These mit scheinbar guten Gründen als wahr erwiesen werden als auch ihre logische Negation, kann also scheinbar mit guten Gründen ein Widerspruch bewiesen werden, so handelt es sich in gängiger philosophischer Terminologie um eine »Antinomie«.

> Wenn wir unsere Vernunft nicht bloß, zum Gebrauch der Verstandesgrundsätze, auf Ge|genstände der Erfahrung verwenden, sondern jene über die Grenze der letzteren hinaus auszudehnen wagen, so entspringen vernünftelnde Lehrsätze, die in der Erfahrung weder Bestätigung hoffen, noch Widerlegung fürchten dürfen, und deren jeder nicht allein an sich selbst ohne Widerspruch ist, sondern so gar in der Natur der Vernunft Bedingungen seiner Notwendigkeit antrifft, nur daß unglücklicher Weise der Gegensatz eben so gültige und notwendige Gründe der Behauptung auf seiner Seite hat. (B 448/449)

Werden die Grundsätze des reinen Verstandes über die Erfahrungsgegenstände hinaus auf nicht empirische Gegenstände angewendet, resultieren daraus Thesen (»vernünftelnde Lehrsätze«), für die die Metaphysiker glauben zwingende Beweise ins Feld führen zu können. Ärgerlich an der Sache ist nur, dass dasselbe leider auch auf die jeweilige Gegenthese zutrifft. Die sich auf reine Vernunft berufenden Metaphysiker können scheinbar a priori eine These und ihr Gegenteil beweisen. Das hat Kant im Sinn, wenn er von der »Antinomie der reinen Vernunft« redet. Indem die Metaphysiker logisch miteinander unverträgliche Thesen scheinbar beweisen, erzeugen sie einen transzendentalen Schein. Diesen Schein hat die transzendentale Dialektik zu kritisieren.

> Die Fragen, welche bei einer solchen Dialektik der reinen Vernunft sich natürlich darbieten, sind also: 1. Bei welchen Sätzen denn eigentlich die reine Vernunft einer Antinomie unausbleiblich unterworfen sei. 2. Auf welche Ursachen diese Antinomie beruhe. 3. Ob und auf welche Art dennoch der Vernunft unter diesem Widerspruch ein Weg zur Gewißheit offen bleibe. (B 449)

Es sind nach Kant vier Sätze, bei denen »die reine Vernunft einer Antinomie unausbleiblich unterworfen« ist, deren Negation also scheinbar ebenso zwingend begründet werden kann wie die unnegierten Sätze selber.

Thesis	Antithesis
1. Die Welt hat einen Anfang in der Zeit und ist dem Raum nach auch in Grenzen eingeschlossen.	1. Die Welt hat keinen Anfang und keine Grenzen im Raume, sondern ist, sowohl in Ansehung der Zeit als des Raumes, unendlich.
2. Eine jede zusammengesetzte Substanz in der Welt besteht aus einfachen Teilen, und es existieret überall nichts als das Einfache, oder das, was aus diesem zusammengesetzt ist.	2. Kein zusammengesetztes Ding in der Welt besteht aus einfachen Teilen, und es existiert überall nichts Einfaches in derselben.

Thesis	Antithesis
3. Die Kausalität nach Gesetzen der Natur ist nicht die einzige, aus welcher die Erscheinungen der Welt insgesamt abgeleitet werden können. Es ist noch eine Kausalität durch Freiheit zu Erklärung derselben anzunehmen notwendig.	3. Es ist keine Freiheit, sondern alles in der Natur geschieht lediglich nach Gesetzen der Natur.
4. Zu der Welt gehört etwas, das, entweder als ihr Teil, oder ihre Ursache, ein schlechthin notwendiges Wesen ist.	4. Es existiert überall kein schlechthin notwendiges Wesen, weder in der Welt, noch außer der Welt, als ihre Ursache.

Wir werden hier nur die erste Antinomie analysieren. Auf die zweite werden wir nicht weiter eingehen, sie ist systematisch nicht so wichtig, ganz im Gegensatz zur dritten Antinomie, die so bedeutsam ist, dass wir sie gesondert im nächsten Kapitel behandeln werden. Die vierte Antinomie steht in enger Beziehung zu den Gottesbeweisen und wird uns im Kapitel über die rationale Theologie beschäftigen.

Die erste Antinomie

Hat die Welt einen zeitlichen Anfang? Das Programm einer »Dialektik der reinen Vernunft« sieht im ersten Schritt den Nachweis vor, dass man auf dem Boden der Metaphysik mit gleich guten Gründen sowohl die Frage bejahen als auch verneinen kann. Kant führt uns vor, wie Metaphysiker für die »Thesis«, dass die Welt einen Anfang hat, auf den ersten Blick scheinbar zwingend argumentieren können:

> Denn, man nehme an, die Welt habe der Zeit nach keinen Anfang: so ist bis zu jedem gegebenen Zeitpunkte eine Ewigkeit abgelaufen, und mithin eine un-

> endliche Reihe auf einander folgender Zustände der Dinge in der Welt verflossen. Nun besteht aber eben darin die Unendlichkeit einer Reihe, daß sie durch sukzessive Synthesis niemals vollendet sein kann. Also ist eine unendlich verflossene Weltreihe unmöglich, mithin ein Anfang der Welt eine notwendige Bedingung ihres Daseins; welches zuerst zu beweisen war. (B 454)

Man kann diesen Beweis in folgender Weise rekonstruieren:

1. Annahme um des Arguments willen: *Die Welt existiert schon ewig*, d.h., es gibt zum gegenwärtigen Zustand der Welt unendlich viele zeitlich aufeinander folgende frühere Zustände als Reihe seiner Bedingungen.
2. Ein Zustand der Welt kann nur eintreten, wenn die Totalität seiner Bedingungen vorliegt, also alle ihm zeitlich vorausliegenden Zustände durchlaufen worden sind.
3. Unendlich viele dem gegenwärtigen Weltzustand zeitlich vorausliegende Zustände können nicht vollständig bis zum gegenwärtigen Zustand durchlaufen werden.

---

4. Also dürfte der gegenwärtige Weltzustand eigentlich noch gar nicht eingetreten sein.
5. Der gegenwärtige Weltzustand ist aber eingetreten.

---

6. Also muss die Welt einen nur endliche Zeit zurückliegenden Anfang haben.

Kant sieht in der Metaphysik ein scheinbar zwingendes Argument für die Antithesis:

> Denn man setze: sie habe einen Anfang. Da der Anfang ein Dasein ist, wovor eine Zeit vorhergeht, darin das Ding nicht ist, so muß eine Zeit vorhergegangen sein, darin die Welt nicht war, d. i. eine leere Zeit.

> Nun ist aber in einer leeren Zeit kein Entstehen irgend eines Dinges möglich; weil kein Teil einer solchen Zeit vor einem anderen irgend eine unterscheidende Bedingung des Daseins, von der des Nichtseins, an sich hat (man mag annehmen, daß sie von sich selbst, oder durch eine andere Ursache entstehe). Also kann zwar in der Welt manche Reihe der Dinge anfangen, die Welt selber aber kann keinen Anfang haben, und ist also in Ansehung der vergangenen Zeit unendlich. (B 455)

Hier die Rekonstruktion des Arguments:

1. Annahme um des Arguments willen: *Die Welt hat einen zeitlichen Anfang.*
2. Wenn etwas zum Zeitpunkt *t* zu existieren beginnt, so gibt es frühere Zeitpunkte, zu denen es noch nicht existierte.

---

3. Also hat es frühere Zeitpunkte gegeben, zu denen die Welt noch nicht existierte.
4. Wenn die Welt nicht existierte, existierte gar nichts.

---

5. Also hat es zu allen Zeitpunkten vor der Erschaffung der Welt nichts gegeben, alle Zeitpunkte unterschieden sich in nichts voneinander.
6. Wenn zu einem Zeitpunkt *t* ein *X* zu existieren beginnt, muss es vor *t* irgendeinen die Zeitpunkte inhaltlich unterscheidenden Anlass geben, der das Entstehen von *X* hinreichend begründet.

---

7. Also muss es zu einem Zeitpunkt vor dem Anfang der Welt einen ihn von den anderen Zeitpunkten unterscheidenden inhaltlichen Anlass gegeben haben, der das Entstehen der Welt hinreichend begründet.
8. Das steht im Widerspruch zu 5.

---

9. Also kann es keinen Anfang der Welt gegeben haben. Sie muss schon immer existiert haben.

Für die Thesis, dass die Welt räumlich begrenzt ist, stößt Kant in der Metaphysik auf den folgenden Beweis:

> In Ansehung des zweiten [nämlich dass die Welt räumlich begrenzt ist, H. T.] nehme man wiederum das Gegenteil an: so wird die Welt ein unendlich gegebenes Ganzes von zugleich existierenden Dingen sein. Nun können wir die Größe eines Quanti, welches nicht innerhalb gewisser Grenzen jeder Anschauung gegeben wird, auf | keine andere Art, als nur durch die Synthesis der Teile, und die Totalität eines solchen Quanti nur durch die vollendete Synthesis, oder durch wiederholte Hinzusetzung der Einheit zu sich selbst, gedenken. Demnach, um sich die Welt, die alle Räume erfüllt, als ein Ganzes zu denken, müßte die sukzessive Synthesis der Teile einer unendlichen Welt als vollendet angesehen, d.i. eine unendliche Zeit müßte, in der Durchzählung aller koexistierenden Dinge, als abgelaufen angesehen werden; welches unmöglich ist. Demnach kann ein unendliches Aggregat wirklicher Dinge, nicht als ein gegebenes Ganzes, mithin auch nicht als zugleich gegeben, angesehen werden. Eine Welt ist folglich, der Ausdehnung im Raume nach, nicht unendlich, sondern in ihren Grenzen eingeschlossen [...]. (B 456/458)

Es verwundert zunächst, warum damit argumentiert wird, wie eine unendliche Menge gleichzeitig existierender Dinge gedacht und durchgezählt werden kann. Kant erläutert:

> Allein, um die Totalität einer solchen Menge [unendlich vieler gleichzeitig existierender Räume oder räumlicher Dinge, H. T.] zu denken, da wir uns nicht auf Grenzen berufen können, welche diese Totalität von selbst in der Anschauung ausmachen, müssen wir

> von unserem Begriffe Rechenschaft geben, der in solchem Falle nicht vom Ganzen zu der bestimmten Menge der Teile gehen kann, sondern die Möglichkeit eines Ganzen durch sukzessive Synthesis der Teile dartun muß. (B 460)

Kant hält es offensichtlich für unproblematisch, das Argument der Metaphysiker auf die Annahme zu gründen, dass die Welt als ganze erkennbar ist. Die Metaphysiker begingen in der Tat einen Selbstwiderspruch, würden sie die Welt als ganze für unerkennbar halten und gleichzeitig einen Beweis dafür vorlegen, dass sie räumlich begrenzt bzw. unendlich ist. Die Unterstellung, dass die Welt als ganze erkennbar sein muss, ist für das Argument wesentlich, wie die nachfolgende Rekonstruktion zeigt:

1. Annahme um des Arguments willen: *Die Welt ist nicht räumlich begrenzt.*
2. Die Welt als ganze ist erkennbar.
3. Wenn die Welt nicht räumlich begrenzt ist, dann existieren gleichzeitig zu jedem mit Dingen angefüllten begrenzten Teilraum angrenzende und mit anderen Dingen angefüllte weitere Teilräume.

---

4. Also existieren gleichzeitig unendlich viele aneinander angrenzende und mit Dingen gefüllte Teilräume.
5. Man erkennt die Welt als unendliche Gesamtheit von gleichzeitig existierenden und mit Dingen angefüllten Teilräumen nur, indem man sukzessive Teilraum für Teilraum erkennend zu einem Ganzen zusammenfügt.
6. Wenn die Welt unendlich ist, benötigt man unendliche Zeit, um sukzessive alle gleichzeitig existierenden räumlichen Dinge erkennend die Welt zu einem Ganzen zusammenzufügen.

---

7. Also hat man, die Welt als ganze erkennend, in unendlicher Zeit sukzessive alle gleichzeitig existierenden

räumlichen Dinge erkennend zu einem Ganzen zusammengefügt.
8. Das ist aber unmöglich.

---

9. Also kann die erkennbare Welt nicht räumlich unendlich sein, sie muss räumlich begrenzt sein.

Die Antithesis von der räumlichen Unendlichkeit der Welt hält Kant im Rahmen der Metaphysik in folgender Weise für beweisbar:

> Was das zweite betrifft, so nehme man zuvörderst das Gegenteil an, daß nämlich die Welt dem Raume nach endlich und begrenzt ist; so befindet sie sich in einem leeren Raum, der nicht begrenzt ist. Es würde also nicht allein ein Verhältnis der Dinge im Raum, sondern auch der Dinge zum Raume angetroffen werden. Da nun die Welt ein absolutes Ganzes ist, außer welchem kein | Gegenstand der Anschauung, und mithin kein Correlatum der Welt, angetroffen wird, womit dieselbe im Verhältnis stehe, so würde das Verhältnis der Welt zum leeren Raum ein Verhältnis derselben zu keinem Gegenstande sein. Ein dergleichen Verhältnis aber, mithin auch die Begrenzung der Welt durch den leeren Raum, ist nichts; also ist die Welt, dem Raume nach, gar nicht begrenzt, d.i. sie ist in Ansehung der Ausdehnung unendlich. (B 455/457)

Auch in diesem Argument wird die Erkennbarkeit der Welt unterstellt. Wahrnehmbar, auch das unterstellt Kant, sind nur die räumlichen Verhältnisse zwischen materiellen Dingen und Ereignissen; ein leerer Raum ist ohne Bezug auf materielle Dinge und Ereignisse nicht erkennbar. Schließlich hält Kant es für ausgemacht, dass der Raum, den die materiellen, wahrnehmbaren Dinge der Welt einnehmen, umgeben ist von einem unendlichen leeren

Raum. Er setzt hier einfach die euklidische Geometrie voraus. Das war auf dem Stand des Wissens seiner Zeit verständlich, sachlich richtig ist es trotzdem nicht. Das soll hier aber nicht weiter diskutiert werden. Man muss sich diese Voraussetzungen nur vor Augen führen, um den metaphysischen Beweis für die räumliche Unendlichkeit nachvollziehen zu können. Hier nun die Rekonstruktion des Arguments:

1. Annahme um des Arguments willen: *Die Welt, also die Gesamtheit der wahrnehmbaren materiellen Dinge und Ereignisse, ist räumlich begrenzt.*
2. Die Welt als ganze ist erkennbar.
3. Wenn die Welt räumlich begrenzt ist, dann ist der mit wahrnehmbaren materiellen Dingen und Ereignissen gefüllte Raum von einem unendlichen leeren Raum umgeben.
4. Ein Verhältnis zwischen Teilräumen wird immer erkannt durch Bezugnahme auf Dinge, die in den Räumen angesiedelt sind.

---

5. Also wird das Verhältnis des endlichen mit Dingen erfüllten Raumes zum leeren Rest erkannt durch das Verhältnis, das zwischen Dingen besteht, die in den Teilräumen angesiedelt sind.
6. Das ist per definitionem unmöglich.

---

7. Also wäre die Welt als begrenztes Ganzes gar nicht erkennbar.
8. Das steht im Widerspruch zu Prämisse 2.

---

9. Also ist die Welt räumlich unbegrenzt, d. h. mit unendlich vielen gleichzeitig existierenden materiellen Dingen bevölkert.

Aus Sicht der Metaphysik sind alle vier Argumente zwingend. Die Metaphysik kann nicht zwischen Beweis und

Gegenbeweis entscheiden. So ist sie mit Widersprüchen konfrontiert, aus denen sie keinen Ausweg findet. Für Kant kann ein Widerspruch niemals wahr sein. Es muss also ein Fehler in den Beweisen selbst stecken. Dieser versteckte Fehler muss allen vier Beweisen gemeinsam sein, denn sonst könnte man möglicherweise doch zwischen korrekten und inkorrekten Beweisen unterscheiden, und die Antinomien ließen sich zugunsten jeweils einer der beiden Thesen intern auflösen.

Ein solcher gemeinsamer Fehler aller vier Beweise liegt für Kant auf der Hand. Es ist der Grundfehler aller Metaphysik. *Die vollständige Reihe der Bedingungen eines Bedingten wird für ein gegebenes und erkennbares Objekt gehalten, während in Wahrheit nur sukzessive ein begrenzter, unvollständiger Abschnitt einer solchen Reihe empirisch erkannt werden kann. Das Wissen über einen solch begrenzten und unvollständigen Abschnitt der Reihe der Bedingungen eines Bedingten lässt keinerlei Schlüsse über die Eigenschaften der vollständigen Reihe zu.* Die Antinomie der reinen Vernunft kann also nach Kant nicht zugunsten einer der beiden miteinander im Widerstreit liegenden Thesen aufgelöst werden. Sie wird dadurch aufgelöst, dass alle vier Beweise als fehlerhaft verworfen werden. Die Metaphysik maßt sich ein Wissen an, wo wir Menschen nichts wissen können.

Kant stellt der ersten Antinomie diese Diagnose in sehr klaren Worten:

> Nun habe ich das Welt|ganze jederzeit nur im Begriffe, keinesweges aber (als Ganzes) in der Anschauung. Also kann ich nicht von seiner Größe auf die Größe des Regressus schließen, und diese jener gemäß bestimmen, sondern ich muß mir allererst einen Begriff von der Weltgröße durch die Größe des empirischen

> Regressus machen. Von diesem aber weiß ich niemals etwas mehr, als daß ich von jedem gegebenen Gliede der Reihe von Bedingungen immer noch zu einem höheren (entfernteren) Gliede empirisch fortgehen müsse. Also ist dadurch die Größe des Ganzen der Erscheinungen gar nicht schlechthin bestimmt, mithin kann man auch nicht sagen, daß dieser Regressus ins Unendliche gehe, weil dieses die Glieder, dahin der Regressus noch nicht gelanget ist, antizipieren und ihre Menge so groß vorstellen würde, daß keine empirische Synthesis dazu gelangen kann, folglich die Weltgröße vor dem Regressus (wenn gleich nur negativ) bestimmen würde, welches unmöglich ist. Denn diese ist mir durch keine Anschauung (ihrer Totalität nach), mithin auch ihre Größe vor dem Regressus gar nicht gegeben. Demnach können wir von der Weltgröße an sich gar nichts sagen, auch nicht einmal, daß in ihr ein regressus in infinitum stattfinde, sondern müssen nur nach der Regel, die den empirischen Regressus in ihr bestimmt, den Begriff von ihrer Größe suchen. Diese Regel aber sagt nichts mehr, als daß, so weit wir auch in der Reihe der empirischen Bedingungen gekommen sein mögen, wir nirgend eine absolute Grenze annehmen sollen, | sondern jede Erscheinung, als bedingt, einer andern, als ihrer Bedingung unterordnen, zu dieser also ferner fortschreiten müssen, welches der regressus in indefinitum ist, der, weil er keine Größe im Objekt bestimmt, von dem in infinitum deutlich genug zu unterscheiden ist. (B 546–548)

Empirisch kann ich in der Reihe der Bedingungen immer weiter zurückgehen. Ich stoße nie auf eine definitive Grenze. Insofern handelt es sich um einen unbestimmten Regress, einen »regressus in indefinitum«. Aber er betrifft nur mein unvollständiges Wissen von der Reihe der Bedingungen eines Bedingten. Ob die Reihe selber an sich eine objektive Grenze hat oder sich unendlich weit erstreckt, also einen unendlichen Regress, einen »regressus in infinitum«, ermöglicht, kann ich niemals wissen.

Zur Kritik an Kants Fehlerdiagnose für die Metaphysik

Kants Kritik an der ersten Antinomie beruht wie seine Kritik an den anderen Antinomien auf zwei Voraussetzungen. Erstens muss es unmöglich sein, eine Kritik gegen den Beweis für eine der einander widerstreitenden Thesen anzubringen, die den Beweis der anderen Aussage nicht trifft. Die Fehler müssen gemeinsam und symmetrisch auf Beweis und Gegenbeweis verteilt sein. Zweitens muss Kant den einzigen Fehler, den allen Beweise begehen, richtig diagnostizieren.

Ob die erste Voraussetzung wirklich erfüllt ist, lässt sich nur durch eine detaillierte Analyse der von Kant vorgelegten Beweise klären. Eine solche Analyse im Detail würde den Rahmen dieses Buches sprengen. Aber unzweifelhaft sind die vier Beweise in verschiedenen Hinsichten zu kritisieren. Es seien hier nur zwei mögliche Einwände angedeutet:

Nach dem Beweis für die erste Antithesis muss es auch eine Zeit vor dem Entstehen der Welt gegeben haben. Das ist nicht selbstverständlich. So vertreten heute viele Physiker die Auffassung, dass Raum und Zeit erst zusammen mit der Welt entstanden sei, sodass es keinen Sinn mache, von einer Zeit vor Beginn des Universums zu reden. Der Beweis der Thesis wird von diesem Einwand nicht getroffen.

Lässt sich, so der zweite mögliche Einwand, die dritte Prämisse des ersten Beweises halten, wonach unendlich viele dem gegenwärtigen Weltzustand zeitlich vorausliegende Zustände nicht vollständig bis zum gegenwärtigen Zustand durchlaufen werden können? Warum soll das richtig sein? Vor allem entsteht der Verdacht, dass diese Aussage gleichbedeutend ist mit der Behauptung: Wenn Z ein Weltzustand ist, dann können ihm nur endlich viele andere Weltzustände vorausgehen. Diese Behauptung ist aber im Kern die These, dass die Welt zeitlich endlich ist. Es wird also schon als Prämisse verkappt benutzt, was erst bewiesen werden soll.

Doch verlassen wir diese Art der Kritik an den Beweisen für die Unendlichkeits- bzw. die Endlichkeitsthese und wenden uns gleich der zweiten Voraussetzung von Kants Fehlerdiagnose zu: Hat Kant einen gemeinsamen Fehler aller vier Beweise zutreffend diagnostiziert?

Die Metaphysik, wie Kant sie kritisiert, befasst sich mit dem Unbedingten. Das Unbedingte betrifft nach Kant immer die vollständige Reihe $\ldots \Rightarrow B_n \Rightarrow \ldots \Rightarrow B_2 \Rightarrow B_1 \Rightarrow B$ der Bedingungen eines Bedingten. Etwas Unbedingtes zu erkennen bedeutet daher immer, etwas über die vollständige Reihe als ganze zu wissen. Kant hält das für unmöglich. Er glaubt nämlich, dass man über die vollständige Reihe als ganze nur dann etwas wissen kann, wenn man jedes einzelne Glied der Reihe explizit erfasst und in Erfahrung gebracht hat. Jedes einzelne Glied der Reihe kann aber nur Schritt für Schritt in Erfahrung gebracht werden, und bei dieser sukzessiven Erfahrung der einzelnen Glieder der Reihe kommen wir, so Kant, nie an ein definitives Ende, ohne dass wir daraus schließen dürften, die Reihe ende wirklich niemals. Die wichtigste Prämisse seiner Fehlerdiagnose besagt: *Über die vollständige Reihe der Bedingungen von Erscheinungen als ganze kann erst dann etwas gewusst werden, nachdem jedes einzelne Glied der Reihe ausdrücklich thematisiert und in Erfahrung gebracht worden ist.* Dieses Prinzip seiner Kritik ist fragwürdig.

Dass das Prinzip nicht uneingeschränkt richtig sein kann,

lehrt sofort die Mathematik. Mathematiker können etwas über Folgen beweisen, ohne zuvor jedes einzelne Glied der Folge explizit zu kennen und zu berechnen. So weiß der Mathematiker zum Beispiel, dass die Folge 1, ½, ⅓, ¼ … den Grenzwert 0 hat.

Kant könnte dem entgegenhalten, dass die Mathematik ein Sonderfall sei. Denn in gewisser Weise kennen wir doch alle Glieder der Folge 1, ½, ⅓, ¼ …, weil wir zumindest wissen, dass jedes Glied die Form $1/n$ mit einer natürlichen Zahl *n* hat. Über eine allgemeine Konstruktionsvorschrift lässt sich jedes Glied der Folge bestimmen und aufzählen, und darauf stützt sich der Beweis ihres Grenzwertes. Doch bei der Reihe der Bedingungen eines Bedingten geht es um empirische Sachverhalte. Für diese sind keine Konstruktionsvorschriften bekannt, sodass wir tatsächlich in der Regel nicht wissen, welche und wie viele empirische Sachverhalte zu der Reihe gehören. Daher, so könnte Kant dem Einwand mit Bezug auf die Mathematik begegnen, müsse jeder Versuch versagen, etwas über die Reihe als ganze in Erfahrung zu bringen, bevor man nicht jedes ihrer Glieder kennt.

Doch auch im Falle einer Reihe empirischer Bedingungen eines in der Erfahrung Gegebenen ist das Prinzip: »Kein Wissen über jedes einzelne Glied, also kein Wissen über die Reihe als ganze« in dieser Allgemeinheit nicht einsichtig. Es könnte sehr wohl Eigenschaften geben, von denen man weiß, dass sie den einzelnen Gliedern einer solchen Reihe gemeinsam sein müssen. Und aus diesem Wissen lassen sich möglicherweise Eigenschaften schließen, die die Reihe als ganze betreffen. Man muss dann für einen solchen Schluss keineswegs jedes einzelne Glied der Reihe kennen, sondern nur ein endliches Anfangsstück.

Illustrieren lässt sich dieser Fall an der physikalischen Kosmologie. Dieses Beispiel ist für die Kritik an der rationalen Kosmologie besonders einschlägig. Die Feldgleichungen der Allgemeinen Relativitätstheorie haben nämlich Lösungen, die für das Universum insgesamt gelten. Von bestimmten Lösungen kann man auf den »Urknall«, also auf einen endlich weit zurückliegenden Anfang des Universums schließen. Selbstverständlich geht es Kant um apriorisches Wissen, während die Aussagen der Allgemeinen Relativitätstheorie empirisch sind. Schränkt er sein Prinzip auf die Behauptung ein: »Kein apriorisches Wissen über die Reihe der Bedingungen eines Bedingten als ganze ohne Wissen über jedes einzelne Reihenglied«, greift sofort wieder das Gegenbeispiel der Mathematik. Er müsste das Prinzip formulieren: »Kein apriorisches nichtmathematisches Wissen über die Reihe der empirischen Bedingungen eines Bedingten als ganze ohne Wissen über jedes einzelne Reihenglied«. Wo aber ist der Beweis für dieses Prinzip?

16. Die Freiheitsantinomie

Vernünftige Autonomie gegen durchgängige Naturkausalität

Das Ideal der vernünftigen Autonomie bildet das Herzstück der kantischen Philosophie. Kant sieht dieses Ideal besonders durch ein Faktum herausgefordert. Auch wir Menschen sind mit unseren Handlungen Kausalgesetzen unterworfen. Dass das Kausalprinzip uneingeschränkt in der empirischen Welt gilt, hat Kant selber sogar in den Rang einer notwendigen transzendentalphilosophischen Wahrheit erhoben: Wir müssen die Welt als eine Welt betrachten, in der alles ursächlich nach strengen Gesetzen geschieht, sonst können wir sie nicht objektiv erfahren. Wo soll da noch Platz sein für die vernünftige Autonomie des Menschen? Das ist Kants Problem.
Was versteht er unter Freiheit?

> Man kann sich nur zweierlei Kausalität in Ansehung dessen, was geschieht, denken, entweder nach der Natur, oder aus Freiheit. Die erste ist die Verknüpfung eines Zustandes mit einem vorigen in der Sinnenwelt, worauf jener nach einer Regel folgt. Da nun die Kausalität der Erscheinungen auf Zeitbedingungen beruht, und der vorige Zustand, wenn er jederzeit gewesen wäre, auch keine Wirkung, die allererst in der Zeit entspringt, hervorgebracht hätte: so ist die Kausalität der Ursache dessen, was geschieht, oder entsteht, auch entstanden, und bedarf nach dem Verstandesgrundsatze selber wiederum eine Ursache. |
> Dagegen verstehe ich unter Freiheit, im kosmologischen Verstande, das Vermögen, einen Zustand von selbst anzufangen, deren Kausalität also nicht nach

> dem Naturgesetze wiederum unter einer anderen Ursache steht, welche sie der Zeit nach bestimmte.
>
> (B 560/561)

Ein Ereignis ist eine Veränderung. Das ist eine analytische Wahrheit. Nun geschieht nach Kant nichts ohne Ursache. Die Ursache eines Ereignisses muss selber ein Ereignis sein. Das begründet er so: Hätte die Ursache schon die ganze Zeit über bestanden, dann hätte entweder auch das verursachte Ereignis schon immer bestanden, wäre also gar kein Ereignis, was der Voraussetzung widerspricht. Oder die Ursache als ein schon ewig anhaltender Zustand in der Welt hätte nicht irgendwann eine Veränderung auslösen können. Denn wenn sie es vorher nicht getan hat, gibt es keinen Grund, warum sie es später plötzlich tut, wo sich doch nichts geändert hat. Also hätte abermals das verursachte Ereignis gar nicht geschehen dürfen. Deshalb muss die Ursache eines Ereignisses selber ein Ereignis und seinerseits durch ein anderes Ereignis bewirkt worden sein. Die Reihe $\ldots \Rightarrow U_n \Rightarrow \ldots \Rightarrow U_2 \Rightarrow U_1 \Rightarrow W$ der Ursachen der Ursachen eines bewirkten Ereignisses *W* hat selber kein Anfangsglied. Trotzdem ist ein solches Anfangsglied immerhin denkbar.[29] Das Anfangsglied wäre eine seinerseits unverursachte Ursache. Die Fähigkeit, eine Kausalkette in Gang zu setzen, also ein erstes, seinerseits nicht nach Naturgesetzen verursachtes erstes Ereignis in die Welt zu setzen, nennt Kant »Freiheit«.

Vernünftige Autonomie versteht Kant als ein solches Vermögen. Nachzudenken und sich durch die besten Gründe selber in seinem Tun zu bestimmen unterliegt nach Kant keiner naturgesetzlichen Kausalität. Setzt die Person ihre gut begründeten Entscheidungen in die Tat um, wird die

29 Selbst für eine abgeschlossene Reihe $A \Rightarrow \ldots \Rightarrow B_n \Rightarrow \ldots \Rightarrow B_2 \Rightarrow B_1 \Rightarrow B$ mit einem Anfangsglied *A* kann sich in einigen Fällen gleichwohl zu jedem von *A* verschiedenen Glied B_i immer noch ein weiteres von A verschiedenes Glied auffinden lassen, wie die mathematische Folge 1, ½, ⅓ … $1/n$ … 0 illustriert.

Handlung durch einen vernünftig gebildeten Willen »verursacht«, der seinerseits nicht naturgesetzlich verursacht ist. Vernünftige Autonomie ist für Kant »Kausalität aus Freiheit«.

Da Kant »Freiheit« begrifflich von Anfang an als Alternative zu naturgesetzlicher Kausalität konzipiert, scheinen beide notwendigerweise in Gegensatz zueinander zu stehen. Und so kann man die Frage kaum mehr abweisen: *Wie lässt die transzendental begründete naturgesetzliche Kausalität der empirischen Welt überhaupt noch Platz für vernünftige Autonomie?*

Eines ist für Kant klar: In der empirischen Welt ist es unmöglich, Freiheit nachzuweisen. In der Welt der Erscheinungen stößt man transzendental notwendig nur auf unabgeschlossene Ursachenketten der Form $\ldots \Rightarrow U_n \Rightarrow \ldots \Rightarrow U_2 \Rightarrow U_1 \Rightarrow W$. Kant führt aus:

> Die Freiheit ist in dieser Bedeutung eine reine transzendentale Idee, die erstlich nichts von der Erfahrung Entlehntes enthält, zweitens deren Gegenstand auch in keiner Erfahrung bestimmt gegeben werden kann, weil es ein allgemeines Gesetz, selbst der Möglichkeit aller Erfahrung, ist, daß alles, was geschieht, eine Ursache, mithin auch eine Kausalität der Ursache, die selbst geschehen, oder entstanden, wiederum eine Ursache haben müsse; wodurch denn das ganze Feld der Erfahrung, so weit es sich erstrecken mag, in einen Inbegriff bloßer Natur verwandelt wird. Da aber auf solche Weise keine absolute Totalität der Bedingungen im Kausalverhältnisse heraus zu bekommen ist, so schafft sich die Vernunft die Idee von einer Spontaneität, die von selbst anheben könne zu handeln, ohne daß eine andere Ursache vorangeschickt werden dürfe, sie wiederum nach dem Gesetze der Kausalverknüpfung zur Handlung zu bestimmen. (B 561)

Dem Zitat lässt sich entnehmen, warum Kant Freiheit eine »transzendentale Idee« nennt. Um eine Ursachenkette … $\Rightarrow U_n \Rightarrow \ldots \Rightarrow U_2 \Rightarrow U_1 \Rightarrow W$ als »Totalität« bzw. als eine abgeschlossene Ganzheit zu denken, können wir uns ein Anfangsglied denken. Wir können es uns allerdings auch nur denken. In der Erfahrung begegnet uns ein solches aus transzendentalen Gründen nicht. Die so lediglich in Gedanken zum Abschluss gebrachte Ursachenkette hat die Form $A \Rightarrow \ldots \Rightarrow U_2 \Rightarrow U_1 \Rightarrow W$, wobei das Anfangsglied A, in Kants Terminologie, eine »Kausalität aus Freiheit« erzeugt und doch nur ein »Gedankending« ist. Freiheit ist mithin niemals ein empirisches Faktum, sondern lediglich eine transzendentale Idee.

Das Scheitern metaphysischer Freiheitsbeweise

Wem wie Kant vernünftige Autonomie eine philosophische Herzensangelegenheit ist, müsste sich glücklich schätzen, könnte er Freiheit beweisen. Mit empirischen Mitteln muss ein solcher Freiheitsbeweis, wie wir eben gesehen haben, misslingen. Wenn überhaupt, dann lässt sich Freiheit nur metaphysisch beweisen. Aber hat Kant nicht schon einen apriorischen Beweis für die Naturkausalität geführt? Damit ist ein entsprechender Beweis für die Freiheit ausgeschlossen. Es sei denn, die Metaphysik entpuppt sich erneut als eine Disziplin, wo ein mit guten Gründen geführter Freiheitsbeweis mit seiner ebenso gut begründeten Widerlegung gekontert wird. Genau in diese Freiheitsantinomie hat sich nach Kant die Metaphysik verrannt. Der metaphysischen Thesis: »Die Kausalität nach Gesetzen der Natur ist nicht die einzige, aus welcher die Erscheinungen der Welt insgesamt abgeleitet werden können. Es ist noch eine Kausalität durch Freiheit zu Erklärung derselben anzunehmen notwendig« (B 472) widerspricht die metaphysische Antithesis: »Es ist keine Frei-

heit, sondern alles in der Welt geschieht lediglich nach Gesetzen der Natur« (B 473).
Für die Thesis bietet Kant folgenden metaphysischen Beweis an:

> Man nehme an, es gebe keine andere Kausalität, als nach Gesetzen der Natur; so setzt alles, was geschieht, einen vorigen Zustand voraus, auf den es unausbleiblich nach einer Regel folgt. Nun muß aber der vorige Zustand selbst etwas sein, was geschehen ist (in der Zeit geworden, da es vorher nicht war), weil, wenn es jederzeit gewesen wäre, seine Folge auch nicht allererst entstanden, sondern immer gewesen sein würde. Also ist die Kausalität der Ursache, durch welche etwas geschieht, selbst etwas Geschehenes, welches nach dem Gesetze der Natur wiederum einen vorigen Zustand und dessen Kausalität, dieser aber eben so einen noch älteren voraussetzt usw. Wenn also alles nach bloßen Gesetzen der Natur geschieht, so gibt es jederzeit nur einen subalternen, niemals aber | einen ersten Anfang und also überhaupt keine Vollständigkeit der Reihe auf der Seite der von einander abstammenden Ursachen. Nun besteht aber eben darin das Gesetz der Natur: daß ohne hinreichend a priori bestimmte Ursache nichts geschehe. Also widerspricht der Satz, als wenn alle Kausalität nur nach Naturgesetzen möglich sei, sich selbst in seiner unbeschränkten Allgemeinheit, und diese kann also nicht als die einzige angenommen werden.
> Diesemnach muß eine Kausalität angenommen werden, durch welche etwas geschieht, ohne daß die Ursache davon noch weiter, durch eine andere vorhergehende Ursache, nach notwendigen Gesetzen bestimmt sei, d.i. eine absolute Spontaneität der Ursachen, eine Reihe von Erscheinungen, die nach Naturgesetzen läuft, von selbst anzufangen, mithin transzen-

dentale Freiheit, ohne welche selbst im Laufe der Natur die Reihenfolge der Erscheinungen auf der Seite der Ursachen niemals vollständig ist. (B 472/474)

Den ersten Teil des Beweises, wonach die Ursache eines Ereignisses selber ein Ereignis sein muss, kennen wir schon aus den obigen Überlegungen. Wir lassen diesen Teil des Beweises hier weg und benutzen nur das Ergebnis als Prämisse. Der Rest lässt sich so rekonstruieren:

1. Annahme um des Arguments willen: *Es gibt keine andere Kausalität als die naturgesetzliche, d. h., für jedes Ereignis* X *gilt: Es gibt ein Ereignis* Y, *sodass nach einem Naturgesetz aus der Beschreibung von* Y *logisch eine Beschreibung von* X *folgt.*
2. Jede naturgesetzliche Ursache eines Ereignisses ist selber ein Ereignis.

---

3. Also ist die regressive Ursachenkette für jedes Ereignis E unabgeschlossen und hat die Form ... $U_n \Rightarrow \ldots \Rightarrow U_2 \Rightarrow U_1 \Rightarrow E$.
4. Wenn die Ursachenkette ... $U_n \Rightarrow \ldots \Rightarrow U_2 \Rightarrow U_1 \Rightarrow E$ unabgeschlossen ist, ist sie unvollständig.
5. Die unvollständige Ursachenkette ... $U_n \Rightarrow \ldots \Rightarrow U_2 \Rightarrow U_1 \Rightarrow E$ ist keine hinreichende Ursache für E.
6. Nach Voraussetzung hat aber jedes Ereignis eine hinreichende naturgesetzliche Ursache.

---

7. Also ist die Annahme falsch, dass es nur naturgesetzliche Kausalität gibt, d. h., es muss abgeschlossene Ursachenketten $U_n \Rightarrow \ldots \Rightarrow U_2 \Rightarrow U_1 \Rightarrow E$ mit einem Anfangsglied, also mit einer ihrerseits naturgesetzlich nicht verursachten Ursache, also »Kausalität aus Freiheit« geben.

Für die Gegenthese sieht Kant innerhalb der Metaphysik den folgenden Beweis:

> Setzet: es gebe eine Freiheit im transzendentalen Verstande, als eine besondere Art von Kausalität, nach welcher die Begebenheiten der Welt erfolgen könnten, nämlich ein Vermögen, einen Zustand, mithin auch eine Reihe von Folgen desselben, schlechthin anzufangen; so wird nicht allein eine Reihe durch diese Spontaneität, sondern die Bestimmung dieser Spontaneität selbst zur Hervorbringung der Reihe, d.i. die Kausalität, wird schlechthin anfangen, so daß nichts vorhergeht, wodurch diese geschehende Handlung nach beständigen Gesetzen bestimmt sei. Es setzt aber ein jeder Anfang zu handeln einen Zustand der noch nicht handelnden Ursache voraus, und ein dynamisch erster Anfang der Handlung einen Zustand, der mit dem vorhergehenden eben derselben Ursache gar keinen Zusammenhang der Kausalität hat, d. i. auf keine Weise daraus erfolgt. Also ist die transzendentale Freiheit dem Kausalgesetze entgegen, und eine solche Verbindung der suk|zessiven Zustände wirkender Ursachen, nach welcher keine Einheit der Erfahrung möglich ist, die also auch in keiner Erfahrung angetroffen wird, mithin ein leeres Gedankending. (B 473/475)

Hier ein Rekonstruktionsversuch:

1. Annahme um des Arguments willen: *Es gibt Freiheit im Sinne einer Ursachenkette* $U_n \Rightarrow \ldots \Rightarrow U_2 \Rightarrow U_1 \Rightarrow E$ *mit einem Anfangsglied* U_n.
2. Alle Glieder einer Ursachenkette sind erfahrbare Zustände.

---

3. Also ist U_n ein erfahrbarer Zustand.
4. Ist ein Zustand A der absolute Anfang einer Kausalkette, muss per definitionem für alle A vorhergehenden erfahrbaren Zustände X gelten, dass in X nichts vorhanden ist, das nach einem Naturgesetz zum Zustande-

kommen von *A* beiträgt (sonst begännen die durch *A* ausgelösten Wirkungen nicht mit *A*, sondern schon früher).

---

5. Also ist der Anfangszustand U_n der Ursachenkette $U_n \Rightarrow \dots \Rightarrow U_2 \Rightarrow U_1 \Rightarrow E$ mit keinem der ihm vorhergehenden erfahrbaren Zustände auf irgendeine Weise naturgesetzlich verbunden.
6. Jeder erfahrbare Zustand muss aber aus transzendentalen Gründen als Teil der einen Erfahrungswelt mindestens mit einigen ihm vorhergehenden Zuständen als auch mit ihm nachfolgenden Zuständen nach Kausalgesetzen verbunden sein; der Zustand muss sich in den zeitlichen Fluss der Weltzustände kausal einfügen lassen.

---

7. Also ist der Anfang U_n und damit eine solche Ursachenkette $U_n \Rightarrow \dots \Rightarrow U_2 \Rightarrow U_1 \Rightarrow E$ gar nicht erfahrbar, mithin ein bloßes »Gedankending«. In der empirischen Welt lässt sich »Kausalität aus Freiheit« nicht entdecken.

Der Beweis offenbart für Kant ein Dilemma, denn er schließt den Beweis der Antithesis mit den Sätzen ab:

> Wir haben also nichts als Natur, in welcher wir den Zusammenhang und Ordnung der Weltbegebenheiten suchen müssen. Die Freiheit (Unabhängigkeit) von den Gesetzen der Natur, ist zwar eine Befreiung vom Zwange, aber auch vom Leitfaden aller Regeln. Denn man kann nicht sagen, daß, anstatt der Gesetze der Natur, Gesetze der Freiheit in die Kausalität des Weltlaufs eintreten, weil, wenn diese nach Gesetzen bestimmt wäre, sie nicht Freiheit, sondern selbst nichts anders als Natur wäre. Natur also und transzendentale Freiheit unterscheiden sich wie Gesetzmäßigkeit und Gesetzlosigkeit, davon jene zwar

> den Verstand mit der Schwierigkeit belästigt, die Abstammung der Begebenheiten in der Reihe der Ursachen immer höher hinauf zu suchen, weil die Kausalität an ihnen jederzeit bedingt ist, aber zur Schadloshaltung durchgängige und gesetzmäßige Einheit der Erfahrung verspricht, da hingegen das Blendwerk von Freiheit zwar dem forschenden Verstande in der Kette der Ursachen Ruhe verheißt, indem sie ihn zu einer unbedingten Kausalität führt, die von selbst zu handeln anhebt, die aber, da sie selbst blind ist, den Leitfaden der Regeln abreißt, an welchem allein eine durchgängig zusammenhängende Erfahrung möglich ist. (B 475)

Eine unabgeschlossene Kausalkette stellt keinen hinreichenden Grund für die letzte Wirkung dar, sie gehorcht aber immerhin Kausalgesetzen und ist daher prinzipiell erfahrbar. Eine Kausalkette mit einem Anfangsglied ist zwar kausaltheoretisch befriedigend, weil sie die letzte Wirkung hinreichend begründet, aber das Anfangsglied ist etwas völlig Regelloses und daher nicht erfahrbar.
Anders als bei den anderen Antinomien schlägt sich Kant hier auf die Seite der Antithesis. Denn das Argument für die Antithesis ist ein genuin transzendentalphilosophisches Argument, das Kant vorbehaltlos unterschreibt. Kausalität aus Freiheit lässt sich aus transzendentalphilosophischen Gründen in der empirischen Welt niemals entdecken. Damit sieht es so aus, als sei die Thesis widerlegt. Doch ein solches Ergebnis muss und will Kant um jeden Preis vermeiden. Allein wie kann er mit der transzendentalphilosophisch gerechtfertigten Antithesis überhaupt noch Kausalität aus Freiheit und damit sein Ideal vernünftiger Autonomie retten?

Kants Auflösung der Freiheitsantinomie

Betrachten wir, in welche Lage sich Kant selber hineinmanövriert hat, indem er die beiden folgenden Thesen gutheißt:

- Kausalität aus Freiheit lässt sich metaphysisch nicht beweisen.
- Kausalität aus Freiheit lässt sich aus transzendentalphilosophischen Gründen in der empirischen Welt niemals entdecken.

Gewähren diese beiden Thesen der Freiheit noch einen Spielraum? Leider nur noch den denkbar schwächsten: *Die Unmöglichkeit, Kausalität aus Freiheit metaphysisch zu beweisen oder in der empirischen Welt zu entdecken, widerlegt trotzdem nicht, dass Kausalität aus Freiheit zumindest möglich ist.* Mit diesem mageren Ergebnis löst Kant die Antinomie der Freiheit auf, zu mehr sieht er sich nicht in der Lage:

> [...] daß Natur der Kausalität aus Freiheit wenigstens nicht widerstreite, das war das einzige, was wir leisten konnten, und woran es uns auch einzig und allein gelegen war. (B 586)

Wie sich die Möglichkeit der Freiheit trotzdem retten lässt, obwohl die Freiheit transzendentalphilosophisch aus der empirischen Welt verbannt wurde, ist durch alle bisherigen Überlegungen Kants klar vorgezeichnet: Die empirische Welt ist die Welt, wie sie uns aufgrund unseres Erkenntnisvermögens erscheint, sie ist nicht die Welt der Dinge an sich. Dass wir in der Welt, so wie sie uns kognitiv zugänglich ist, keine Kausalität aus Freiheit zu erkennen vermögen, beweist nicht, dass es sie auch in der intelligiblen Welt der Dinge an sich nicht gibt. Kant löst die Freiheitsantinomie durch seine Zwei-Reiche-Lehre von der empirischen und der intelligiblen Welt auf. Und in der Möglichkeit, mit der Zwei-Reiche-Lehre die Freiheitsantinomie aufzulösen, liegt auch das geheime und stärkste Motiv Kants für die problematische ontologische Unterscheidung von Erscheinung und Ding an sich.

Alle »Subjekte«, also alle Personen oder andere Wesen, die in der Welt handeln und dadurch etwas bewirken, haben nach Kant einen doppelten »Charakter«. Unter einem Charakter versteht Kant in diesem Zusammenhang die Regeln oder Gesetze, nach denen ein Subjekt handelt. Wir Menschen als handlungsfähige Subjekte haben einen empirischen und einen intelligiblen Charakter. Wir Menschen sind Teil der empirischen Welt und haben einen empirischen Charakter, der unsere Handlungen verursacht. Der empirische Charakter einer Person wird von der empirischen Psychologie erforscht und unterliegt psychologischen Gesetzmäßigkeiten. Über ihren empirischen Charakter ist eine Person fest in das kausale Netz der empirischen Welt eingewoben. Insofern erscheinen die Handlungen der Person nicht frei und können auch, transzendental betrachtet, nicht als frei erscheinen.

> Nach seinem empirischen Charakter würde also dieses Subjekt, als Erscheinung, allen Gesetzen der Bestimmung nach, der Kausalverbindung unterworfen sein, und es wäre so fern nichts, als ein Teil der Sinnenwelt, dessen Wirkungen, so wie jede andere Erscheinung, aus der Natur unausbleiblich abflössen. So wie äußere Erscheinungen in dasselbe einflössen, wie sein empirischer Charakter, d.i. das Gesetz seiner Kausalität, durch Erfahrung erkannt wäre, müßten sich alle seine Handlungen nach Naturgesetzen erklären lassen, und alle Requisite zu einer vollkommenen und notwendigen Bestimmung derselben müßten in einer möglichen Erfahrung angetroffen werden. (B 568)

Aber dasselbe Subjekt ist immer auch Teil der noumenalen Welt und unterliegt als »Noumenon« nicht der Zeit und damit nicht der Kausalität. Kant führt aus:

Nach dem intelligibelen Charakter desselben aber (ob wir zwar davon nichts als bloß den allgemeinen Begriff desselben haben können) würde dasselbe Subjekt dennoch von allem Einflusse der Sinnlichkeit und der Bestimmung durch Erscheinungen freigesprochen werden müssen, und da in ihm, so fern es Noumenon ist, nichts geschieht, keine Veränderung, welche dynamische Zeitbestimmung erheischt, mithin keine Verknüpfung mit Erscheinungen als Ursachen angetroffen wird, so würde dieses tätige Wesen, so fern in seinen Handlungen von aller Naturnotwendigkeit, als die lediglich in der Sinnenwelt angetroffen wird, unabhängig und frei sein. Man würde von ihm ganz richtig sagen, daß es seine Wirkungen in der Sinnenwelt von selbst anfange, ohne daß die Handlung in ihm selbst anfängt; und dieses würde gültig sein, ohne daß die Wirkungen in der Sinnenwelt darum von selbst anfangen dürfen, weil sie in derselben jederzeit durch empirische Bedingungen in der vorigen Zeit, aber doch nur vermittelst des empirischen Charakters (der bloß die Erscheinung des intelligibelen ist) vorher bestimmt, und nur als eine Fortsetzung der Reihe der Naturursachen möglich sind. So würde denn Freiheit und Natur, jedes in seiner vollständigen Bedeutung, bei eben denselben Handlungen, nachdem man sie mit ihrer intelligibelen oder sensibelen Ursache vergleicht, zugleich und ohne allen Widerstreit angetroffen werden. (B 569)

Woran lässt sich festmachen, dass auch jede Person nicht nur Erscheinung ist, sondern Ding an sich in der noumenalen Welt?

Allein der Mensch, der die ganze Natur sonst lediglich nur durch Sinne kennt, erkennt sich selbst auch durch bloße Apperzeption, und zwar in Handlungen und inneren Bestimmungen, die er gar nicht zum

> Eindrucke der Sinne zählen kann, und ist sich selbst freilich eines Teils Phänomen, anderen Teils aber, nämlich in Ansehung gewisser Vermögen, ein bloß intelligibeler Gegenstand, weil die Handlung desselben | gar nicht zur Rezeptivität der Sinne gezählt werden kann. Wir nennen dieses Vermögen Verstand und Vernunft, vornehmlich wird die letztere ganz eigentlich und vorzüglicher Weise von allen empirischbedingten Kräften unterschieden, da sie ihre Gegenstände bloß nach Ideen erwägt und den Verstand darnach bestimmt, der denn von seinen (zwar auch reinen) Begriffen einen empirischen Gebrauch macht. (B 574/575)

Insofern wir vernünftig sind und uns selber nur durch gute Gründe bestimmen, sind wir »ein bloß intelligibeler Gegenstand«. *Handeln wir aus vernünftigen Gründen, sind wir frei und der Naturkausalität nicht unterworfen. Vernunft ist das Vermögen zur Kausalität aus Freiheit.*
Zwar ist es uns unmöglich, erkennend nachzuvollziehen, wie die Vernunft es fertig bringt, Handlungen auszulösen. Denn wir erkennen nur die empirischen Erscheinungen unserer Handlungen, und diese Erscheinungen sind von der Naturkausalität nicht ausgenommen. Aber für Kant gibt es immerhin einen wichtigen Fingerzeig auf die Kausalität durch Vernunft: Wir anerkennen ein moralisches Sollen in Gestalt moralischer Normen, wir bemühen uns, nach moralischen Normen zu handeln, und tadeln moralisches Versagen.[30]

> Daß diese Vernunft nun Kausalität habe, wenigstens wir uns eine dergleichen an ihr vorstellen, ist aus den Imperativen klar, welche wir in allem Praktischen

30 In einer längeren Passage versucht Kant darzulegen, dass jeder moralische Tadel an der Handlungsweise einer Person Kausalität aus Freiheit unterstellen muss; vgl. *Kritik der reinen Vernunft*, B 582/583.

> den ausübenden Kräften als Regeln aufgeben. Das Sollen drückt eine Art von Notwendigkeit und Verknüpfung mit Gründen aus, die in der ganzen Natur sonst nicht vorkommt. (B 575)

Und etwas später heißt es weiter:

> Es mögen noch so viele Naturgründe sein, die mich zum Wollen antreiben, noch so viel sinnliche Anreize, so können sie nicht das Sollen hervorbringen, sondern nur ein noch lange nicht notwendiges, sondern jederzeit bedingtes Wollen, dem dagegen das Sollen, das die Vernunft ausspricht, Maß und Ziel, ja Verbot und Ansehen entgegen setzt. Es mag ein Gegenstand der bloßen Sinnlichkeit (das Angenehme) oder auch der reinen Vernunft (das Gute) sein: so gibt die Vernunft nicht demjenigen Grunde, der empirisch gegeben ist, nach, und folgt nicht der Ordnung der Dinge, so wie sie sich in der Erscheinung darstellen, sondern macht sich mit völliger Spontaneität eine eigene Ordnung nach Ideen, in der sie die empirischen Bedingungen hinein paßt, und nach denen sie so gar Handlungen für notwendig erklärt, die doch nicht geschehen sind und vielleicht nicht geschehen werden, von allen aber gleichwohl voraussetzt, dass die Vernunft in Beziehung auf sie Kausalität haben könne; denn, ohne das, würde sie nicht von ihren Ideen Wirkungen in der Erfahrung erwarten.
> (B 576)

Zur Kritik an Kants Auflösung der Freiheitsantinomie

Kant lässt keinen Zweifel daran, was der »letzte Zweck«[31] der Metaphysik ist, wenn sie nach Freiheit, Gott und Unsterblichkeit fragt:

> Die ganze Zurüstung also der Vernunft, in der Bearbeitung, die man reine Philosophie nennen kann, ist in der Tat nur auf die drei gedachten Probleme gerichtet. Diese selber aber haben wiederum ihre entferntere Absicht, nämlich, was zu tun sei, wenn der Wille frei, wenn ein Gott und eine künftige Welt ist. Da dieses nun unser | Verhalten in Beziehung auf den höchsten Zweck betrifft, so ist die letzte Absicht der weislich uns versorgenden Natur bei der Einrichtung unserer Vernunft eigentlich nur aufs Moralische gestellt. (B 828/829)

Letztlich zielt also die metaphysische Erörterung der Freiheit auf die Möglichkeit des moralischen Handelns. Kant trägt dieser »Endabsicht« metaphysischer Freiheitsüberlegungen sogar terminologisch Rechnung, indem er zwischen der »transzendentalen« und der »Freiheit im praktischen Verstande« unterscheidet:

> Es ist überaus merkwürdig, daß auf diese transzendentale Idee der Freiheit sich der praktische Begriff derselben gründe, und jene in dieser das eigentliche Moment der Schwierigkeiten ausmache, welche die Frage über ihre Möglichkeit von jeher umgeben haben. Die | Freiheit im praktischen Verstande ist die Unabhängigkeit der Willkür von der Nötigung durch Antriebe der Sinnlichkeit. (B 561/562)

31 So hat der erste Abschnitt des zweiten Hauptstücks der transzendentalen Methodenlehre der *Kritik der reinen Vernunft* den Titel »Von dem letzten Zwecke des reinen Gebrauchs unserer Vernunft« (B 825).

> Eine Willkür nämlich ist bloß tierisch (arbitrium brutum), die nicht anders als durch sinnliche Antriebe, d. i. pathologisch bestimmt werden kann. Diejenige aber, welche unabhängig von sinnlichen Antrieben, mithin durch Bewegursachen, welche nur von der Vernunft vorgestellet werden, bestimmet werden kann, heißt die freie Willkür (arbitrium liberum), und alles, was mit dieser, es sei als Grund oder Folge, zusammenhängt, wird praktisch genannt. (B 830)

Praktische Freiheit heißt: Nicht Gefühle von Lust und Unlust oder andere kontingente Umstände in der Welt nötigen uns zum Handeln, sondern wir handeln nach reiflicher Überlegung so, wie wir nach zweckrationalen Gründen handeln können und zugleich und vor allem nach moralischen Gründen handeln sollen. Nicht Sinnlichkeit, sondern Vernunft bestimmt unser Handeln. Wir sind frei im »praktischen Verstande«, wenn wir selbstverantwortlich handeln; wir handeln selbstverantwortlich, wenn wir unser Handeln durch die besten Gründe bestimmen lassen und uns und anderen darüber jederzeit Rechenschaft ablegen können.

Der Begriff von »praktischer Freiheit« ist einfach zu verstehen und erscheint auf Anhieb sinnvoll. Er ist unser Alltagsbegriff von »innerer Freiheit« und »Selbstverantwortung«[32] – und nicht nur das:

> Die praktische Freiheit kann durch Erfahrung bewiesen werden. Denn, nicht bloß das, was reizt, d. i. die Sinne unmittelbar affiziert, bestimmt die menschliche Willkür, sondern wir haben ein Vermögen durch Vorstellungen von dem, was selbst auf entferntere Art nützlich oder schädlich ist, die Eindrücke auf unser sinnliches Begehrungsvermögen zu überwinden;

32 Bieri (2001) hat diesen Begriff von praktischer Freiheit des Willens phänomenologisch genau und erfahrungsgesättigt analysiert.

> diese Überlegungen aber von dem, was in Ansehung unseres ganzen Zustandes begehrungswert, d.i. gut und nützlich ist, beruhen auf der Vernunft. Diese gibt daher auch Gesetze, welche Imperativen d.i. objektive Gesetze der Freiheit sind, und welche sagen, was geschehen soll, ob es gleich vielleicht nie geschieht, und sich darin von Naturgesetzen, die nur von dem handeln, was geschieht, unterscheiden, weshalb sie auch praktische Gesetze genannt werden. (B 830)

Kant räumt hier bemerkenswerterweise ein, dass Erfahrung »beweise«, dass wir zur praktischen Freiheit, also zur vernünftigen Autonomie fähig sind. An einer anderen Stelle sagt er präzisierend:

> Wir erkennen also die praktische Freiheit durch Erfahrung, als eine von den Natururfsachen, nämlich eine Kausalität der Vernunft in Bestimmung des Willens [...]. (B 831)

Treffend nennt Kant in dem Zitat die praktische Freiheit, den Willen durch Vernunft zu bestimmen, eine der »Natururfsachen«. Denn wir erfahren immer wieder, wie Handelnde ihr Handeln durch überzeugende moralische und andere zulässige Gründe erklären und rechtfertigen und dann auch im Einklang mit diesen Gründen handeln. In den meisten Fällen werden die Gründe des Handelnden als gute Erklärung und insofern als »Ursachen« der Handlungen akzeptiert. In diesem Sinne kommen vernünftige Gründe als Ursachen von Handlungen in der empirischen Welt vor. Die Bestimmung des Willens durch Vernunft, also praktische Freiheit, ist daher für Kant eine »Natururfsache«. Aber das ist ihm trotzdem zu wenig, denn der oben nur unvollständig zitierte Satz heißt vollständig:

> Wir erkennen also die praktische Freiheit durch Erfahrung, als eine von den Natururfsachen, nämlich

> eine Kausalität der Vernunft in Bestimmung des Willens, indessen daß die transzendentale Freiheit eine Unabhängigkeit dieser Vernunft selbst (in Ansehung ihrer Kausalität, eine Reihe von Erscheinungen anzufangen,) von allen bestimmenden Ursachen der Sinnenwelt fordert, und so fern dem Naturgesetze, mithin aller möglichen Erfahrung, zuwider zu sein scheint, und also ein Problem bleibt. (B 831)

Diese Sätze Kants werfen nur Fragen auf. Wozu sollten wir, wie Kant es tut, zwischen intelligibler »Kausalität aus Freiheit« und empirischer Naturkausalität unterscheiden, wenn praktische Freiheit als eine Form der »Naturkausalität« dem »Naturgesetze« gar nicht widerspricht? Und es wird noch problematischer. Kant macht sogar ein weiteres höchst bemerkenswertes Zugeständnis, denn das obige Zitat geht mit folgenden Worten weiter:

> Allein vor die Vernunft im praktischen Gebrauche gehört dieses Problem nicht, also haben wir es in einem Kanon der reinen Vernunft nur mit zwei Fragen zu tun, die das praktische Interesse der reinen Vernunft angehen, und in Ansehung deren ein Kanon ihres Gebrauchs möglich sein muß, nämlich: ist ein Gott? ist ein künftiges Leben? Die Frage wegen der transzendentalen Freiheit betrifft bloß das spekulative Wissen, welche wir als ganz gleichgültig bei Seite setzen können, wenn es um das | Praktische zu tun ist, und worüber in der Antinomie der reinen Vernunft schon hinreichende Erörterung zu finden ist. (B 831/832)

Erinnern wir uns: Kant hatte betont, dass die drei großen Fragen der Metaphysik (Existiert Gott? Haben wir eine unsterbliche Seele? Ist unser Wille frei?) letztlich in »moralischer« Absicht gestellt werden. Nun spricht er auf einmal dem metaphysischen Problem der »transzendentalen Freiheit« im Gegensatz zur Gottes- und zur Unsterblichkeitsfrage praktisch-moralische Relevanz ab. Natürlich zu Recht. Denn »praktische Freiheit« ist alles, was wir in diesem Kontext brauchen, »transzendentale Freiheit«, ob nun beweisbar oder nicht, trägt zur Lösung des Problems, was wir vom moralischen Standpunkt aus tun sollen und tun können, gar nichts bei.

Warum widmet Kant dann den Versuchen noch so viel Aufmerksamkeit, Freiheit metaphysisch zu beweisen? Warum »bleibt« für ihn jenseits der praktischen Freiheit das Problem der transzendentalen Freiheit?

Praktische Freiheit ist »Unabhängigkeit der Willkür von der Nötigung der Antriebe der Sinnlichkeit«, wie Kant sagt. Jemand lässt sich nicht durch sinnliche Antriebe nötigen, wenn er sich in seinen Entscheidungen und Handlungen durch gute Gründe bestimmen lässt. Dabei können moralische Gründe zu Entscheidungen und Handlungen zwingen, die den eigenen Interessen, Neigungen und Glücksvorstellungen zuwiderlaufen. Man handelt nur dann moralisch oder allgemein aus vernünftigen Gründen, wenn man auch in dem Falle noch so handelt, in dem es eigenen Interessen, Neigungen und Glücksvorstellungen entgegensteht. Im Konfliktfall geben die guten Gründe, nicht die Bedürfnisse, Neigungen oder Glückserwartungen den Ausschlag. So kann man Kants Wendung »Unabhängigkeit von sinnlichen Antrieben«, mit der er seinen Begriff von praktischer Freiheit erläutert, verstehen.

Unabhängigkeit von sinnlichen Antrieben im eben erläuterten Sinne mag im Einzelfall empirisch schwierig nachzuweisen sein. Aber ein solcher Nachweis wird mit Sicherheit misslingen, wenn sogar verlangt wird, dass überhaupt keine Bedürfnisse, Neigungen, Lustempfindungen oder andere »sinnliche Antriebe« an den Handlungen und Entscheidungen beteiligt sein dürfen, und nicht nur, dass sie – wie in der gemäßigten Lesart von »Unabhängigkeit« gefordert – im Konfliktfall nicht den Ausschlag geben dürfen. Wenn Kants transzendentale Analyse richtig ist, kann Erfahrung so etwas niemals zeigen. Denn die Erfahrung wird für Handlungen, Wünsche und Absichten einer Person immer auch sinnliche Antriebe als Ursachen ausfindig machen.

Leider versteht Kant moralisches Handeln letztlich in dieser starken Lesart. Moralisch handelt jemand nach Kant nicht schon dann, wenn seine Handlungen mit den Geboten der Vernunft im Einklang stehen. Wir müssen allein deshalb so handeln, wie wir handeln, weil und *nur weil* die Vernunft uns so zu handeln gebietet. Neigungen, Nützlichkeit oder andere »sinnliche Antriebe« stellen die moralische Qualität der Handlung bereits in Frage. Der Erfahrung freilich lässt sich niemals mehr entnehmen, als dass unser Wille und die gewollten Handlungen mit den Geboten der Vernunft faktisch übereinstimmen. Deshalb ist Kant so sehr an intelligiblen Ursachen für den Willen gelegen, die von sinnlichen Ursachen nach Naturgesetzen gänzlich frei sind. Seine Vorstellungen vom moralischen Handeln sind eigentümlich und auch kritikwürdig. Wir können diese Kritik aber nicht im Einzelnen ausführen. Das würde uns zu weit in die Moralphilosophie Kants führen.

Wie fragwürdig und wie wenig hilfreich Kants Analyse der Freiheitsproblematik ist, beweist ein abschließender Blick auf die gegenwärtige Debatte um die Willensfreiheit. Anders als zu Kants Zeiten stehen bei der Frage der Willensfreiheit heute die Ergebnisse der Hirnforschung im Zentrum des Interesses. Sieht man einmal von allen empirischen Details ab, berufen sich die Hirnforscher auf zwei fundamentale Hypothesen:

(1) Alle Bewegungen und Veränderungen des Leibes, über die ein Mensch seine beobachtbaren zielgerichteten Handlungen realisiert, sind lückenlos hirngesteuert.
(2) Alle bewussten mentalen Aktivitäten, also an etwas zu

denken, etwas wahrzunehmen, etwas zu fühlen, sich etwas vorzustellen, sich etwas zu wünschen, sich für etwas zu entscheiden und Ähnliches, sind zwingend an neuronale Aktivitäten des Gehirns gebunden.

Bei vielen Details der neuronalen Mechanismen, die unserem bewussten Seelen- und Geistesleben zugrunde liegen, tappt die empirische Forschung im Dunkeln. Trotzdem lässt sich an diesen beiden Fundamentalthesen der Hirnforschung nicht ernsthaft zweifeln. Dazu sind die empirischen Belege zu erdrückend.

Eine Gefahr für die Willensfreiheit erwächst allerdings aus diesen Basishypothesen der Hirnforschung nicht. Das wäre nur dann der Fall, ließe sich das Verhalten einer Person eines Tages vollständig aus hirnphysiologischen Daten erklären und erfolgreich vorhersagen. Aus prinzipiellen Gründen, die wir hier nicht erörtern können, steht allerdings nicht zu vermuten, dass so etwas je Wirklichkeit werden wird.

Es kommt aber etwas hinzu, was gerade für unsere Überlegung zu Kant einschlägig ist. Ebenso wenig nämlich, wie Zweifel an den Basishypothesen der Hirnforscher erlaubt sind, sind Zweifel an folgender Alltagserfahrung angebracht:

(a) Oftmals handeln wir erst, nachdem wir die Handlungssituation, unsere Bedürfnisse und Wünsche, unsere Rechte und Pflichten, die Lage anderer und die verfügbaren Mittel mehr oder weniger gründlich überdacht und uns schließlich aufgrund benennbarer Gründe entschlossen haben, ein bestimmtes Ziel auf eine bestimmte Weise zu verfolgen.
(b) Häufig verändern sich unsere Handlungsziele und Handlungsweisen, nachdem wir mit anderen Personen diskutiert und Gründe und Gegengründe mit ihnen ausgetauscht haben.
(c) Veränderte Handlungsweisen gehen meistens mit ver-

änderten Gründen einher. In diesem Sinne hätten wir genau dann anders gehandelt, wenn wir auch andere Gründe gehabt hätten.

Es lässt sich schnell einsehen, dass die Feststellungen (1) und (2) der Hirnforschung und die Alltagserfahrungen (a) bis (c) miteinander verträglich sind. Aus guten philosophischen Gründen kann man der Ansicht sein, dass das durch (a) bis (c) charakterisierte Handeln den haltbaren Kern dessen darstellt, was man unter Willens- und Handlungsfreiheit verstehen kann. Insbesondere schließen die Alltagserfahrungen (a) bis (c) das ein, was Kant »praktische Freiheit« nennt und durch Erfahrung »bewiesen« sieht. Wenn gewisse Hirnforscher dem Menschen die Willensfreiheit generell absprechen, können sie mithin die so verstandene Willens- und Handlungsfreiheit nicht meinen. Doch welches Verständnis von Willensfreiheit kritisieren sie? Etwa die Vorstellung vom »unbedingten« Willen als unverursachtem ersten Beweger unseres Leibes? Ironischerweise ist das genau Kants metaphysische »Kausalität aus Freiheit«. Mit anderen Worten: Die Ergebnisse der Hirnforschung kollidieren ausschließlich mit einer Vorstellung von Willensfreiheit, von der Kant selber zugibt, dass sie in praktisch-moralischer Hinsicht durch den Begriff der »praktischen Freiheit« ersetzt werden kann. »Praktische Freiheit« aber konfligiert gar nicht mit den Thesen der Hirnforscher. Kant hätte in Wahrheit gut daran getan, die vermeintliche Antinomie von »Kausalität durch Freiheit« und naturgesetzlicher Autonomie dadurch aufzulösen, dass er den metaphysischen Begriff der »Kausalität durch Freiheit« durch den Begriff der »praktischen Freiheit« ersetzt und ansonsten darauf hingewiesen hätte, dass »praktische Freiheit« den kausalen Gesetzen der Erfahrungswelt nicht widerspricht.

17. Kritik der rationalen Theologie

Gott als Idee

Gott ist das »höchste Wesen«. Kant übernimmt diese Bestimmung aus der traditionellen Metaphysik. Doch konsequent leitet Kant diesen Gottesbegriff als eine Vernunftidee her, die sich auf eine Totalität der Bedingungen eines Bedingten bezieht. Welche Totalität beinhaltet die Idee »Gott«?
Indem wir Dinge erkennen, sprechen wir ihnen einzelne Prädikate zu oder ab. Doch sind wir stets weit davon entfernt, ein Ding vollständig erkannt zu haben. Unzählige weitere Prädikate könnten wir einem Ding noch zusätzlich zu- oder absprechen.

> Der Satz: alles Existierende ist durchgängig bestimmt, bedeutet nicht allein, daß von jedem Paare einander entgegengesetzter gegebenen, sondern auch von allen möglichen Prädikaten ihm immer eines zukomme; es werden durch diesen Satz nicht bloß Prädikate unter einander logisch, sondern das Ding selbst, mit dem Inbegriffe aller möglichen Prädikate, transzendental verglichen. Er will so viel sagen, als: um ein Ding vollständig zu erkennen, muß man alles Mögliche erkennen, und es dadurch, es sei bejahend oder verneinend, bestimmen. Die durchgängige Bestimmung ist folglich ein Begriff, den wir niemals in concreto seiner Totalität nach darstellen können, und gründet sich also auf einer Idee, welche lediglich in der Vernunft ihren Sitz hat, die dem Verstande die Regel seines vollständigen Gebrauchs vorschreibt. (B 601)

Vollständig ist ein Gegenstand erst dann erkannt und bestimmt, wenn von allen möglichen Prädikaten feststeht, welche ihm zukommen und welche nicht. Um einen Gegenstand vollständig zu erkennen, muss er nach Kant mit der Totalität aller Prädikate »verglichen« werden. Diese Totalität ist natürlich als widerspruchsfrei zu denken, ihr sind nur solche Prädikate zuzurechnen, die widerspruchsfrei von ein und demselben Gegenstand ausgesagt werden können.

»Die Idee von dem Inbegriffe aller Möglichkeit, so fern er als Bedingung der durchgängigen Bestimmung eines jeden Dinges zum Grunde liegt« (B 601), wird von Kant noch genauer qualifiziert. Ein Ding der Wirklichkeit kann nach Kant nicht nur negativ bestimmt sein. Es reicht nicht aus, zu sagen, was es alles nicht ist. Wenn es Realität ist, dann deshalb, weil es bestimmte Eigenschaften positiv hat.

> Wenn wir alle mögliche Prädikate [...] nach ihrem Inhalte, der an ihnen a priori gedacht werden kann, erwägen, so finden wir, daß durch einige derselben ein Sein, durch andere bloßes Nichtsein vorgestellet wird. Die logische Verneinung, die lediglich durch das Wörtchen: Nicht, angezeigt wird, hängt eigentlich niemals einem Begriffe, sondern nur dem Verhältnisse desselben zu einem andern im Urteile an, und kann also dazu bei weitem nicht hinreichend sein, einen Begriff in Ansehung seines Inhalts zu bezeichnen. Der Ausdruck: Nichtsterblich, kann gar nicht zu erkennen geben, daß dadurch ein bloßes Nichtsein am Gegenstande vorgestellet werde, sondern läßt allen Inhalt unberührt. Eine transzendentale Verneinung bedeutet dagegen das Nichtsein an sich selbst, dem die transzendentale Bejahung entgegengesetzt wird, welche ein Etwas ist, dessen Begriff an sich selbst schon ein Sein ausdrückt und daher Realität (Sachheit) genannt wird, weil durch sie allein, und so weit sie reichet, Gegenstände Etwas (Dinge) sind, die entgegenstehende Negation hingegen | einen blo-

> ßen Mangel bedeutet, und, wo diese allein gedacht wird, die Aufhebung alles Dinges vorgestellt wird. (B 602/603)

Wir beziehen uns also auf positive Prädikate, welche die Dinge als Bestandteile der Realität auszeichnen. Alle möglichen positiven Prädikate dieser Art bestimmen daher vollständig das, was Realität ausmacht. Kant drückt das in den Worten aus:

> Wenn also der durchgängigen Bestimmung in unserer Vernunft ein transzendentales Substratum zum Grunde gelegt wird, welches gleichsam den ganzen Vorrat des Stoffes, daher alle mögliche Prädikate der Dinge genommen werden können, enthält, so ist dieses Substratum nichts anders, als die Idee von einem All der | Realität (omnitudo realitatis). Alle wahre Verneinungen sind alsdenn nichts als Schranken, welches sie nicht genannt werden könnten, wenn nicht das Unbeschränkte (das All) zum Grunde läge. (B 603/604)

Die Totalität aller möglichen positiven Prädikate, die die Realität vollständig bestimmt, ist eine Idee der Vernunft. Kant nennt sie auch ein »Ideal der Vernunft«. An diesem Ideal messen wir die Realität von Dingen. Es liefert gewissermaßen das »Urbild«, den »Prototyp« für Realität überhaupt:

> Das Ideal ist ihr [der Vernunft, H. T.] also das Urbild (Prototypon) aller Dinge, welche insgesamt, als mangelhafte Kopien (ectypa), den Stoff zu ihrer Möglichkeit daher nehmen, und, indem sie demselben mehr oder weniger nahe kommen, dennoch jederzeit unendlich weit daran fehlen, es zu erreichen. (B 606)

Wieder »hypostasiert« die Metaphysik die »Idee vom Inbegriffe aller Realität« zu einem einzelnen Objekt. Dieses Objekt stellt, von seiner metaphysischen Konstruktion her gesehen, »die höchste Realität« dar, kommen ihm doch alle positiven Seinsprädikate ohne Einschränkung zu. Im Gegensatz zu einem Erfahrungsgegenstand, von dem stets viele der positiven Seinsprädikate zu verneinen sind, haftet »der höchsten Realität« kein ontologischer Mangel an. Es ist die vollkommenste Realität, das »realitätshaltigste Wesen« oder eben, wie der lateinische Ausdruck lautet, das »ens realissimum«. Damit ist die Idee Gottes geboren.

> Wenn wir nun dieser unserer Idee [vom Inbegriff aller möglichen Prädikate, die die Realität positiv bestimmen, H. T.], indem wir sie hypostasieren, so ferner nachgehen, so werden wir das Urwesen durch den bloßen Begriff der höchsten Realität als ein einiges, einfaches, allgenugsames, ewiges etc. mit einem Worte, es in seiner unbedingten Vollständigkeit durch alle Prädikamente bestimmen können. Der Begriff eines solchen Wesens ist der von Gott, in transzendentalem Verstande gedacht, und so ist das Ideal der reinen Vernunft der Gegenstand einer transzendentalen Theologie [...]. (B 608)

In der »transzendentalen Theologie« gründet Kant die Rede von Gott als dem »Urwesen«, dem »Prototyp« aller Dinge, die verglichen mit ihm nur mangelhafte »Kopien« sind, auf das folgende Argument:

1. Gott ist durch die vollständige Reihe aller möglichen Seinsprädikate definiert.
2. Von einem weniger vollkommenen Wesen festzustellen, welche Seinsprädikate ihm zukommen und welche ihm nicht zukommen, heißt, die Reihe der Seinsprädikate zu durchlaufen, heißt also, das weniger vollkommene Wesen mit dem vollkommensten Wesen, also mit Gott zu vergleichen.

3. Also ist Gott der absolut vollkommene Prototyp aller anderen Dinge, die verglichen mit ihm weniger vollkommen sind.

Bevor wir uns den Gottesbeweisen zuwenden, sollten wir an dieser Stelle die bisher nur einmal erwähnte vierte Antinomie genauer erörtern.

Die vierte Antinomie

Betrachten wir noch einmal die Reihe ... $B_n \Rightarrow ... \Rightarrow B_2 \Rightarrow B_1 \Rightarrow B$ der Bedingungen des Bedingten. In der Freiheitsantinomie hat Kant die Frage diskutiert, ob diese Reihe mit einer Person anfangen kann, die sich für bestimmte Handlungen aus Vernunftgründen entscheidet und diese Entscheidungen dann auch in die Tat umsetzt. Aber eine solche Person mit ihrem Vermögen, eine Kausalreihe anzufangen, existiert nicht notwendig. Nur die »Kausalität aus Freiheit« ist intelligibel, der Mensch selber gehört der empirischen Welt an und existiert nicht notwendig (vgl. B 589). Menschliche Personen existieren wie alle anderen empirischen Dinge in der Welt nur kontingent. Jedes einzelne empirische Ding können wir uns aus der Welt wegdenken. Für die Metaphysiker und für Kant stellt sich jedoch die Frage, ob es in der Welt nicht auch etwas gibt, das notwendig existiert. Kant sieht in der Metaphysik zwei Antwortmöglichkeiten miteinander im Widerstreit liegen. Die Thesis besagt:

> Zu der Welt gehört etwas, das, entweder als ihr Teil, oder ihre Ursache, ein schlechthin notwendiges Wesen ist. (B 480)

Die Antithesis behauptet:

> Es existiert überall kein schlechthinnotwendiges Wesen, weder in der Welt, noch außer der Welt, als ihre Ursache. (B 481)

Metaphysisch kann die Thesis nach Kant in folgender Weise bewiesen werden:

> Die Sinnenwelt, als das Ganze aller Erscheinungen, enthält zugleich eine Reihe von Veränderungen. Denn, ohne diese, würde selbst die Vorstellung der Zeitreihe, als einer Bedingung der Möglichkeit der Sinnenwelt, uns nicht gegeben sein. Eine jede Veränderung aber steht unter ihrer Bedingung, die der Zeit nach vorhergeht, und unter welcher sie notwendig ist. Nun setzt ein jedes Bedingte, das gegeben ist, in Ansehung seiner Existenz, eine vollständige Reihe von Bedingungen bis zum Schlechthinunbedingten voraus, welches allein absolutnotwendig ist. Also muß etwas Absolutnotwendiges existieren, wenn eine Veränderung als seine Folge existiert. Dieses Notwendige aber gehöret selber zur Sinnenwelt. Denn setzet, es sei außer derselben, so würde von ihm die Reihe der Weltveränderungen ihren Anfang ableiten, ohne | daß doch diese notwendige Ursache selbst zur Sinnenwelt gehörete. Nun ist dieses unmöglich. Denn, da der Anfang einer Zeitreihe nur durch dasjenige, was der Zeit nach vorhergeht, bestimmt werden kann: so muß die oberste Bedingung des Anfangs einer Reihe von Veränderungen in der Zeit existieren, da diese noch nicht war, (denn der Anfang ist ein Dasein, vor welchem eine Zeit vorhergeht, darin das Ding, welches anfängt, noch nicht war). Also gehört die Kausalität der notwendigen Ursache der Veränderungen, mithin auch die Ursache selbst, zu der Zeit, mithin zur Erscheinung (an welcher die Zeit allein als deren Form möglich ist), folglich kann sie von der Sinnenwelt, als dem Inbegriff aller Erscheinungen, nicht abgesondert gedacht werden. Also ist in der Welt selbst etwas Schlechthinnotwendiges enthalten (es mag nun dieses die ganze Weltreihe selbst, oder ein Teil derselben sein). (B 480/482)

Das Argument kann man so rekonstruieren:

1. Es gibt in der empirischen Welt Veränderungen.
2. Solche Veränderungen ereignen sich nur, wenn alle seine ihm zeitlich vorausgehenden Bedingungen vollständig realisiert sind.
3. Eine solche zeitliche Reihe von Bedingungen ist nur dann vollständig realisiert, wenn es etwas gibt, das notwendigerweise und seinerseits unbedingt, in diesem Sinne absolut notwendig existiert.

---

4. Also gibt es etwas, das absolut notwendig existiert.
5. Wenn dieses absolut notwendig Existierende nicht Teil der empirischen Welt wäre, so würde die zeitliche Reihe der Bedingungen von Veränderungen in der Welt mit etwas außerhalb der Zeit beginnen.
6. Das ist schon begrifflich unmöglich, da wir nur dann sagen, ein *X* beginne mit einem *Y*, wenn es einen früheren Zeitpunkt gibt, zu dem *Y* existiert, aber *X* noch nicht.

---

7. Also existiert etwas in der Zeit und damit in der empirischen Welt absolut notwendig, ohne welches die Reihe der Veränderungen in der empirischen Welt gar nicht möglich wäre.

Für die Antithesis lässt sich nach Kant scheinbar ebenso zwingend in folgender Weise argumentieren:

> Setzet: die Welt selber, oder in ihr, sei ein notwendiges Wesen, so würde in der Reihe ihrer Veränderungen, entweder ein Anfang sein, der unbedingtnotwendig, mithin ohne Ursache wäre, welches dem dynamischen Gesetze der Bestimmung aller Erscheinungen in der Zeit widerstreitet; oder die Reihe selbst wäre ohne allen Anfang, und, obgleich in allen ihren Teilen zufällig und bedingt, im Ganzen dennoch schlecht-

> hinnotwendig und unbedingt; welches sich selbst widerspricht, weil das Dasein einer Menge nicht notwendig sein kann, wenn kein einziger Teil derselben ein an sich notwendiges Dasein besitzt.
> Setzet dagegen: es gebe eine schlechthin notwendige Weltursache außer der Welt, so würde dieselbe, als das | oberste Glied in der Reihe der Ursachen der Weltveränderungen, das Dasein der letzteren und ihre Reihe zuerst anfangen. Nun müßte sie aber alsdann auch anfangen zu handeln, und ihre Kausalität würde in die Zeit, eben darum aber in den Inbegriff der Erscheinungen, d. i. in die Welt gehören, folglich sie selbst, die Ursache, nicht außer der Welt sein, welches der Voraussetzung widerspricht. Also ist weder in der Welt, noch außer derselben (aber mit ihr in Kausalverbindung) irgend ein schlechthin notwendiges Wesen. (B 481/483)

Das Argument umfasst zwei Teilargumente. Das erste Teilargument lässt sich so rekonstruieren:

1. Annahme um des Arguments willen: *In der empirischen Welt existiert etwas absolut notwendig.*
2. Wenn in der empirischen Welt etwas absolut notwendig existiert, ist es entweder das unverursachte, absolut notwendig existierende Anfangsglied der kausalen Zeitreihe aller Veränderungen, oder diese Reihe ist zwar ohne Anfang, jedoch als Ganze absolut notwendig.
3. Das Erste ist unmöglich, weil es für jeden Sachverhalt X in der Zeit einen ihm zeitlich vorausliegenden Sachverhalt Y gibt, woraus X nach einer Regel folgt.
4. Das Zweite ist unmöglich, weil eine Menge bedingter, nicht notwendig existierender Dinge oder Ereignisse nicht selber unbedingt oder notwendig sein kann.

---

5. Also existiert in der empirischen Welt nichts absolut notwendig.

Das zweite Teilargument besagt:

1. Annahme um des Arguments willen: *Außerhalb der empirischen Welt existiert eine absolut notwendige Weltursache.*
2. Wenn außerhalb der Welt eine absolut notwendige Weltursache existiert, dann würde die zeitlich geordnete Abfolge aller Veränderungen in der empirischen Welt mit dieser absolut existierenden Weltursache anfangen.
3. Wenn die zeitlich geordnete Abfolge aller Veränderungen in der empirischen Welt mit dieser absolut existierenden Weltursache anfängt, müsste diese Weltursache in der Zeit zu wirken beginnen.
4. Beginnt die absolut existierende Weltursache in der Zeit zu wirken, muss sie selber in der Zeit und damit in der Welt als der Gesamtheit aller zeitlich bestimmten Ereignisse sein.

---

5. Also existiert die absolut existierende Weltursache in der Welt.
6. Das widerspricht der Annahme 1.

---

7. Also kann eine oberste Weltursache nicht außerhalb der empirischen Welt existieren.

Die Argumente für Thesis und Antithesis sind in verschiedenen Hinsichten problematisch. Vor allem ist es sehr die Frage, ob sie wirklich unentscheidbar gleich gut – oder besser gesagt: gleich schlecht – sind. Wir können das hier nicht erörtern. Die dritte Prämisse im Beweis für die Thesis muss uns allerdings gleich noch beschäftigen: Eine zeitliche Reihe von Bedingungen eines Bedingten ist nur dann vollständig realisiert, wenn es etwas gibt, das notwendigerweise und seinerseits unbedingt, in diesem Sinne absolut notwendig existiert. Kant heißt diese dritte Prämisse nämlich ausdrücklich gut. Doch wenden wir uns zuvor

Kants Auflösung des Widerstreits der beiden Argumente zu.

> Also bleibt uns, bei der vor uns liegenden scheinbaren Antinomie, noch ein Ausweg offen, da nämlich alle beide einander widerstreitende Sätze in verschiedener Beziehung zugleich wahr sein können, so, daß alle Dinge der Sinnenwelt durchaus zufällig sind, mithin auch immer nur empirischbedingte Existenz haben, gleichwohl von der ganzen Reihe auch eine nicht-empirische Bedingung, d. i. ein unbedingt notwendiges Wesen, stattfinde. Denn dieses würde, als intelligibele Bedingung, gar nicht zur Reihe als ein Glied derselben (nicht einmal als das oberste Glied) | gehören, und auch kein Glied der Reihe empirischunbedingt machen, sondern die ganze Sinnenwelt in ihrem durch alle Glieder gehenden empirischbedingten Dasein lassen. (B 588/589)

Nach Kant müht sich die Metaphysik vergeblich mit der Lösung dieser Antinomie ab. Sie begreift nicht, wie sich die Antinomie auflösen lässt. Die beiden Sätze widersprechen sich nämlich gar nicht, wenn man nur ihre Geltung geeignet einschränkt. Die Antithesis ist als Feststellung über die erkennbare empirische Welt völlig richtig: In der empirischen Welt können wir nur Sachverhalte erkennen, die ihrerseits durch andere Sachverhalte bedingt sind. Trotzdem kann gleichzeitig die Thesis wahr sein: Der empirisch erkennbaren Welt kann eine absolut notwendige Ursache zugrunde liegen, die ihrerseits nicht zur empirischen Welt gehört und deshalb für uns auch nicht erkennbar ist. In Wahrheit akzeptiert Kant sogar eine stärkere Behauptung: Für ihn ist es unumgänglich, eine solche intelligible, absolut notwendig existierende Ursache der Welt anzunehmen.

> Wenn etwas, was es auch sei, existiert, so muß auch eingeräumt werden, daß irgend etwas notwendi-

> gerweise existiere. Denn das Zufällige existiert nur unter der Bedingung eines anderen, als seiner Ursache, und von dieser gilt der Schluß fernerhin, bis zu einer Ursache, die nicht zufällig und eben darum ohne Bedingung notwendigerweise da ist. (B 612)

Das ist die Prämisse 3 in der metaphysischen Herleitung der Thesis. Kant vertritt also das folgende Argument:

1. Es gibt empirisch Bedingtes.
2. Wenn ein Bedingtes *X* existiert, muss etwas anderes, nämlich das Bedingende *Y*, existieren, da andernfalls *X* gar nicht existieren könnte.
3. Der vollständigen Reihe der Bedingungen eines Bedingten muss selber etwas Unbedingtes zugrunde liegen, das diese Reihe ermöglicht und sie in Gang setzt.
4. Unbedingtes existiert notwendigerweise.

---

5. Also gibt es etwas Unbedingtes, das notwendigerweise existiert.

Dieses Argument steht und fällt mit der dritten Prämisse. Für Kant scheint sie nicht begründungsbedürftig zu sein. Man kann ihm zugestehen, dass sie eine gewisse Plausibilität besitzt. Aber letztlich fragt man sich doch, ob man sie für wahr halten soll und sie nicht eigentlich doch begründet werden müsste. Doch das würde, wenn es gelingen soll, ein längeres Unternehmen. Zum Glück müssen wir uns auf dieses Unternehmen nicht einlassen. Viel wichtiger ist, dass Kant selber mit Gründen darauf beharrt, dass so gut wie nichts aus dem Zugeständnis folgt, etwas müsse absolut notwendig existieren. Das absolut notwendig Existierende ist nur eine Idee, die durch die »Logik« der Vernunft zwar erzwungen wird, um eine gedankliche Lücke zu schließen und die Welt als eine Totalität wenigstens denken zu können, ansonsten aber bleibt dieses absolut notwendig existierende Etwas die große Unbekannte, ein bloßes »Gedankending«, über das wir nichts weiter wissen können. Insbesondere freut sich der Theismus der Metaphysik zu früh, wenn er glaubt, wir könnten zwingend dieses absolut notwendig Existierende mit Gott oder gar mit dem christlichen Gott identifizieren. Das soll uns im nächsten Abschnitt beschäftigen.

Gottesbeweise

Kant sagt von der Vernunftidee einer Totalität aller möglichen positiven Prädikate, die die Realität bestimmen:

> Denn die Vernunft legte sie nur, als den Begriff von aller Realität, der durchgängigen Bestimmung der Dinge überhaupt zum Grunde, ohne zu verlangen, daß alle diese Realität objektiv gegeben sei und selbst ein Ding ausmache. Dieses letztere ist eine bloße Erdichtung, durch welche wir das Mannigfaltige unserer Idee in einem Ideale, als einem besonderen Wesen, zusammenfassen und realisieren, wozu wir keine Befugnis haben [...]. (B 608)

> Ungeachtet dieses dringenden Bedürfnisses der Vernunft, etwas vorauszusetzen, was dem Verstande zu der durchgängigen Bestimmung seiner Begriffe vollständig zum Grunde liegen könne, so bemerkt sie doch das Idealische und bloß Gedichtete einer solchen Voraussetzung viel zu leicht, als daß sie dadurch allein überredet werden sollte, ein | bloßes Selbstgeschöpf ihres Denkens sofort für ein wirkliches Wesen anzunehmen, wenn sie nicht wodurch anders gedrungen würde, irgendwo ihren Ruhestand, in dem Regressus vom Bedingten, das gegeben ist, zum Unbedingten, zu suchen, das zwar an sich und seinem bloßen Begriff nach nicht als wirklich gegeben ist, welches aber allein die Reihe der zu ihren

> Gründen hinausgeführten Bedingungen vollenden kann. (B 611/612)

Kant sieht richtig: Selbst wenn wir nicht umhin können, die Idee Gottes als einer höchsten Realität zu bilden, ist damit offenkundig nicht schon die Existenz Gottes als reales Wesen bewiesen. Wodurch, so fragt er weiter, sind wir aber genötigt, die Existenz Gottes anzunehmen und sie auch zu beweisen? In dem Zitat verweist er wieder auf den »Regressus vom Bedingten zum Unbedingten«. Er behauptet, dass wir im Durchlaufen der Reihe von Bedingungen einen »Ruhestand« suchen. Hiermit ist nichts anderes gemeint als der von Kant akzeptierte Schluss von der Reihe der Bedingungen eines Bedingten auf etwas, das absolut notwendig existiert und dieser Reihe als intelligible Ursache zugrunde liegt. Kant identifiziert diesen Schluss als ein »Argument, worauf die Vernunft ihren Fortschritt zum Urwesen gründet« (vgl. B 612). Aber er kritisiert die Metaphysik dafür, dass sie von der Konklusion dieses Schlusses aus glaubt, weiter schließen zu können, dass das Unbedingte nichts anderes sein kann als das »ens realissimum«:

> Denn, wenn wir alles so gut sein lassen, wie es hier vor uns liegt: daß nämlich erstlich vor irgend einer | gegebenen Existenz (allenfalls auch bloß meiner eigenen) ein richtiger Schluß auf die Existenz eines unbedingt notwendigen Wesens stattfinde; zweitens daß ich ein Wesen, welches alle Realität, mithin auch alle Bedingung enthält, als schlechthin unbedingt ansehen müsse, folglich der Begriff des Dinges, welches sich zur absoluten Notwendigkeit schickt, hierdurch gefunden sei: so kann daraus doch gar nicht geschlossen werden, daß der Begriff eines eingeschränkten Wesens, das nicht die höchste Realität hat, darum der absoluten Notwendigkeit widerspreche. Denn, ob ich gleich in seinem Begrif-

> fe nicht das Unbedingte antreffe, was das All der Bedingungen schon bei sich führt, so kann daraus doch gar nicht gefolgert werden, daß sein Dasein darum bedingt sein müsse; so wie ich in einem hypothetischen Vernunftschlusse nicht sagen kann: wo eine gewisse Bedingung (nämlich hier die Vollständigkeit nach Begriffen) nicht ist, da ist auch das Bedingte nicht. Es wird uns vielmehr unbenommen bleiben, alle übrige eingeschränkte Wesen eben so wohl für unbedingt gelten zu lassen, ob wir gleich ihre Notwendigkeit aus dem allgemeinen Begriffe, den wir von ihnen haben, nicht schließen können. Auf diese Weise aber hätte dieses Argument uns nicht den mindesten Begriff von Eigenschaften eines notwendigen Wesens verschafft, und überall gar nichts geleistet. (B 615/616)

Der Einwand von Kant ist letztlich einfach. Es muss etwas Unbedingtes existieren, da Bedingtes existiert. Die Totalität aller positiven Prädikate, die die Realität bestimmen, als in einem Wesen (eben Gott) vereinigt gedacht, ist zwar, wie jede Totalität, etwas Unbedingtes und existiert notwendigerweise, wenn dieses Wesen überhaupt existiert. Das ergibt sich schon aus seinem Begriff. Aber deshalb kann trotzdem etwas notwendigerweise existieren, ohne dass dies schon aus seinem Begriff folgt. Insofern ist es ein Fehlschluss, dass das Unbedingte, das angesichts des Bedingten existieren muss, nur Gott als »höchste Realität« sein kann. Metaphysiker machen sich nach Kant die Sache viel zu leicht, wenn sie glauben, die Existenz Gottes sei zwingend bewiesen, sobald man ihnen zugesteht, dass überhaupt etwas Unbedingtes existieren muss.

Überhaupt macht Kant sich anheischig, alle Gottesbeweise zu widerlegen. Für ihn gibt es nur drei verschiedene Gottesbeweise, den ontologischen, den kosmologischen und den physikotheologischen bzw. teleologischen Gottesbeweis. Er behauptet, dass die Beweiskraft des kosmologischen und des teleologischen Gottesbeweises vom ontologischen Gottesbeweis abhängt. Scheitert der ontologische Gottesbeweis, sind damit alle anderen möglichen Gottesbeweise hinfällig.

Die Kritik des ontologischen Gottesbeweises

Der ontologische Gottesbeweis ist der berühmteste aller Gottesbeweise. Er ist faszinierend. Die Definition eines Gegenstandes beweist normalerweise nicht die Existenz des Definierten. Nur bei Gott scheint das anders zu sein, seine Existenz scheint zwingend aus seinem Begriff zu folgen. Gott ist definiert als das »höchste Wesen«. Ihm kommen also alle positiven Prädikate, die zusammen die Realität vollständig bestimmen, ohne Abstriche zu. Ein vollkommeneres Wesen als Gott kann nicht gedacht werden. Gott, so behauptet Anselm von Canterbury (1033–1108), der den ontologischen Gottesbeweis als Erster formuliert hat, ist das Wesen, »über das hinaus nichts Größeres gedacht werden kann«[33]. Warum impliziert diese Definition Gottes seine Existenz?

Der ontologische Gottesbeweis wird von Kant nicht explizit dargestellt. Betrachtet man seine Kritik, so scheint er folgende einfache Version vor Augen zu haben:

1. Gott ist das Wesen, das unter anderem dadurch definiert ist, dass ihm alle Prädikate, die eine Seinsvollkommenheit beinhalten, notwendig zukommen.
2. »Sein« ist ein Prädikat, das eine Seinsvollkommenheit beinhaltet.

---

33 Bei Anselm von Canterbury lautet die lateinische Formel: »Deus enim est id quo maius cogitari non potest«; vgl. Anselm von Canterbury (2005), S. 26.

3. Also kommt Gott dieses Prädikat per definitionem zu, d. h., Gott existiert als höchstes Wesen notwendig.

Kants Kritik an diesem Argument ist berühmt. Sie gilt als der erste wirklich gewichtige, ja möglicherweise schlagende Einwand gegen den ontologischen Gottesbeweis. Kant richtet sich gegen die Prämisse 2. Seinen Einwand fasst er in dem berühmten Diktum zusammen:

> Sein ist offenbar kein reales Prädikat, d.i. ein Begriff von irgend etwas, was zu dem Begriffe eines Dinges hinzukommen könne. (B 626)

Er begründet diese These im Wesentlichen durch zwei Argumente.

> Wenn ich also ein Ding, durch welche und wie viel Prädikate ich will, (selbst in der durchgängigen Bestimmung) denke, so kommt dadurch, daß ich hinzusetze: dieses Ding ist, nicht das mindeste zu dem Dinge hinzu. Denn sonst würde nicht eben dasselbe, sondern mehr existieren, als ich im Begriffe gedacht hatte, und ich könnte nicht sagen, daß gerade der Gegenstand meines Begriffs existiere. Denke ich mir auch sogar in einem Dinge alle Realität außer einer, so kommt dadurch, daß ich sage, ein solches mangelhaftes Ding existiert, die fehlende Realität nicht hinzu, sondern es existiert gerade mit demselben Mangel behaftet, als ich es gedacht habe, sonst würde etwas anderes, als ich dachte, existieren. Denke ich mir nun ein Wesen als die höchste Realität (ohne Mangel), so bleibt noch immer die Frage, ob es existiere, oder nicht. (B 628)

Das Argument ist sprachanalytisch:

1. Annahme um des Arguments willen: *»Existieren« ist ein gewöhnliches Prädikat wie »allgütig« oder »Mensch«.*
2. Angenommen, man denkt sich ein Ding, dem gewöhnliche Prädikate $P_1,\ldots,P_n$ zukommen.

3. Angenommen, man stellt fest, dass das so gedachte Ding tatsächlich existiert.

---

4. Also kommt dann diesem Ding neben den Prädikaten $P_1,\ldots,P_n$ auch noch das Prädikat »existieren« zu.
5. Ein Ding, dem die Prädikate $X_1,\ldots,X_m$ und zusätzlich das Prädikat Y zukommen, ist nicht dasselbe wie ein Ding, dem nur die Prädikate $X_1,\ldots,X_m$ zukommen.

---

6. Also ist das Ding, das man sich durch die Prädikate $P_1,\ldots,P_n$ bestimmt denkt, nicht dasselbe wie das Ding, von dem man feststellt, dass es die Prädikate $P_1,\ldots,P_n$ besitzt und außerdem existiert.
7. Behauptung 6 ist jedoch absurd, denn man will gerade behaupten, dass *dasselbe* Ding, das man sich durch die Prädikat $P_1,\ldots,P_n$ bestimmt gedacht hat, tatsächlich existiere.

---

8. Also ist die Annahme falsch, »existieren« sei ein gewöhnliches Prädikat wie »allgütig« oder »Mensch«.

Dieses Argument ergänzt Kant um ein zweites:

> Wenn ich das Prädikat in einem identischen Urteile aufhebe und behalte das Subjekt, so entspringt ein Widerspruch, und daher sage ich: jenes kommt diesem notwendiger Weise zu. Hebe ich aber das Subjekt zusammt dem Prädikate auf, so entspringt kein Widerspruch; denn *es ist nichts mehr*, welchem widersprochen werden könnte. Einen Triangel setzen und doch die drei Winkel desselben aufheben, ist widersprechend; aber den Triangel samt seinen drei Winkeln aufheben, ist kein Widerspruch. Gerade eben so ist es mit dem Begriffe eines absolutnotwendigen | Wesens bewandt. Wenn ihr das Dasein desselben aufhebt, so hebt ihr das Ding selbst mit all seinen Prädikaten auf; wo soll alsdenn der Widerspruch her-

kommen? [...] Gott ist allmächtig; das ist ein notwendiges Urteil. Die Allmacht kann nicht aufgehoben werden, wenn ihr eine Gottheit, d.i. ein unendliches Wesen, setzt, mit dessen Begriff jener identisch ist. Wenn ihr aber sagt: Gott ist nicht, so ist weder die Allmacht, noch irgend ein anderes seiner Prädikate gegeben; denn sie sind alle zusamt dem Subjekte aufgehoben, und es zeigt sich in diesem Gedanken nicht der mindeste Widerspruch. (622/623)

1. Annahme um des Arguments willen: *»Existieren« ist ein gewöhnliches Prädikat wie »allmächtig«.*
2. Bei einem gewöhnlichen Prädikat wie »allmächtig« ist es widersprüchlich zu sagen: »Das Wesen, das ich mir unter anderem als allmächtig, allgegenwärtig, allgütig usw. denke, ist nicht allmächtig«.

---

3. Also wäre es auch widersprüchlich zu sagen: »Das Wesen, das ich mir als ein Wesen denke, das notwendig existiert, gibt es tatsächlich nicht«.
4. Es ist jedoch nicht widersprüchlich zu sagen: »Das Wesen, das ich mir unter anderem als ein Wesen denke, das allmächtig und allgegenwärtig ist und das notwendig existiert, existiert tatsächlich nicht«.

---

5. Also ist »existieren« kein gewöhnliches Prädikat.

Wiederum ist es an dieser Stelle nicht möglich, in die Debatte des ontologischen Gottesbeweises und in die Analyse des Existenzbegriffs einzusteigen. Aber eines muss man Kant lassen, sein Einwand ist außerordentlich scharfsinnig und nicht so leicht zu widerlegen.
So reizvoll es wäre, Kants Analyse des kosmologischen und des teleologischen Gottesbeweises muss hier unerörtert bleiben. Gerade bei Kants Überlegungen zur »rationalen Theologie« mag man bedauern, dass ein Kommentar nach einer Rekonstruktion der zentralen Überlegungen

Kants das Thema auch schon wieder verlassen muss, ohne in eine detaillierte Diskussion eintreten zu können. Denn dem heutigen Leser mag vor allem auffallen, wie sehr Kant einem protestantisch-christlichen Gottesverständnis verpflichtet ist und wie vielen der theistischen Überzeugungen der metaphysischen Tradition er verhaftet bleibt. Aus heutiger Perspektive können Kants Überlegungen zum Thema »Gott« gelegentlich sogar ein wenig naiv wirken. Die Zeitgenossen freilich haben Kant ganz anders wahrgenommen. Viele seiner Leser waren darüber schockiert, wie wenig der »Alleszermalmer« aus Königsberg von den theistischen Grundannahmen der Metaphysik übrig lässt. Ließe ein systematischer Kommentar den Raum, den philosophischen Faden Kants aufzugreifen und ihn fortzuspinnen, könnte man aber sehen, wie wenig naiv Kants Überlegungen zum Theismus sind, welch ambivalente Rolle der Theismus in seiner Philosophie spielt und wie zeitgemäß modern sie darin letztlich immer noch ist.

18. Wissenschaft als System

Die Vernunftideen als regulative Prinzipien

Den Ideen der reinen Vernunft entsprechen keine direkten Objekte der Erfahrung. Aber ebenso wenig sind diese Ideen für Kant bloße Hirngespinste. Im Gegenteil, die Vernunftideen sind für uns unentbehrlich. Sie orientieren nämlich die wissenschaftliche Erfahrung. Wissenschaftliche Erfahrung begnügt sich niemals damit, einzelne Fakten zusammenhanglos aufzulisten. Vielmehr sollen die einzelnen Fakten durch möglichst wenige fundamentale Gesetze möglichst dicht inferentiell miteinander verknüpft werden. In diesem Sinne zielt wissenschaftliche Erfahrung auf eine systematische Einheit der einzelnen Erfahrungsinhalte. Es ist vor allem die systematische Einheit, die wissenschaftliche Erfahrung von der gemeinen Alltagserfahrung unterscheidet.

> Ich verstehe unter einer Architektonik die Kunst der Systeme. Weil die systematische Einheit dasjenige ist, was gemeine Erkenntnis allererst zur Wissenschaft, d.i. aus einem bloßen Aggregat derselben ein System macht, so ist Architektonik die Lehre des Scientifischen in unserer Erkenntnis überhaupt [...].
> Unter der Regierung der Vernunft dürfen unsere Erkenntnisse überhaupt keine Rhapsodie, sondern sie müssen ein System ausmachen, in welchem sie allein die wesentlichen Zwecke derselben unterstützen und befördern können. Ich verstehe aber unter einem System die Einheit der mannigfaltigen Erkenntnisse unter einer Idee. Diese ist der Vernunftbegriff von der Form eines Ganzen, so fern durch denselben der Umfang der Mannigfaltigkeit so wohl, als die Teile unter einander, a priori bestimmt wird. (B 860)

Vernunftideen beinhalten nach Kant ideale Zielpunkte für die Systematisierung unseres Erfahrungswissens. Insofern machen wir von den Ideen einen, wie Kant sagt, *regulativen Gebrauch*. Ihn unterscheidet Kant von dem konstitutiven Gebrauch, der vorläge, wären durch die Vernunftideen Gegenstände der Erkenntnis gegeben.

> Ich behaupte demnach: die transzendentalen Ideen sind niemals von konstitutivem Gebrauche, so, daß dadurch Begriffe gewisser Gegenstände gegeben würden, und in dem Falle, daß man sie so versteht, sind es bloß vernünftelnde (dialektische) Begriffe. Dagegen aber haben sie einen vortrefflichen und unentbehrlich notwendigen Gebrauch, nämlich den Verstand zu einem gewissen Ziele zu richten, in Aussicht auf welches die Richtungslinien aller seiner Regeln in einen Punkt zusammenlaufen, der, ob er zwar nur eine Idee (focus imaginarius), d. i. ein Punkt ist, aus welchem die Verstandesbegriffe wirklich nicht ausgehen, indem er ganz außerhalb den Grenzen möglicher Erfahrung liegt, dennoch dazu dient, ihnen die größte Einheit neben der größten Ausbreitung zu verschaffen. (B 672)

> Übersehen wir unsere Verstandeserkenntnisse in ihrem ganzen Umfange, so finden wir, daß dasjenige, was Vernunft ganz eigentümlich darüber verfügt und zu Stande zu bringen sucht, das Systematische der Erkenntnis sei, d.i. der Zusammenhang derselben aus einem Prinzip. Diese Vernunfteinheit setzt jederzeit eine Idee voraus, nämlich die von der Form eines Ganzen der Erkenntnis, welches vor der bestimmten Erkenntnis der Teile vorhergeht und die Bedingungen enthält, jedem Teile seine Stelle und Verhältnis zu den übrigen a priori zu bestimmen. Diese Idee postuliert demnach vollständige Einheit der Verstandeserkenntnis, wodurch diese nicht bloß ein zufälliges Ag-

> gregat, sondern ein nach notwendigen Gesetzen zusammenhängendes System wird. (B 673)

Wir müssen nun genauer betrachten, wie Kant sich die Rolle der Vernunftideen bei der Systematisierung unserer wissenschaftlichen Erfahrung vorstellt.

Prinzipien der Systematisierung

Um unsere Einzelerfahrungen in ein System einzuordnen, das die Einheit der Erfahrungswelt widerspiegelt, wenden wir, so Kant, drei Prinzipien an:

> Die Vernunft bereitet also dem Verstande sein Feld, 1. durch ein Prinzip der Gleichartigkeit des Mannigfaltigen unter höheren Gattungen, 2. durch einen Grundsatz der Varietät des Gleichartigen unter niederen Arten; und um die systematische Einheit zu vollenden, fügt sie 3. noch ein Gesetz der Affinität aller Begriffe hinzu, welches einen kontinuierlichen Übergang von einer jeden | Art zu jeder anderen durch stufenartiges Wachstum der Verschiedenheit gebietet. Wir können sie die Prinzipien der Homogenität, der Spezifikation und der Kontinuität der Formen nennen. Das letztere entspringt dadurch, daß man die zwei ersteren vereinigt, nachdem man sowohl im Aufsteigen zu höheren Gattungen, als im Herabsteigen zu niederen Arten, den systematischen Zusammenhang in der Idee vollendet hat; denn alsdenn sind alle Mannigfaltigkeiten unter einander verwandt, weil sie insgesamt durch alle Grade der erweiterten Bestimmung von einer einzigen, obersten Gattung abstammen. (B 685/686)

Kant sieht, dass die Forschung zwei Forderungen gerecht werden muss: Einerseits muss sie möglichst viele verschiedene Phänomene begrifflich zusammenfassen und sie z. B. nach Gattungen und Arten klassifizieren, sie auf möglichst wenige Grundphänomene reduzieren, sie unter wenige einfache Fundamentalgesetze subsumieren. Daher muss die Forschung in den verschiedenen Erfahrungsinhalten auf das achten, was in ihnen gleichartig ist. Deshalb spricht Kant von einem *regulativen Prinzip der Gleichartigkeit oder Homogenität.* Andererseits sind die Phänomene auch höchst unterschiedlich. Der Vielfalt der Welt muss die Wissenschaft ebenfalls gerecht werden. Die wissenschaftlichen Klassifikationen und Gesetze müssen sich so spezifizieren lassen, dass man alle Phänomene in ihren eigentümlichen Unterschieden in den Blick bekommt. Forschung ist auch auf das *regulative Prinzip der Varietät oder Spezifikation* verpflichtet.

Kant ergänzt die Prinzipien der Gleichartigkeit (Homogenität) und Verschiedenheit (Varietät), welche die Phänomenvielfalt zu ihrem Recht kommen lassen und sie trotzdem in eine systematische Einheit bringen sollen, durch ein *regulatives Prinzip der Kontinuität oder Verwandtschaft*: Die verschiedenen Phänomene sind so in Ähnlichkeitsreihen anzuordnen, dass der Übergang von einer Art von Phänomenen zur nächsten nicht abrupt mit tiefgreifenden Unterschieden erfolgt, sondern nur mit geringfügigen Unterschieden, die sich erst allmählich beim Übergang zu weiteren Phänomenarten kumulativ vergrößern. Kant denkt offensichtlich an die biologischen Klassifikationssysteme, aber auch an Kontinuitätsprinzipien in der Physik, wonach z. B. die Natur »keine Sprünge macht« und Bewegungen daher kontinuierlich verlaufen.

Kant illustriert das Zusammenspiel seiner Prinzipien an einem schönen Beispiel aus der Physik.

> Daher, wenn uns z. B. durch eine (noch nicht völlig berichtigte) Erfahrung der Lauf der Planeten als kreisförmig gegeben ist, und wir finden Verschieden-

> heiten, so vermuten wir sie in demjenigen, was den Zirkel nach einem beständigen Gesetze durch alle unendliche Zwischengrade, zu einem dieser abweichenden Umläufe abändern kann, d.i. die Bewegungen der Planeten, die nicht Zirkel sind, werden etwa dessen Eigenschaften mehr oder weniger nahe kommen, und fallen auf die Ellipse. Die Kometen zeigen eine noch größere Verschiedenheit ihrer Bahnen, da sie (so weit Beobachtung reicht) nicht einmal im Kreise zurückkehren, allein wir raten auf einen parabolischen Lauf, der doch mit der Ellipsis verwandt ist, und, wenn die lange Achse der letzteren sehr weit gestreckt ist, in allen unseren | Beobachtungen von ihr nicht unterschieden werden kann. So kommen wir, nach Anleitung jener Prinzipien [der Gleichartigkeit, der Kontinuität, H. T.], auf Einheit der Gattungen dieser Bahnen in ihrer Gestalt, dadurch aber weiter auf Einheit der Ursache aller Gesetze ihrer Bewegung (die Gravitation), von da wir nachher unsere Eroberungen ausdehnen, und auch alle Varietäten und scheinbare Abweichungen von jenen Regeln aus demselben Prinzip zu erklären suchen, endlich gar mehr hinzufügen, als Erfahrung jemals bestätigen kann, nämlich, uns nach den Regeln der Verwandtschaft selbst hyperbolische Kometenbahnen zu denken, in welchen diese Körper ganz und gar unsere Sonnenwelt verlassen, und, indem sie von Sonne zu Sonne gehen, die entfernteren Teile eines für uns unbegrenzten Weltsystems, das durch eine und dieselbe bewegende Kraft zusammenhängt, in ihrem Laufe vereinigen. (B 690/691)

Die verschiedenen Himmelskörper scheinen sich höchst unterschiedlich zu bewegen. In diesem Chaos der Bewegungen schafft die Physik Ordnung. Alle Bewegungen klassifiziert sie als Kegelschnitte. Dadurch sind sie in dieselbe mathematische Gattung eingeordnet (Anwendung des Prinzips der Gleichartigkeit). Trotzdem verwischt die Physik mit dieser Klassifikation nicht die Unterschiede, etwa zwischen Planetenbahnen und Kometenbahnen, denn die Unterarten der Gattung Kegelschnitt, nämlich Kreis, Ellipse, Parabel und Hyperbel, lassen hinreichende Differenzierungen zu (Anwendung des Prinzips der Varietät). Indem die Bahnformen der Himmelskörper als Kegelschnitte beschrieben werden, lassen sie sich zugleich einheitlich erklären (Anwendung des Prinzips der Gleichartigkeit). Denn die Gravitation ist eine sogenannte Zentralkraft, die in der geradlinigen Verbindung zwischen Körpern wirkt, und es ist mathematisch beweisbar, dass die Bahnen der durch Zentralkräfte verursachten Bewegungen stets Kegelschnitte sein müssen. Zugleich sind Kreise, Ellipsen und Parabeln hinreichend miteinander verwandt: Durch entsprechende allmähliche Veränderung ihrer Achsen geht eine Ellipse entweder in einen Kreis oder in eine Parabel über oder lässt sich zumindest von einer solchen im Rahmen der Messgenauigkeit nicht mehr wirklich unterscheiden (Prinzip der Kontinuität).

Die systematische Einheit der Natur als regulatives Forschungsprinzip

Es wäre ein sinnloses Unterfangen der Wissenschaft, die verschiedenen Naturphänomene in ein System zu bringen, wüssten wir definitiv, dass die Natur gar kein System darstellt. Mithin unterstellt die Forschung das folgende Prinzip: *Die Natur als Gegenstand empirischer Forschung weist maximale systematische Einheit und durchgängigen Systemzusammenhang ihrer Phänomene auf.* Wir wollen diese Behauptung die »Systemthese« nennen. Ist die Systemthese wahr, und woher wissen wir, dass sie wahr ist? Nach Kant wissen wir das überhaupt nicht und können es auch nicht wissen. Der Systemgedanke ist nur eine Idee, und die Systemthese ist lediglich eine *forschungsleitende Hypothese*, kein empirisch oder gar a priori beweisbarer Satz.

> Der hypothetische Gebrauch der Vernunft aus zum Grunde gelegten Ideen, als problematischer Begriffe, ist eigentlich nicht konstitutiv, nämlich nicht so beschaffen, daß dadurch, wenn man nach aller Strenge urteilen will, die Wahrheit der allgemeinen Regel, die als Hypothese angenommen worden, folge; denn wie will man alle möglichen Folgen wissen, die, indem sie aus demselben angenommenen Grundsatze folgen, seine Allgemeinheit beweisen? Sondern er ist nur regulativ, um dadurch, so weit als es möglich ist, Einheit in die besonderen Erkenntnisse zu bringen, und die Regel dadurch der Allgemeinheit zu nähern.
> Der hypothetische Vernunftgebrauch geht also auf die systematische Einheit der Verstandeserkenntnisse, diese aber ist der Probierstein der Wahrheit der Regeln. Umgekehrt ist die systematische Einheit (als bloße Idee) lediglich nur projektierte Einheit, die man an sich nicht als gegeben, sondern nur als Problem ansehen muß; welche aber dazu dient, zu dem Mannigfaltigen und besonderen Verstandesgebrauche ein Principium zu finden, und diesen dadurch auch über die Fälle, die nicht gegeben sind, zu leiten und zusammenhängend zu machen. (B 675)

Wir sollen die Natur als einheitliches System analysieren und erklären. *In der Forschung behandeln wir die Natur so, als ob die Systemthese wahr wäre*:

> Denn das regulative Gesetz der systematischen Einheit will, daß wir die Natur so studieren sollen, als ob allenthalben ins Unendliche systematische und

> zweckmäßige Einheit bei der größtmöglichen Mannigfaltigkeit angetroffen wird. (B 728)

Freilich lässt sich durch kein Stocken und durch keinen Fehlschlag der Forschung definitiv widerlegen, dass die Natur eine systematische Einheit und einen durchgängigen Systemzusammenhang ihrer verschiedenen Phänomene aufweist. Die Forscher dürfen und müssen den Systemcharakter der Natur als etwas unterstellen, dem sie sich immer besser annähern können, ohne je die systematische Einheit der Natur definitiv und vollständig erkannt und dargestellt zu haben.

Dieses regulative Forschungsprinzip und die mit ihm verbundenen Prinzipien der Homogenität, der Spezifikation und der Kontinuität unterscheiden sich markant von den Grundsätzen des reinen Verstandes. Diese können nach Kant positiv und auf apriorischem Wege als wahr bewiesen, auf einzelne Phänomene angewendet, stets an ihnen direkt nachgeprüft und mit jeder objektiven Erfahrung erneut bestätigt werden. Sie sind, in Kants Terminologie, »konstitutive« Grundsätze. Die regulativen Forschungsprinzipien hingegen können niemals auf apriorischem Wege definitiv bewiesen werden, lassen sich nicht auf einzelne Phänomene anwenden und durch keine einzelne Erfahrung hinreichend bestätigen. Sie sind eben nur regulative, keine konstitutiven Prinzipien wissenschaftlicher Erfahrung. Sie handeln nicht direkt von den Dingen in der Welt, sondern sie sind, wie Kant sagt, »subjektive Maximen«, also Regeln dafür, wie wir die Welt erforschen. Insofern beziehen sie sich nicht direkt auf die Gegenstände, sondern auf unsere (Verstandes-)Erkenntnis von Gegenständen.

Die Tatsache, dass Erfahrungserkenntnis notwendigerweise unter dem regulativen Prinzip ihrer Systematisierung steht, erklärt nach Kant, warum die Vernunftideen unvermeidlich sind und dennoch die Metaphysik mit ihnen fehlerhaft umgeht:

Nunmehr können wir das Resultat der ganzen transzendentalen Dialektik deutlich vor Augen stellen, und die | Endabsicht der Ideen der reinen Vernunft, die nur durch Mißverstand und Unbehutsamkeit dialektisch werden, genau bestimmen. Die reine Vernunft ist in der Tat mit nichts als sich selbst beschäftigt, und kann auch kein anderes Geschäfte haben, weil ihr nicht die Gegenstände zur Einheit des Erfahrungsbegriffs, sondern die Verstandeserkenntnisse zur Einheit des Vernunftbegriffs, d.i. des Zusammenhanges in einem Prinzip gegeben werden. Die Vernunfteinheit ist die Einheit des Systems, und diese systematische Einheit dient der Vernunft nicht objektiv zu einem Grundsatze, um sie über die Gegenstände, sondern subjektiv als Maxime, um sie über alles mögliche empirische Erkenntnis der Gegenstände zu verbreiten. Gleichwohl befördert der systematische Zusammenhang, den die Vernunft dem empirischen Verstandesgebrauche geben kann, nicht allein dessen Ausbreitung, sondern bewährt auch zugleich die Richtigkeit desselben, und das Principium einer solchen systematischen Einheit ist auch objektiv, aber auf unbestimmte Art (principium vagum), nicht als konstitutives Prinzip, um etwas in Ansehung seines direkten Gegenstandes zu bestimmen, sondern um, als bloß regulativer Grundsatz und Maxime, den empirischen Gebrauch der Vernunft durch Eröffnung neuer Wege, die der Verstand nicht kennt, ins Unendliche (Unbestimmte) zu befördern und zu befestigen, ohne dabei jemals den Gesetzen des empirischen Gebrauchs im Mindesten zuwider zu sein. |
Die Vernunft kann aber diese systematische Einheit nicht anders denken, als daß sie ihrer Idee zugleich einen Gegenstand gibt, der aber durch keine Erfahrung gegeben werden kann; denn Erfahrung gibt niemals ein Beispiel vollkommener systematischer Einheit. (B 707–709)

Kant hat die methodologische Tendenz der Wissenschaft zum System außerordentlich treffend und prägnant analysiert. Seinen Überlegungen ist auch aus heutiger Sicht wenig hinzuzusetzen. Der Abschnitt über den regulativen Gebrauch der Vernunftideen ist eine sachlich sehr starke und überzeugende Passage der *Kritik der reinen Vernunft.*

19. Glaube(n) und Wissen

Moralischer Glaube

Die *Kritik der reinen Vernunft* untersucht zwei Leitfragen. Die erste handelt von der Möglichkeit der Metaphysik als Wissenschaft: Kann die Metaphysik überhaupt eine Wissenschaft sein, die sich in allen Aspekten vorbildlicher Wissenschaftlichkeit mit den unbestritten guten Wissenschaften Logik, Mathematik und Physik zu messen vermag? Die Antwort der *Kritik der reinen Vernunft* ist durch und durch negativ. Aus der traditionellen Metaphysik kann niemals eine Wissenschaft werden. Daher können wir insbesondere niemals wissenschaftlich definitiv und a priori beweisen und wissen, dass Gott existiert, unsere Seele unsterblich und unser Wille frei ist. Allerdings, und das hat Kant ebenso zu zeigen versucht, können wir die Existenz Gottes, die Unsterblichkeit der Seele und die Willensfreiheit auch nicht definitiv widerlegen.

Diese niederschmetternde Diagnose ist natürlich unmittelbar relevant für die zweite Leitfrage der *Kritik der reinen Vernunft*: Lässt sich an den metaphysischen Behauptungen der Willensfreiheit, der Existenz Gottes und der Unsterblichkeit der Seele mit guten Gründen festhalten, ohne sich hinterwäldlerisch und wissenschaftsfeindlich in Gegensatz zu dem zu setzen, was die Wissenschaften, allen voran die Physik, über die Welt und den Menschen erkannt zu haben glauben? Die empirischen Wissenschaften können die drei strittigen metaphysischen Behauptungen auf keinen Fall widerlegen. Insofern setzt man sich nicht in einen eklatanten Widerspruch zu den Wissenschaften, *glaubt* man weiterhin an die Existenz Gottes, die Unsterblichkeit der Seele und die Willensfreiheit. Das ist Kants generelle Antwort auf die zweite Leitfrage der *Kritik der reinen Vernunft*: Auch wenn wir alle Wissensansprüche in der Metaphysik fahren lassen müssen, so bleibt uns der Glaube. Schon in der Vorrede zur zweiten Auflage der *Kritik der reinen Vernunft* nimmt Kant dieses Ergebnis seiner metaphysikkritischen Untersuchung in dem berühmten Satz vorweg: »Ich mußte also das Wissen aufheben, um zum Glauben Platz zu bekommen« (B XXX).

Um diese Antwort Kants wirklich zu verstehen, müssen wir allerdings genauer betrachten, was er unter »Glauben« in diesem Zusammenhang versteht.[34]

Deskriptive (und auch normative) Aussagen kann man für wahr oder falsch oder manchmal auch für unentscheidbar halten. Kant unterscheidet drei Stufen des Fürwahrhaltens:

> Das Fürwahrhalten, oder die subjektive Gültigkeit des Urteils, in Beziehung auf die Überzeugung (welche zugleich objektiv gilt), hat drei Stufen: Meinen, Glauben und Wissen. Meinen ist ein mit Bewußtsein sowohl subjektiv, als objektiv unzureichendes Fürwahrhalten. Ist das letztere nur subjektiv zureichend und wird zugleich für objektiv unzureichend gehalten, so heißt es Glauben. Endlich heißt das sowohl subjektiv als objektiv zureichende Fürwahrhalten das Wissen. Die subjektive Zulänglichkeit heißt Überzeugung (für mich selbst), die objektive, Gewißheit (für jedermann). (B 850)

Kants Unterscheidungen sind nicht schwer nachzuvollziehen. Ich kann eine Aussage für wahr halten, obwohl ich

34 Im Folgenden werden, wie das bei Kant auch der Fall ist, nur die Annahmen der Existenz Gottes und der Unsterblichkeit explizit thematisiert. Wie gezeigt werden wird, hebt Kant ganz und gar auf die moralische Dimension unseres Glaubens an Gott und Unsterblichkeit ab. Die moralische Dimension der Annahme, dass wir einen freien Willen haben, stellt sich gegenüber der Annahme Gottes und der Unsterblichkeit nämlich insofern anders dar, als, wie wir oben schon erörtert haben, »praktische Freiheit« durch »Erfahrung bewiesen« werden kann.

selber noch nicht einmal subjektiv von ihr überzeugt bin, geschweige denn tatsächlich intersubjektiv nachvollziehbare und prüfbare Gründe für ihre Wahrheit habe. In Kants Terminologie *meine* ich dann nur, dass die Aussage wahr ist.[35] Meinen ist für Kant die schwächste Form, eine Aussage für wahr zu halten. Ich kann jedoch auch subjektiv fest von der Aussage überzeugt sein und alles kann für mich dafür sprechen, dass sie wahr ist, obwohl ich zugeben muss, dass sich das nicht zwingend begründen lässt. Dann *glaube* ich, dass die Aussage wahr ist. Ein guter Gradmesser, wie stark jemand von einer Aussage subjektiv überzeugt ist, ist für Kant die Bereitschaft, Geld auf die Wahrheit der Aussage zu verwetten (vgl. B 852). Bin ich nicht nur selber subjektiv hinreichend von der Wahrheit der Aussage überzeugt, sondern gibt es für die Wahrheit der Aussage objektive, für jedermann einsehbare Gründe, die ich selber teile und die ich auch anderen gegenüber darlegen und vertreten kann, dann *weiß* ich um die Wahrheit der Aussage.
Kant ist sich darüber im Klaren, wie oft wir nur etwas meinen oder glauben, aber nicht wissen. So basiert das meiste, was wir im Leben tun, nicht auf eigenem Wissen. Wer handelt, tut dies in der Regel, weil er subjektiv davon überzeugt ist, dass seine Handlung ein geeignetes Mittel zu einem bestimmten Zweck ist. In vielen Fällen sind wir allerdings nur subjektiv hinreichend davon überzeugt und müssen gleichwohl eingestehen, dass es dafür keine für jedermann einsehbaren oder gar zwingenden Gründe gibt. In diesem Falle redet Kant von einem »pragmatischen Glauben«.

> Der Arzt muß bei einem Kranken, der in Gefahr ist, etwas tun, kennt aber die Krankheit nicht. Er sieht auf die Erscheinungen, und urteilt, weil er nichts Bes-

35 Ob das der heute übliche Gebrauch des Ausdrucks »meinen« ist, soll dahingestellt bleiben.

> seres weiß, es sei die Schwindsucht. Sein Glaube ist selbst in seinem eigenen Urteile bloß zufällig, ein anderer möchte es vielleicht besser treffen. Ich nenne dergleichen zufälligen Glauben, der aber dem wirklichen Gebrauche der Mittel zu gewissen Handlungen zum Grunde liegt, den pragmatischen Glauben. (B 852)

Kant unterscheidet vom pragmatischen Glauben den sogenannten »doktrinalen« Glauben. Beim doktrinalen Glauben hängt letztlich für unser Handeln nichts davon ab, ob die geglaubte Aussage wahr ist oder nicht. Kant nennt das Beispiel der Überzeugung, dass auch noch andere Planeten bewohnt sind. Die beiden Überzeugungen, dass Gott existiert und wir über den Tod hinaus weiterexistieren, sind nach Kant kein doktrinaler Glaube. Zu viel hänge von ihrer Wahrheit für unser Leben ab. Er spricht von einem »moralischen Glauben«:

> Ganz anders ist es mit dem moralischen Glauben bewandt. Denn da ist es schlechterdings notwendig, daß etwas geschehen muß, nämlich, daß ich dem sittlichen Gesetze in allen Stücken Folge leiste. Der Zweck ist hier unumgänglich festgestellt, und es ist nur eine einzige Bedingung nach aller meiner Einsicht möglich, unter welcher dieser Zweck mit allen gesamten Zwecken zusammenhängt, und dadurch praktische Gültigkeit habe, nämlich, daß ein Gott und eine künftige Welt sei: ich weiß auch ganz gewiß, daß niemand andere Bedingungen kenne, die auf dieselbe Einheit der Zwecke unter dem moralischen Gesetze führen. Da aber also die sittliche Vorschrift zugleich meine Maxime ist (wie denn die Vernunft gebietet, dass sie es sein soll), so werde ich unausbleiblich ein Dasein Gottes und ein künftiges Leben glauben, und bin sicher, daß diesen Glauben nichts wankend machen könne, weil dadurch meine sittliche Grundsätze

> selbst umgestürzt werden würden, denen ich nicht entsagen kann, ohne in meinen eigenen Augen verabscheuungswürdig zu sein. (B 856)

Der Grundgedanke ist einfach: Die Vernunft lehrt uns sittliche Pflichten. Als moralische Person bin ich mir subjektiv gewiss, dass alle notwendigen Bedingungen sittlicher Pflichterfüllung realisiert sind, auch wenn ich weiß, dass ich das nicht beweisen kann. Da sich die durch die Vernunft gebotenen moralischen Pflichten nur als erfüllbar denken lassen, wenn Gott existiert und wir auch über den Tod hinaus ein künftiges Leben in einer »anderen Welt« haben, habe ich den ganz festen und selbstgewissen moralischen Glauben, dass Gott existiert und wir eine unsterbliche Seele haben.

> Zwar wird freilich sich niemand rühmen können: er wisse, daß ein Gott und daß ein künftig | Leben sei; denn, wenn er das weiß, so ist er gerade der Mann, den ich längst gesucht habe. Alles Wissen (wenn es einen Gegenstand der bloßen Vernunft betrifft) kann man mitteilen, und ich würde also auch hoffen können, durch seine Belehrung mein Wissen in so bewundrungswürdigem Maße ausgedehnt zu sehen. Nein, die Überzeugung ist nicht logische, sondern moralische Gewißheit, und, da sie auf subjektiven Gründen (der moralischen Gesinnung) beruht, so muß ich nicht einmal sagen: es ist moralisch gewiß, daß ein Gott sei etc., sondern: ich bin moralisch gewiß etc. Das heißt: der Glaube an einen Gott und eine andere Welt ist mit meiner moralischen Gesinnung so verwebt, daß, so wenig ich Gefahr laufe, die letztere einzubüßen, eben so wenig besorge ich, daß mir der erste jemals entrissen werden könne. (B 856/857)

Wie begründet Kant, dass die Existenz Gottes und die

Unsterblichkeit der Seele zu den notwendigen Bedingungen zu rechnen sind, unter denen wir allein unsere sittlichen Pflichten erfüllen können?

Das Ideal des höchsten Guts

Nach Kant sind die allgemeinsten Fragen, die wir uns in der Philosophie vorlegen können (B 833):

(1) Was kann ich wissen?
(2) Was soll ich tun?
(3) Was darf ich hoffen?

Über die dritte Frage, die Frage nach dem, was ich hoffen darf, führt Kant aus:

> Die dritte Frage, nämlich: wenn ich nun tue, was ich soll, was darf ich alsdenn hoffen? ist praktisch und theoretisch zugleich, so, daß das Praktische nur als ein Leitfaden zu Beantwortung der theoretischen und, wenn diese hoch geht, spekulativen Frage führt. Denn alles Hoffen geht auf Glückseligkeit, und ist in Absicht auf das Praktische und das Sittengesetz eben dasselbe, was das Wissen und das Naturgesetz in Ansehung der theoretischen Erkenntnis | der Dinge ist. Jenes läuft zuletzt auf den Schluß hinaus, daß etwas sei (was den letzten möglichen Zweck bestimmt), weil etwas geschehen soll; dieses, daß etwas sei (was als oberste Ursache wirkt), weil etwas geschieht. (B 833/834)

Letztlich trachten wir unser ganzes Leben lang danach, glücklich oder, wie Kant sagt, »glückselig« zu werden und es zu bleiben.

> Glückseligkeit ist die Befriedigung aller unserer Neigungen, (so wohl extensive, der Mannigfaltigkeit der-

> selben, als intensive, dem Grade, und auch protensive, der Dauer nach). (B 834)

Immer wieder thematisiert Kant die so offenkundige Tatsache, dass in der empirischen Welt Glück und Moralität auseinanderfallen. Moralisch Handelnde sind oft nicht glücklich, und die Glücklichen handeln oftmals nicht moralisch. Doch nach Kant haben wir ohnehin zunächst unsere moralischen Pflichten zu erfüllen, und zwar ohne dabei auf unser Glück zu schielen.

> Ich nehme an, daß es wirklich reine moralische Gesetze gebe, die völlig a priori (ohne Rücksicht auf empirische Bewegungsgründe, d.i. Glückseligkeit) das Tun und Lassen, d.i. den Gebrauch der Freiheit eines vernünftigen Wesens überhaupt, bestimmen, und daß diese Gesetze schlechterdings (nicht bloß hypothetisch unter Voraussetzung anderer empirischen Zwecke) gebieten, und also in aller Absicht notwendig seien. (B 835)

Nach Kant handele ich nicht moralisch, um glücklich zu werden, sondern weil es meine Pflicht ist. Die Maxime: »Handele so, dass du glücklich wirst« ist kein moralisch zulässiges Gebot. Wenn ich moralisch handele, bin ich allerdings »würdig«, glücklich zu werden. Und insofern ist der Imperativ: »Tue das, wodurch du würdig wirst, glücklich zu sein« (B 836/837) ein moralisches Gebot. Aber wenn dieser Imperativ moralisch geboten ist, darf und muss ich auch fragen: »[...] wie, wenn ich mich nun so verhalte, daß ich der Glückseligkeit nicht unwürdig sei, darf ich auch hoffen, ihrer dadurch teilhaftig werden zu können?« (B 837)
Kant formuliert für diese Frage einen wichtigen Grundsatz:

> Die reine Vernunft enthält also zwar nicht in ihrem spekulativen, aber doch in einem gewissen prakti-

> schen, nämlich dem moralischen Gebrauche Prinzipien der Möglichkeit der Erfahrung, nämlich solcher Handlungen, die den sittlichen Vorschriften gemäß in der Geschichte des Menschen anzutreffen sein könnten. Denn, da sie gebietet, daß solche geschehen sollen, so müssen sie auch geschehen können, und es muß also eine besondere Art von systematischer Einheit, nämlich die moralische, möglich sein [...]. Demnach haben die Prinzipien der reinen Vernunft in ihrem praktischen, namentlich aber; dem moralischen Gebrauche; objektive Realität. (B 835/836)

Es ist nur das zu tun moralisch geboten, was auch getan werden kann. Sollen impliziert Können. Das ist ein bekanntes Prinzip der Ethik. Kant stimmt ihm ausdrücklich zu. Aber er gibt diesem Prinzip noch eine andere Wendung. Wer eine Handlung *H* für moralisch geboten hält, behauptet damit zugleich, es sei möglich, *H* zu tun und damit *H* in der Welt auch anzutreffen. Insofern ist ein moralisches Urteil darüber, was getan werden soll, mit Urteilen über »mögliche Erfahrungen«, wie es im Zitat heißt, verbunden. Wahre Aussagen darüber, was möglich ist, sind Aussagen über die »objektive Realität«. Deshalb bemerkt Kant am Schluss des Zitats: Die normativen Prinzipien der reinen praktischen Vernunft haben »objektive Realität«, sprich: sie sind mit Urteilen darüber, was objektiv in der Realität möglich ist, verbunden. Er akzeptiert mithin das folgende Prinzip: *Wenn X aus einsehbaren moralischen Gründen geboten und Y eine notwendige Bedingung ist, damit X sinnvoll getan werden kann, dann ist es vernünftig, Y anzunehmen.* Auf dieses Prinzip kommen wir im nächsten Abschnitt noch einmal zurück.

Es ist nach Kant ein Gebot der Vernunft, alles das zu tun, wodurch man würdig wird, glücklich zu sein. Also muss es auch möglich sein, dass jeder, indem er seine moralischen Pflichten erfüllt, auch tatsächlich glücklich wird. Es ist mithin vernünftig zu glauben, dass Moralität und Glück derart fest miteinander verbunden sein können,

> daß jedermann die Glückseligkeit in demselben Maße zu hoffen Ursache habe, als er sich derselben in seinem Verhalten würdig gemacht hat, und daß also das System der Sittlichkeit mit dem der Glückseligkeit unzertrennlich, aber nur in der Idee der reinen Vernunft verbunden sei. (B 837)

Kant fügt deshalb den Zusatz »aber nur in der Idee der reinen Vernunft« an, weil

> die angeführte notwendige Verknüpfung der Hoffnung, glücklich zu sein, mit dem unablässigen Bestreben, sich der Glückseligkeit würdig zu machen, [...] durch die Vernunft nicht erkannt werden [kann], wenn man bloß Natur zum Grunde legt [...]. (B 838)

Denn nach den Kausalgesetzen der Natur ist es nicht möglich, dass moralisches Handeln, das den Handelnden der Glückseligkeit würdig macht, und tatsächliches Glück immer unzertrennlich miteinander verbunden sind. Daher

> darf nur gehofft werden [auf die Verbindung von Moralität und Glück, H. T.], wenn eine höchste Vernunft, die nach moralischen Gesetzen gebietet, zugleich als Ursache der Natur zum Grunde gelegt wird. (B 838)

Mit der »höchsten Vernunft« ist natürlich Gott gemeint. Gerade wenn wir nach unseren moralischen Pflichten und ihrem Zusammenhang mit unserem Glück fragen, kommen wir nach Kant nicht um die Annahme herum, dass nur ein zugleich allmächtiges und moralisch vollkommenes Wesen am Ende dafür sorgen kann, dass die durch Moralität der Glückseligkeit Würdigen auch tatsächlich glücklich werden. Dies ist wieder eine Idee, genauer: das

»Ideal« einer perfekten Welt, in der Moralität und Glückseligkeit im richtigen Verhältnis zueinander stehen. Kant spricht von dem »Ideal des höchsten Guts«. »Das höchste Gut« (bonum summum) ist ein Ausdruck aus der Moralphilosophie. Er bezeichnet bei Kant das letzte und höchste Ziel, wonach alle vernünftigen Menschen streben, nämlich moralisch vollkommen, damit des Glücks würdig und zugleich tatsächlich glücklich zu sein.

> Ich nenne die Idee einer solchen Intelligenz, in welcher der moralisch vollkommenste Wille, mit der höchsten Seligkeit verbunden, die Ursache aller Glückseligkeit in der Welt ist, so fern sie mit der Sittlichkeit (als der Würdigkeit glücklich zu sein) in genauem Verhältnisse steht, das Ideal des höchsten Guts. Also kann die Vernunft nur in dem Ideal des höchsten ursprünglichen Guts den Grund der praktischnotwendigen Verknüpfung beider | Elemente (Moralität und Glück) des höchsten abgeleiteten Guts, nämlich einer intelligibelen d. i. moralischen Welt antreffen. (B 838/839)

»Moralisch« nennt Kant eine Welt, in der alle sittlichen Gebote strikt eingehalten werden und das Glück im richtigen Verhältnis zur Moralität zugemessen wird. Die moralische Welt ist klarerweise nicht die uns zugängliche empirische Welt. Die moralische Welt kann nur als Möglichkeit gedacht werden. Insofern nennt Kant sie »intelligibel«.

> Da wir uns nun notwendiger Weise durch die Vernunft, als zu einer solchen Welt gehörig, vorstellen müssen, obgleich die Sinne uns nichts als eine Welt von Erscheinungen darstellen, so werden wir jene als eine Folge unseres Verhaltens in der Sinnenwelt und, da uns diese eine solche Verknüpfung nicht darbietet, als eine für uns künftige Welt annehmen müssen.

> Gott also und ein künftiges Leben, sind zwei von der Verbindlichkeit, die uns reine Vernunft auferlegt, nach Prinzipien eben derselben Vernunft nicht zu trennende Voraussetzungen. (B 839)

Der Glaube an die Existenz Gottes und die Unsterblichkeit der Seele ist also ein vernünftiger moralischer Glaube, er ist, wie Kant ihn auch nennt, ein »Vernunftglaube« (vgl. B 857).

Der moralische Vernunftglaube an Gott und Unsterblichkeit

Wir können nicht wissen, dass Gott existiert und wir eine unsterbliche Seele haben. Für Kant ist das am Ende des Abschnitts zur transzendentalen Dialektik erkenntnistheoretisch zwingend begründet. Aber es ist für ihn trotzdem vernünftig, an die Existenz Gottes und die Unsterblichkeit zu glauben. »Vernünftig« ist dieser Glaube insofern, als man ihn auf eine Weise begründen kann, die jedermann nachvollziehen kann. Kant betont, dass man etwas nicht aufs Geratewohl glauben soll. Glauben ist kein völlig irrationales Fürwahrhalten. Aber die Gründe für den Glauben an die Existenz Gottes und die Unsterblichkeit lassen trotzdem aus den entsprechenden Vermutungen kein Wissen werden. Diese Gründe werden von moralischen Überlegungen diktiert und basieren nicht auf deskriptiven Aussagen über das, was in der Welt der Fall ist, sondern auf normativen Aussagen darüber, was in der Welt der Fall sein soll.

Das entscheidende Prinzip für die Begründung haben wir oben schon formuliert: »Wenn *X* aus einsehbaren Gründen moralisch geboten und *Y* eine notwendige Bedingung ist, damit *X* sinnvoll getan werden kann, dann ist es vernünftig, *Y* anzunehmen.« Diese Formulierung wirft Fra-

gen auf. Zunächst einmal ist es noch zu ungenau formuliert. Angenommen, es ließe sich unabhängig von den moralischen Gründen für *X* zeigen, dass *Y* nicht der Fall sein kann, etwa weil *Y* logisch widersprüchlich ist oder auch aus anderen Gründen. Dann wäre es nicht vernünftig, *Y* anzunehmen. Doch wäre auch *X* nicht moralisch geboten. Denn wenn *Y* nicht realisierbar ist, kann *X* nicht getan werden, und was niemand zu tun vermag, ist moralisch nicht geboten. Das Schlussprinzip für den moralischen Vernunftglauben muss also sorgfältiger formuliert werden: *Wenn X aus einsehbaren Gründen moralisch geboten und Y eine notwendige Bedingung ist, damit X sinnvoll getan werden kann, dann ist es vernünftig, Y anzunehmen, es sei denn, mit Gründen, die von der normativen Begründung für X unabhängig sind, kann Y definitiv als unmöglich bewiesen werden.*
Selbst in dieser Weise präzisiert, liegt immer noch ein gewichtiger Einwand auf der Hand. Rechtfertigt das Schlussprinzip nicht einfach ein Wunschdenken, wonach ist, was sein soll? Aus Kants Perspektive sticht dieser Einwand nicht. Denn mit Wunschdenken hätten wir es nur dann zu tun, wenn wir uns selber einredeten, wir wüssten, dass das Gewünschte auch tatsächlich der Fall ist. Wunschdenken ist Selbsttäuschung. Aber Kant fordert uns nicht auf, uns darüber hinwegzutäuschen, dass wir nicht wissen können, ob Gott existiert und wir eine unsterbliche Seele haben. Er fragt nur, ob wir es wenigstens hoffen dürfen oder ob diese Hoffnung gänzlich irrational ist. Nein, so antwortet Kant, irrational wäre eine solche Annahme nur, wenn wir wüssten und wissen könnten, dass sie falsch ist; aber über ein solches Wissen verfügen selbst die Wissenschaften nicht. Vom moralischen Standpunkt hingegen gibt es nach Kant beste Gründe, an die Existenz Gottes und die Unsterblichkeit zu glauben. Aber natürlich, Gründe vom moralischen Standpunkt sind nur Gründe für eine Hoffnung, nicht für ein Wissen.

Wir sind jetzt so weit, Kants Argumente für den moralischen Vernunftglauben an Gott und die Unsterblichkeit der Seele explizit darzustellen. Dabei stützen wir uns stillschweigend auch auf Kants *Kritik der praktischen Vernunft*, wo er unter den Überschriften »Die Unsterblichkeit der Seele, als ein Postulat der reinen praktischen Vernunft« und »Das Dasein Gottes, als ein Postulat der reinen praktischen Vernunft« (vgl. *Kritik der praktischen Vernunft*, A 219–237) viel ausführlicher als in der *Kritik der reinen Vernunft* begründet, warum wir vernünftigerweise an Gott und unsere eigene Unsterblichkeit glauben sollen.
Zunächst das Argument, dass es moralisch vernünftig ist, an das Dasein Gottes zu glauben:[36]

1. Es ist ein Gebot der reinen praktischen Vernunft, das höchste Gut zu wollen.
2. Das höchste Gut bedeutet: Indem man alle seine moralischen Pflichten erfüllen will und erfüllt, wird man des Glücks würdig und ist dann auch tatsächlich glücklich, sodass also der moralische Wille mit den natürlichen und anderen Bedürfnissen, Neigungen und Interessen immer zusammenfällt.

---

3. Also ist es ein Gebot der reinen praktischen Vernunft, dass der moralische Wille mit den natürlichen Bedürfnissen, Neigungen und Interessen immer zusammenfällt.
4. Von Natur aus fällt der moralische Wille mit den natürlichen Bedürfnissen, Neigungen und Interessen eines Menschen nicht immer zusammen, und der Mensch kann dieses auch nicht bewirken, sondern nur Gott als allmächtige Intelligenz, deren heiliger Wille und Verstand letzte Ursache der Natur ist.

---

36 Gregor Betz hat mir wichtige Hinweise für eine übersichtliche Darstellung dieses Arguments gegeben.

5. Also fällt der moralische Wille mit den natürlichen Bedürfnissen, Neigungen und Interessen eines Menschen nur dann zusammen, wenn Gottes heiliger Wille und Verstand letzte Ursache der Natur ist.
6. Die Annahme, dass Gottes heiliger Wille und Verstand letzte Ursache der Natur ist, kann nicht definitiv widerlegt werden, auch nicht durch die Wissenschaften, deren Wissen auf die Welt der Erscheinungen begrenzt ist.
7. Das Schlussprinzip des Vernunftglaubens lautet: Wenn *X* moralisch aus einsehbaren Gründen geboten und *Y* eine notwendige Bedingung ist, damit *X* sinnvoll getan werden kann, dann ist es vernünftig, hoffend darauf zu vertrauen und zu erwarten, dass *Y* auch tatsächlich der Fall ist, es sei denn, mit Gründen, die von der normativen Begründung für *X* unabhängig sind, kann *Y* definitiv als unmöglich bewiesen werden.

---

8. Also ist es vernünftig, hoffend darauf zu vertrauen und zu erwarten, dass Gottes heiliger Wille und Verstand die letzte Ursache der Natur ist.

Das Argument für den Vernunftglauben an die Unsterblichkeit der Seele lautet:

1. Es ist ein Gebot der praktischen Vernunft, das höchste Gut zu wollen.
2. Das höchste Gut zu wollen bedeutet, nur das zu wollen, was reine praktische Vernunft zu wollen gebietet, mithin einen heiligen Willen zu haben.
3. Wenn reine praktische Vernunft *X* zu wollen gebietet, *X* zu wollen aber notwendigerweise einschließt, *Y* zu wollen, so ist es ein Gebot der reinen praktischen Vernunft, *Y* zu wollen.

---

4. Also ist es ein Gebot der praktischen Vernunft, einen heiligen Willen haben zu wollen.

5. Heiligkeit des Willens ist nicht in der empirischen Welt möglich, sondern nur auf die Weise, dass man sich der Heiligkeit des Willens über das empirische Dasein hinaus in einer zukünftigen nicht-empirischen Form des Daseins immer weiter fortgesetzt annähert.
6. Das Schlussprinzip des Vernunftglaubens lautet: Wenn *X* moralisch aus einsehbaren Gründen geboten und *Y* eine notwendige Bedingung ist, damit *X* sinnvoll getan werden kann, dann ist es vernünftig, hoffend darauf zu vertrauen und zu erwarten, dass *Y* auch tatsächlich der Fall ist, es sei denn, mit Gründen, die von der normativen Begründung für *X* unabhängig sind, kann *Y* definitiv als unmöglich bewiesen werden.
7. Die Annahme, dass jede Person ihr empirisches Dasein in einer nicht-empirischen Welt fortsetzt, die Seele also unsterblich ist, kann nicht widerlegt werden, auch nicht durch die Wissenschaften, deren Wissen auf die Welt der Erscheinungen begrenzt ist.

---

8. Also ist es vernünftig, hoffend die Unsterblichkeit der Seele zu erwarten.

Es ist hier nicht der Ort, Kants Argumente für den moralischen Glauben an Gott und Unsterblichkeit zu kritisieren. Aber ohne Zweifel sind seine Argumente zum Teil erheblichen Einwänden ausgesetzt. Insbesondere ist zu hinterfragen, ob sich die ja nicht zu leugnende Spannung zwischen Moralität und Glück nur dadurch befriedigend auflösen lässt, dass man auf Gott als »Urheber der Natur« und auf ein »künftiges Leben« baut. Aber das wäre wirklich ein zu weites Feld.

20. Nachbemerkung: Die Aktualität der Transzendentalphilosophie

Das Individuum als Wahrheitsinstanz

Kant gilt als ein Philosoph der Moderne, und dies zu Recht. Kants grundlegende Diagnose der Moderne ist bestechend, und zwar nicht zuletzt deshalb, weil sie im Kern ganz einfach ist. In der gesamten Geschichte der Menschheit haben verschiedene Personen und verschiedene Institutionen für unterschiedliche Meinungen Wahrheitsansprüche erhoben. Oftmals waren und sind die verschiedenen Meinungen miteinander unverträglich. Welche Instanz kann und soll letzten Endes zwischen den konkurrierenden Wahrheitsansprüchen entscheiden? Die Moderne, wie Kant sie sieht und offensiv verteidigt, antwortet auf dieses Problem: Jede Meinung, für die ein Einzelner, eine Gruppe oder eine Institution (wie etwa Kirche oder Staat) Wahrheit beansprucht, muss sich vor dem einzelnen Individuum ausweisen: *Die letzte und höchste Instanz in allen Wahrheitsfragen ist das nach reiflichem Abwägen des Für und Wider gefällte Urteil des Einzelnen.*

Natürlich können einzelne Personen, Gruppen und Institutionen psychologischen, sozialen, wirtschaftlichen und physischen Druck bis hin zum Terror ausüben, damit Menschen sich den von ihnen vertretenen Meinungen beugen. Gerade die Moderne hat bittere Erfahrungen damit gemacht. Und doch lässt sich seit der Moderne die Einsicht nie mehr ganz verdrängen, dass alle offen terroristischen bis psychologisch raffinierten Versuche, Zustimmung zu Meinungen zu erwirken, der Sache nach unangemessen, letztlich illusionär und langfristig niemals erfolgreich sind. Es gibt in Wahrheitsfragen keine Alternative dazu, dass jeder Einzelne selber das Für und Wider abwägt und sich am

Ende einer Meinung freiwillig anschließt, weil er sie für einsichtig und gut begründet hält.

Die besondere Rolle, die mit der Moderne dem Einzelnen in allen Wahrheitsfragen zugewiesen und zugemutet wird, lässt sich am besten an dem Schicksal beleuchten, das eines der Gegenmodelle zum modernen Umgang mit Wahrheitsansprüchen inzwischen erlitten hat. Es ist die christliche Vorstellung, Gott selber habe seine Wahrheit offenbart und der Mensch habe sich dieser Autorität der göttlichen Selbstoffenbarung zu unterwerfen. Selbst wenn sich Gott tatsächlich durch die Propheten und seinen eingeborenen Sohn offenbart haben und das Wort der christlichen Bibel daher uneingeschränkt wahr sein sollte, so kann dies in der Moderne nicht mehr einfach nur von den Kanzeln herab verkündet werden. Die menschlichen Erkenntnismöglichkeiten für beschränkt und nicht die menschliche Vernunft, sondern die Weisheit Gottes, »welche höher ist denn alle Vernunft«, für die höchste Wahrheitsinstanz zu halten, selbst diese Meinung ist und bleibt in der Moderne nun endgültig der Einsichtsfähigkeit des Einzelnen als letzter Instanz unterworfen. Fast schon ein Paradox, beleuchtet es gleichwohl schlaglichtartig den Umgang der Moderne mit Wahrheitsfragen.

Kant eröffnet seine wunderbare kleine Schrift *Über das Mißlingen aller philosophischen Versuche in der Theodizee* mit den Worten:

> Unter einer Theodizee versteht man die Verteidigung der höchsten Weisheit des Welturhebers gegen die Anklage, welche die Vernunft aus dem Zweckwidrigen in der Welt gegen jene erhebt. – Man nennt dieses, die Sache Gottes verfechten; ob es gleich nichts mehr als die Sache unserer anmaßenden, hierbei aber ihre Schranken verkennenden Vernunft sein möchte, welche zwar nicht die beste Sache ist, insofern aber doch gebilligt werden kann, als (jenen Eigendünkel bei Sei-

> te gesetzt) der Mensch als ein vernünftiges Wesen berechtigt ist, alle Behauptungen, alle Lehre, welche ihm Achtung auferlegt, zu prüfen, ehe er sich ihr unterwirft, damit diese Achtung aufrichtig und nicht erheuchelt sei. (*Über das Mißlingen aller philosophischen Versuche in der Theodizee*, A 194/195; Hervorh.: H. T.)

Sofern der Mensch das Für und Wider gründlich, gewissenhaft und ehrlich abwägt, ist der Mensch berechtigt, alle Behauptungen, die ihm mit Wahrheitsansprüchen entgegentreten, zu prüfen, eher er sich ihnen unterwirft. Besser lässt sich die fundamentale Maxime der Moderne für den Umgang mit Wahrheitsfragen nicht formulieren.

Freilich kann diese Sicht Kants leicht missverstanden werden, wenn man sie nicht um zwei weitere seiner Überlegungen ergänzt. Die erste Überlegung betrifft den Wahrheitsbegriff. Eine Meinung ist nicht deshalb wahr, weil alle Personen nach reiflicher Überlegung und Diskussion mit anderen ihr zustimmen. Kant ist kein Anhänger der Konsensustheorie der Wahrheit. Er ist überhaupt kein Anhänger der verschiedenen sogenannten epistemischen Wahrheitstheorien, der Evidenztheorie, der Kohärenztheorie oder welcher Spielart auch immer. Zustimmung aller nach reiflichem Abwägen des Für und Wider definiert nicht Wahrheit und ist noch nicht einmal ein unfehlbares Kriterium für Wahrheit. Vielmehr zieht Kant aus einer langen Geschichte der Menschheit mit Meinungen und Meinungssystemen die einzig richtige aufklärerische Konsequenz: Nur Zustimmung jedes Einzelnen nach reiflichem Abwägen des Für und Wider ist moralisch angemessen und lässt langfristig hoffen, dass wir uns der Wahrheit annähern und sie manchmal auch erreichen.

Kant hält an der schlichten Wahrheitsformel der philosophischen Tradition fest, wonach eine Aussage genau dann wahr ist, wenn der Sachverhalt besteht, den sie beinhaltet. Er drückt das so aus:

> Die Namenerklärung der Wahrheit, daß sie nämlich die Übereinstimmung der Erkenntnis mit ihrem Gegenstande sei, wird hier geschenkt, und vorausgesetzt [...]. (B 82)

Klugerweise begnügt sich Kant mit dieser Feststellung über den Begriff der Wahrheit. Er weiß, dass die Übereinstimmungsformel (»Namenserklärung«) der traditionellen Wahrheitsauffassung keinerlei Kriterium an die Hand gibt, wann ein Satz wahr ist. Doch zu Recht bezweifelt er, dass sich überhaupt ein allgemeines und hinreichendes Kriterium für die Wahrheit einer Aussage finden lässt.

> Wenn Wahrheit in der Übereinstimmung einer Erkenntnis mit ihrem Gegenstande besteht, so muß dadurch dieser Gegenstand von andern unterschieden werden; denn eine Erkenntnis ist falsch, wenn sie mit dem Gegenstande, worauf sie bezogen wird, nicht übereinstimmt, ob sie gleich etwas enthält, was wohl von andern Gegenständen gelten könnte. Nun würde ein allgemeines Kriterium der Wahrheit dasjenige sein, welches von allen Erkenntnissen, ohne Unterschied ihrer Gegenstände, gültig wäre. Es ist aber klar, daß, da man bei demselben von allem Inhalt der Erkenntnis (Beziehung auf ihr Objekt) abstrahiert, und Wahrheit gerade diesen Inhalt angeht, es ganz unmöglich und ungereimt sei, nach einem Merkmale der Wahrheit dieses Inhalts der Erkenntnisse zu fragen, und daß also ein hinreichendes, und doch zugleich allgemeines Kennzeichen der Wahrheit unmöglich angegeben werden könne. (B 83)

Trotzdem ist die Übereinstimmungsformel der Wahrheit angemessen. Mit ihr wird jeder Versuch zurückgewiesen, Wahrheit mit Beobachtbarkeit, Evidenz, Kohärenz, Konsens oder was auch immer gleichzusetzen. Darin liegt gerade die kritische, man könnte auch sagen: die regulative Funktion der Übereinstimmungsformel der traditionellen Wahrheitsauffassung. Dass Kant ihr die Treue hält, unterstreicht nur, wie weit er von allem modischen Relativismus und Skeptizismus entfernt ist.

Die Maxime vom Urteil des Einzelnen als letzter Instanz in allen Wahrheitsfragen muss aber zweitens noch ergänzt werden um Kants nüchternen Blick auf die menschlichen Erkenntnismöglichkeiten. Er weiß, wie fehlbar und irrtumsanfällig Menschen sind und immer bleiben werden. Zwar besteht in seiner Perspektive auch kein Anlass, dass der Mensch das Licht seiner wissenschaftlichen Erkenntnisleistungen unter den Scheffel stellt. Doch die größere Gefahr sieht Kant zweifellos darin, dass der Mensch seine Erkenntnismöglichkeiten überschwänglich überschätzt. Wir sollten sowohl um unsere Erkenntnismöglichkeiten als auch um unsere Erkenntnisgrenzen wissen. Nur nach einer Kritik unseres Erkenntnisvermögens sind wir in der Lage, unsere Rolle als letzte Instanz in allen Wahrheitsfragen aufgeklärt und damit selbstverantwortlich wahrzunehmen. Genau darum ist es Kant in der *Kritik der reinen Vernunft* zu tun.

Transzendentalphilosophie als »Rettung der vernünftigen Autonomie«

Die Einzelwissenschaften wenden sich besonderen Wirklichkeitsausschnitten zu und fragen danach, was in ihnen der Fall ist, manchmal auch danach, was in ihnen der Fall sein soll. Die Philosophie aber setzt alle Tatsachen, die die Einzelwissenschaften in der Welt konstatieren oder zu konstatieren glauben, noch einmal in Beziehung zu uns Menschen. Menschen nehmen solche Tatsachen und Sachverhalte wahr, denken über sie nach, reden über sie, beurteilen sie als gut oder schlecht, wollen sie herbeiführen, verhindern, aufrechterhalten. Freilich interessiert sich die Philosophie für die Bezugnahme von Menschen auf die Welt unter einer besonderen Frage. Letztlich fragen Philosophen danach, wie wir uns auf die Welt und auf uns selbst beziehen müssen, wenn unser Leben am Ende gelingen soll. Kant gibt dieser Leitfrage der Philosophie eine besondere Wendung, denn für ihn steht außer Frage, dass unser Leben nur gelingt, wenn wir es in vernünftiger Autonomie führen. So legt Kant seiner Philosophie die Leitfrage zugrunde: *Wie können und müssen Menschen sich auf die Welt und auf sich selbst beziehen, damit sie vernünftige Autonomie verwirklichen?* Autonomie ist immer dort bedroht, wo der Mensch nur noch Spielball fremder, undurchschauter und von ihm nicht beeinflussbarer Kräfte ist oder wo er zumindest glaubt, es zu sein. Wäre der Mensch tatsächlich völlig hilflos der natürlichen und sozialen Welt ausgeliefert, die vernünftige Autonomie wäre nicht mehr als ein frommer Wunsch. Deshalb setzt Kant alles daran, die Vorstellung zu zerstören, wonach der Mensch einseitig und ohne den geringsten eigenen Spielraum der Welt unterworfen ist. *In allen Weisen, in denen der Mensch auf die Welt und sich selbst Bezug nimmt, gilt es, die Anteile herauszuarbeiten, die auf die an Gründen orientierte Selbsttätigkeit des Menschen zurückgehen.* Solche Anteile sind auch und gerade in allen Formen des menschlichen Erkennens der Welt zu identifizieren. Genau dieser Aufgabe ist die *Kritik der reinen Vernunft* gewidmet. Für Kant ist es unangemessen und inkohärent, unsere aktive Rolle beim Zustandekommen alltäglicher und wissenschaftlicher Aussagen über uns und die Welt zu unterschlagen. In unseren deskriptiven (sowie normativen) Aussagen über die Welt und uns selbst gibt es Anteile, die wir unseren normengeleiteten kognitiven Handlungen zuzuschreiben haben. Hier sind wir die »Gesetzgeber« der von uns erkennbaren Welt. So kommt schon im Erkennen der Welt vernünftige Autonomie zum Tragen. Das ist letztlich der ganze Sinn der »kopernikanischen Wende der Denkungsart« und der Transzendentalphilosophie. Es ist in letzter Konsequenz ein moralischer Sinn. Die Astronomie von der Antike bis zur frühen Neuzeit kannte das Programm der »Rettung der Phänomene«. Die astronomischen Beobachtungen sollten mit der Vorstellung in Einklang gebracht werden, dass in der vollkommenen Himmelssphäre auch nur vollkommene und das hieß: Kreisbewegungen realisiert sind. Kant hat sich einem vergleichbaren Programm verschrieben: der »Rettung« unseres Personseins angesichts aller Sachverhalte, die unsere vernünftige Autonomie scheinbar dementieren.

Keineswegs überholt ist Kants »Grundsatz der Transzendentalphilosophie«. Die Philosophie thematisiert die Weisen unserer Bezugnahme auf die Welt und uns selbst unter einem grundlegenden Kohärenzprinzip: Alles, was wir über die Welt und uns denken und sagen, muss damit verträglich sein, dass wir es sind, die es mit bestimmten kognitiven Mitteln und nach Maßgabe bestimmter normativer Standards über die Welt wahrnehmen, denken und sagen. Dies gilt insbesondere für die Auskünfte der Einzelwissenschaften über die Welt und den Menschen. Kant drückt diesen Grundsatz mit den Worten aus, dass »die Bedingungen der Möglichkeit der Erfahrung überhaupt [...] zugleich Bedingungen der Möglichkeit der Gegenstände der Erfahrung« (B 197) sind. Bedenkt man, wie das Projekt einer transzendentalphilosophischen Erkenntnis der Welt in dem Programm einer »Rettung der vernünftigen Autonomie« gründet, lässt sich das Kohärenzprinzip der Philosophie noch anders formulieren: *Alles, was wir im Alltag oder in den Wissenschaften über die Welt und den Menschen denken und sagen, muss damit verträglich sein, dass wir es nur denken und sagen können aufgrund normgeleiteter kognitiver Aktivitä-*

ten, durch die wir zugleich ein Stück weit auch immer vernünftige Autonomie praktizieren und realisieren. Dies ist das Leitprinzip der *Kritik der reinen Vernunft.*

Dieses Leitprinzip der *Kritik der reinen Vernunft* schafft kritische Distanz zu den Einzelwissenschaften. Diese Distanz ist nötiger denn je. Die wissenschaftlich-technische Zivilisation, in der wir leben, wird dominiert von den Wissenschaften, vor allem von den Naturwissenschaften. Dabei blenden die Wissenschaften oftmals aus, wie ihre Ergebnisse selber aus der an Gründen orientierten Selbsttätigkeit der Forscher hervorgehen. Man denke nur an die Behauptungen der Neurowissenschaftler über die Willensfreiheit, die gegenwärtig für so viel Furore sorgen. Die Philosophie wäre schlecht beraten, überließe sie diese Debatte nur den Einzelwissenschaften. Noch stärker als zu Kants Zeiten müssen wir heute fragen: *Wie müssen wir die Wissenschaften und ihre Ergebnisse interpretieren, dass wir sie moralisch angemessen bewältigen und sie nicht zu einer Gefahr für die vernünftige Autonomie des Menschen werden?* Die *Kritik der reinen Vernunft* ist ein hochaktuelles Buch.

Literaturhinweise

Anselm von Canterbury: Proslogion/Anrede. Lat./Dt. Übers., Anm. und Nachw. von Robert Theis. Stuttgart 2005.

Baumgartner, Hans Michael: Kants Kritik der reinen Vernunft – Anleitung zur Lektüre. Freiburg i. Br. / München 1988.

Dietzsch, Steffen: Immanuel Kant. Eine Biographie. Leipzig 2003.

Einstein, Albert: Geometrie und Erfahrung. In: A. E.: Mein Weltbild. Frankfurt a. M. / Berlin / Wien 1984. S. 119–127.

Filler, Andreas: Euklidische und nichteuklidische Geometrie. Mannheim [u. a.] 1993.

Geier, Manfred: Kants Welt. Eine Biographie. Reinbek 2003.

Grünbaum, Adolf: Philosophical Problems of Space and Time. 2., erw. Aufl. Dordrecht/Boston 1974.

Höffe, Otfried: Kants Kritik der reinen Vernunft. Die Grundlegung der modernen Philosophie. München 2003.

Kambartel, Friedrich: Erfahrung und Struktur – Bausteine zu einer Kritik des Empirismus und Formalismus. Frankfurt a. M. 1968.

– Zur Rede von »Form« und »formal« in sprachanalytischer Absicht. In: F. K.: Theorie und Begründung. Studien zum Philosophie- und Wissenschaftsverständnis. Frankfurt a. M. 1976. S. 122–139.

Kamlah, Wilhelm / Lorenzen, Paul: Logische Propädeutik. Vorschule des vernünftigen Redens. Stuttgart 1986.

Kant, Immanuel: Gesammelte Schriften. Hrsg. von der Königlich Preußischen [jetzt: Berlin-Brandenburgischen] Akademie der Wissenschaften. Bd. 1 ff. Berlin 1902 ff.

– Kritik der reinen Vernunft. Hrsg. von Ingeborg Heidemann. Stuttgart 1966 [u. ö.].

– Werke. Hrsg. von Wilhelm Weischedel. 12 Bde., Reg.-Bd. Bearb. von Rolf-Peter Horstmann. Frankfurt a. M. 1968.

Kühn, Manfred: Kant. Eine Biographie. München 2003.

Lorenzen, Paul: Lehrbuch der konstruktiven Wissenschaftstheorie. Mannheim/Wien/Zürich 1987.

Salmon, Wesley C.: Space, Time, and Motion. A Philosophical Introduction. 2., überarb. Aufl. Minneapolis 1980.

Strawson, Peter F.: Die Grenzen des Sinns. Ein Kommentar zu Kants Kritik der reinen Vernunft. Königstein (Ts.) 1992.

Tetens, Holm: Philosophisches Argumentieren. Eine Einführung. München 2004.

Thiel, Christian: Philosophie der Mathematik. Eine Einführung in ihre Wechselwirkungen und in die Philosophie der Mathematik. Darmstadt 1995.

Trudeau, Richard J.: The Non-Euclidean Revolution. Boston/Basel/Stuttgart 1987.

Tugendhat, Ernst / Wolf, Ursula: Logisch-semantische Propädeutik. Stuttgart 1986.

Sach- und Personenregister

Zum Autor

Holm Tetens, geb. 1948, studierte Philosophie, Mathematik und Soziologie in Bochum und Erlangen, Habilitation 1986 an der Universität Marburg, 1987–88 Lehrstuhlvertretung an der Universität Göttingen; 1988–94 Professor für theoretische Philosophie an der Universität Paderborn, von 1994 bis 2015 Professor für theoretische Philosophie mit dem Schwerpunkt Wissenschaftstheorie an der Freien Universität Berlin.
Publikationen: *Experimentelle Erfahrung* (1987); *Geist, Gehirn, Maschine – Philosophische Versuche über ihren Zusammenhang* (1994); *Philosophisches Argumentieren* (2004); *Gott denken. Ein Versuch über rationale Theologie* (2015); zahlreiche Aufsätze.